国家出版基金项目
NATIONAL PUBLICATION FOUNDATION

"百部好书"扶持项目
GUANGDONG PUBLISHING

明清实录藏族史料类编丛书

名誉主编 ◎ 顾祖成　　主编 ◎ 孔繁秀

"十三五"国家重点图书出版规划项目

清实录藏族史料类编

第二集

孔繁秀　主编

中山大学出版社
SUN YAT-SEN UNIVERSITY PRESS

·广州·

版权所有 翻印必究

图书在版编目（CIP）数据

清实录藏族史料类编. 第二集 / 孔繁秀主编. —广州：中山大学出版社，2019.10

（明清实录藏族史料类编丛书 / 孔繁秀主编）

ISBN 978-7-306-06695-4

Ⅰ. ①清… Ⅱ. ①孔… Ⅲ. ①藏族－民族历史－史料－中国－清代 Ⅳ. ①K281.4

中国版本图书馆CIP数据核字（2019）第196191号

QINGSHILU ZANGZU SHILIAO LEIBIAN DIERJI

出 版 人：	王天琪
策划编辑：	嵇春霞　陈　芳
责任编辑：	陈　芳
责任校对：	苏深梅
封面设计：	林绵华
装帧设计：	林绵华
责任技编：	何雅涛
出版发行：	中山大学出版社
电　　话：	编辑部 020-84110779，84111996，84113349，84111997
	发行部 020-84111998，84111981，84111160
地　　址：	广州市新港西路135号
邮　　编：	510275　　传　真：020-84036565
网　　址：	http://www.zsup.com.cn　E-mail: zdcbs@mail.sysu.edu.cn
印 刷 者：	常州市金坛古籍印刷厂有限公司
开　　本：	787mm×1092mm　　1/16
总 印 张：	176.375印张
总 字 数：	2800千字
版次印次：	2019年10月第1版　　2019年10月第1次印刷
总 定 价：	1350.00元（全九集）

如发现本书因印装质量影响阅读，请与出版社发行部联系调换

○《清实录藏族史料类编》编辑委员会

顾　　问：杜建功　扎西次仁
主　　任：欧　珠　刘　凯
委　　员：邹亚军　扎西卓玛　史本林　袁东亚　王沛华　张树庭
　　　　　顾祖成　索南才让　张宏伟　王斌礼　陈敦山　袁书会
　　　　　丹　曲　徐　明　孔繁秀

○《清实录藏族史料类编》由西藏民族大学承编

名誉主编：顾祖成
主　　编：孔繁秀
编辑人员：赵艳萍　张若蓉　崔　苊　陈鹏辉　顾浙秦　李　子
　　　　　马新杰　冯　云　马凌云

目录

准噶尔奏请派人进藏朝佛熬茶，延聘喇嘛，清廷对其防范、限制（续）/ 337

瞻对班滚复出，庆复、李质粹等获罪 / 350

颇罗鼐病故，珠尔默特那木扎勒袭封郡王，清廷劝谕其与达赖喇嘛和睦及不允准从西藏向中甸寺庙派驻僧官 / 364

崇喜土司被杀，咱地土司兄弟争权 / 367

大小金川之役，第一次用兵 / 368
    莎罗奔骚扰邻封，张广泗、讷亲督师进剿，"久无成功"，获罪 / 368
    傅恒奉命督剿，增调官兵，"尚难必克"；允降班师，优叙奖赏 / 454
    台站设置、军粮挽运、饷银拨解等军需事务 / 533
    善后诸事宜的酌议与办理 / 565

驻藏大臣及其他进藏官员的任免、奖惩 / 586

朝贡与封赐 / 588
    川滇土司、喇嘛 / 588
    西藏其他僧俗贵族 / 589

准噶尔奏请派人进藏朝佛熬茶，延聘喇嘛，清廷对其防范、限制（续）

○乾隆十二年（丁卯）正月壬辰（1747.2.10）

赏办理夷使赴藏事务侍郎玉保路费银二千两。

（高宗朝卷二八二·页二上）

○乾隆十二年（丁卯）正月乙卯（1747.3.5）

赐准噶尔台吉策妄多尔济那木扎勒敕书。诏曰："阅尔奏书，尔能仰体朕加恩之意，诸事俱遵旨办理。如此恭顺，必能安尔属下，利尔部落，朕深为嘉悦。所奏往西藏念经人等，有俟贸易后始往念经，有即将货物带往念经者，俱恳在哈集尔得卜特尔过冬，俟贸易人由东科尔回，会齐同往之处，已俱照所请行。至尔使臣玛木特口奏念经人需用牲畜，祈降旨颇罗鼐，令其协助，东科尔贸易时，俱令以银两交易等语。颇罗鼐虽受朕封号，究系远方部落之人，非内地臣民可比，其资助与否，朕未便降旨。至需用马匹、口粮，朕自加恩照前赏给。即颇罗鼐此次或多为资助，亦未可定。至贸易人等银货交易，止可各从其便，不便以官法抑勒。但尔既特行奏请，亦非甚难行之事。现在照看尔使臣前往，仍派侍郎玉保，已令玉保与尔使会商计议而行。尔使回时，自能详告也。嗣后尔宜益加敬慎，永归和好，以体朕广教安民之至意。特敕付来使赍回。随敕赐各色缎十端、妆缎十端、玻璃珐琅磁器十八事。"

（高宗朝卷二八三·页九上～一〇上）

○乾隆十二年（丁卯）二月己丑（1747.4.8）

驻藏副都统傅清奏："正月初九日，据郡王颇罗鼐告称，访得策卜登台吉已获罪被杀，并其妻子，及其叔父果莽堪布喇嘛皆被杀。果莽堪布喇嘛之缺，已令扎什伦布之阿克巴喇嘛补授。阿克巴喇嘛之缺，已令罗卜藏丹怎补授。策妄多尔济那木扎勒之侄女许与拉藏汗之孙纳噶查为妻。现在彼处所最重者是纳沁宰桑、察罕宰桑、巴雅斯瑚朗宰桑、小策零敦多卜固子宰桑等。但因其台吉已亡，而新立台吉年幼，用事之人彼此不和，惟恐阿卜都尔、噶里木、哈萨克、土尔扈特、喀尔喀等处发兵袭之，所以防范卡座甚严等语。"报闻。

（高宗朝卷二八五·页一五上～下）

○ **乾隆十二年（丁卯）三月乙巳（1747.4.24）**

　　谕军机大臣等："……再，今岁准噶尔又往熬茶，恐其闻颇罗鼐已殁，彼处无总理之人，任意借端造言生事，亦未可定，亦当留心防范。凡应备办牲畜、口粮等项，务须预为储备。至照看来使之侍郎玉保系前次承办之人，一应事宜俱宜会同商酌，务期妥协。现在颇罗鼐殁后，彼处众人情形若何，即应奏闻，乃并未具奏，殊属疏忽。此际彼处众人意见情形，及珠尔默特那木扎勒袭爵办事后各处人心输服与否，俱著一一加意体访，具折奏闻。倘有一二不肖滋事之人，亦著傅清即行酌量办理，以示警戒。"

（高宗朝卷二八六·页二六上～二八上）

○ **乾隆十二年（丁卯）四月乙丑（1747.5.14）**

　　驻防哈密总兵官王能爱奏："臣于二月内奉旨：'以准噶尔使臣玛木特来京会议贸易熬茶事务，伊等原奏于九月中旬前来，经玉保令其于八月初旬到哈济尔得卜特尔贸易，九月初即行进藏。玛木特等因已经伊台吉奏明，未便遽定，俟归告台吉，若如所议，当于四月内遣人至哈密通信，若照前奏，即不送信。可传谕王能爱，令于夷使回巢经过时，将何时遣人确切询明，具折奏闻。'臣于三月十一日接见夷使，遵旨询问玛木特。据称：'进藏熬茶已蒙大皇帝俞允，我台吉原奏于九月十五日前后到哈济尔得卜特尔地方，贸易毕，进藏念经。经天朝大臣等仰体大皇帝体恤之恩，令于八月初旬前来，九月间进藏，天气温和，行走便利。我急欲回去，酌定日期，前来报信。现即启程，恳由乌克克岭行走，路途较近。必得于四月十五前回到伊犁，方不误事。'臣问以四月十五前方到伊犁，报信人如何即能于四月内得到哈密。夷使云：'我到伊犁定期后，遣报信人来，拣选好马，由我处卡座昼夜兼行，四月内必到哈密。或仍照原奏于九月内前来，即不送信。'臣谕以即使九月前来，亦应送信为是。夷使云：'此当禀知台吉而行。'臣察其意，亦欲于八月内前来，是以急于回巢。已照例护送出境。"报闻。

（高宗朝卷二八八·页一三下～一五上）

○乾隆十二年（丁卯）四月甲戌（1747.5.23）

甘肃巡抚黄廷桂奏："准噶尔夷使进藏，除已有例者照乾隆八年备办外，惟是前次系在东科尔交易，今次由哈济尔易银前往，所有应行随时酌办之处，逐一酌议：

一、夷人在哈济尔易银，不需货物，廷议令较上次交易之数略为多备。查上次用官银七万八千余两，今酌备交易银十六万两，进藏备用二万两，又官兵口粮、盐菜、应赏俸饷、运脚等项约需十五万两。除八年案内剩三万余两外，两项尚需银三十万两，请先在甘肃藩库拨用，仍于邻省速拨还项。

一、上次运粮及通信绿旗官兵口粮、盐菜，俱从宁裹带。今次护送夷使，派出绿旗官兵同行，全资马力，未便携带口粮。除从宁赴卡、由藏回宁自行携带外，其由哈济尔进藏时所需口粮、盐菜，应照上次拨兵运送。其到藏驻扎及留牧兵并运粮兵，仍照上次办理。

一、防护绿旗兵，于赏银外，每名借半年饷银，绿旗官员赏一年俸银，均不敷用。请酌借总兵银五百两，游击、都司二百两，守备一百五十两，千、把总八十两，回营在俸饷内扣还。

一、乾隆八年夷使至东科尔贸易，赏食物三次。今次仍请于哈济尔夷使初到时赏给一次外，其二次赏给，应于卡座交易事毕起身进藏时，令照看夷使之侍郎玉保等宣布皇恩，再赏一次，熬茶事毕回巢时，仍在附近青海之处赏一次。其应赏物件，廷议令备牛、羊、米、面等物。查乾隆八年将牛、羊、米、面酌换茶、乳、酥油，今仍照前办理。"

下军机大臣议行。

（高宗朝卷二八八·页三三下～三五上）

○ **乾隆十二年（丁卯）五月己酉（1747.6.27）**

安西提督李绳武奏："本年五月初五日，准噶尔夷使奔塔尔至哈密报赴藏熬茶的期。据称：'我宰桑玛木特于四月初六日回至伊犁，告台吉策妄多尔济那木扎勒云，进藏一事蒙大皇帝恩准，令于八月初十前后到哈济尔可及早进藏。我台吉不胜感激，给我字单，令我先来报信。'随将所送字单译出，内称：往西边念经、熬茶之人，定于八月十五前后到哈济尔，约共三百人。宰桑四人，一玛木特，一吹纳木喀，一巴雅斯瑚朗，一图鲁库；喇嘛三人，一绥绷，一温都逊，一固尼尔等语。"报闻。

（高宗朝卷二九一·页一三上～一四上）

○ **乾隆十二年（丁卯）五月己未（1747.7.7）**

军机大臣奏："据侍郎玉保等奏称，乾隆八年准噶尔入藏熬茶，由噶斯路行走。来使到时，将伊克柴达木、得卜特尔两卡座展设于哈济尔、察罕乌苏，派西宁绿营兵一百名。今年来使仍由噶斯路，应照八年例办理等语，应如所奏。交西宁总兵官张士伟派兵一百名，与蒙古兵同在哈济尔等处展放卡座。再，乾隆八年玉保带领准噶尔人赴藏，因沿路未设台站，凡奏折传事，俱从四川驰递，路途迂远。若有候旨办理之事，必致迟误。今次应请于现派出卡伦蒙古、绿营兵丁内酌派五六十名，交玉保于进藏时带往。自哈坦和硕至喀喇乌苏暂安台站，遇紧急事务，沿途递送。俟准噶尔人回巢后撤回。"从之。

（高宗朝卷二九一·页二六上～二七上）

○ **乾隆十二年（丁卯）六月癸亥（1747.7.11）**

驻藏副都统傅清奏："夷使赴藏熬茶，要地俱应添兵防范。阿哈雅克、腾格里淖尔一路，前派兵六千，令珠尔默特那木扎勒防守。今珠尔默特那木扎勒留藏办事，已派宰桑那旺根敦、策凌达什在彼管辖，应即交伊等防范驻守。至准噶尔进藏时，臣另派噶卜伦策凌旺扎勒等前至喀喇乌苏，带兵三百名护送至藏。其防守阿里克一路，已令公珠尔默特策卜登前往，带兵五千名驻扎。又，查工布与达克布及藏内地方，共备过兵四千名，臣仍照数防备，现在调用兵共一万五千名。再，从准噶尔至藏路径共五处，每处安设卡座,每卡派兵一百名、头目一名,小心侦探。又,归并藏内之那克素三十九部落番子原系罗卜藏丹津属下,罔知法纪,闻夷使入藏,难保无滋事之处。应于夷使将到时,令其游牧移至别处,仍派人约束防范。其准噶尔人等往各寺庙熬茶时,仍派官兵与原护送之官兵一同约束,并密饬各寺庙喇嘛之处,已俱交珠尔默特那木扎勒小心办理。"

得旨:"军机大臣议奏。"

寻议:"准噶尔往藏熬茶,因系奏明为伊父修善事,是以蒙恩俞允。而藏内之人虑其狡诈,防范自不可忽。但调兵至一万五千,不免张皇。且准噶尔此次尤极恭顺,诸事俱遵旨而行,应外示宽和,暗令傅清调兵数千名于紧要处严防,方为妥协。一切与郡王珠尔默特那木扎勒公商办理。馀俱如所奏行。"从之。

又奏:"前次准噶尔赴藏熬茶,管送之大臣、官兵等所用米粮,动项采买二千三百余石,后仅支用九百余石。此次应酌减,预备二千石。再,管送之大臣、官兵及准噶尔熬茶人等所用之柴草、乳油、茶叶、炒面等项,交珠尔默特那木扎勒妥备。"

得旨:"军机大臣议奏。"

寻议:"此次管送之大臣、官兵较前次既少,上次止用过米粮九百余石,此次备二千石尚属过多,应饬令采买一千石。馀应如所奏。"从之。

(高宗朝卷二九二·页六下~八下)

○乾隆十二年(丁卯)六月戊寅(1747.7.26)

谕军机大臣等:"此次准噶尔使臣玛木特来京奏称,从前伊处赴藏熬茶人等,颇罗鼐并未照旧例帮助牲畜、口粮等语。经朕以颇罗鼐虽系受封号之人,究属远方部落,非内地臣民可比,不便降旨令其资助,但此次或照前量加资助,亦未可定。详悉晓谕该夷使等,并于玉保前往时,令其向珠尔默特那木扎勒公同商酌,妥协办理。著再传谕傅清,令其转谕珠尔默特那木扎勒,此次夷使到藏时,虽毋庸循照旧例二十日即行办给一次,著于初到给资之外,酌量驻藏日期多寡,再行办给一二次,俾夷使等咸知感悦。"

(高宗朝卷二九三·页六上~下)

○乾隆十二年（丁卯）七月丁巳（1747.9.3）

军机大臣等奏："据侍郎玉保等奏称，每年春秋二季巡察额色勒金、柴达木两路卡座，派定青海王公、扎萨克、台吉等，每路遣一人察卡，又派庄浪满官四员，每年于秋间带兵巡察一次，均应于九月间自西宁起程，今值夷使进藏熬茶，请暂停等语。查准噶尔夷使赴藏熬茶，侍郎玉保现已在哈济尔驻扎，倘察卡人等照旧前往，正值夷使将到，人多势众，恐致生疑。应请将今秋察卡之青海王公等并庄浪官兵俱暂停，俟明年春季派往。"从之。

（高宗朝卷二九五·页二一下～二二上）

○乾隆十二年（丁卯）九月乙未（1747.10.11）

谕军机大臣等："据玉保奏准夷熬茶来使先遣阿喇布扎报知，伊等至塔里木河，因水大难渡，不能如原约于八月十五前后到来缘由。又询问此处现派大臣几员，领兵若干，驻扎何处各情由。看其光景，似有疑虑等语。此次准噶尔进藏熬茶，诸事皆允其所请，又系伊等从前经过之事，理宜无所疑虑。玉保此奏亦甚含糊，并未详悉声明，著即传旨询问。若因伊迟误约期，预先遣人来报，即料其有疑虑，玉保尚属晓事人，不应至此；或准噶尔人等违背约期，自知食言，遂有掩饰之意，玉保即从此生疑，亦未可定。务将实在情形明白速奏，以便预行办理。朕思准噶尔人等素行诡诈，难以凭信。近又新袭台吉，或借赴藏缘由窥我边界，且进藏熬茶，离青海甚近，借端谋袭青海，亦不可不虑及。凡一应预备防范之处，即令玉保会同地方大员密行商酌，设法办理。倘伊等本无疑惑之形，而内地稍露张皇之意，反致伊等疑惧，则更大有关系。此事已令大学士庆复暂住陕西，预行筹办。凡应行会商之事，就近密商妥办。仍俟玉保复奏到日，再行酌量。并将此旨寄庆复知之。"

又谕："据侍郎玉保奏称，准夷熬茶来使于中途遣阿喇布扎前来告称，伊等至塔里木河，因水大难渡，将约定八月十五日期不能到来缘由先行报知，又询问此处现派大臣几员，领兵多少，驻扎何处各情形，看其光景，似有疑虑等语。准夷如何疑虑之处，具奏不明，已降旨询问玉保。著将此折抄寄大学士庆复阅看。准夷向来不可凭信，策妄多尔济那木扎勒新袭台吉，往藏熬茶，离青海甚近，借端谋袭青海，亦未可定，自应防范预备。现在玉保止领兵丁四百名，提督李绳武远在安西，总督张广泗又驻军营，西宁等处并无大员，设或偶生事端，亦属可虑。前令大学士庆复回京，必取道于陕西，此时如已起程，即令在陕西暂住，静候玉保信息，就近将一应预防事宜暗为备办。设有事端，一面具奏，一面办理。然不过先事预筹之计，务宜加意慎密，断不可令夷使等稍有知觉，反生疑惑。即内地人等亦不可稍露形迹，致令泄漏。俟应令伊回京时，候朕降旨，再行回京。"

（高宗朝卷二九八·页一二下～一五上）

○乾隆十二年（丁卯）九月丁巳（1747.11.2）

（大学士公庆复）又奏："臣行抵陕西接奉谕旨，以准噶尔未可深信，命臣暂驻陕西，密为防范，臣遵即驰赴庄浪暂驻。倘有应办事件，一面办理，一面奏闻。"

得旨："知道了。此时并无信息。大约玉保所奏用心太过，反觉荒唐。今卿业经起程，多行数日何妨？即有意外之事，有卿在彼，量亦无忧。"

（高宗朝卷二九九·页二六上）

○乾隆十二年（丁卯）十月己卯（1747.11.24）

又谕（军机大臣等）："前玉保具奏准夷熬茶人等，因不能如期到卡，预先差人送信一折，内有'伊等似有疑虑'一语，含糊具奏。朕初以为果有别项事端，今据奏报宰桑巴雅斯瑚朗等三百人于九月十四日到哈济尔，现往得卜特尔交易等语，是准夷并无异意可知。又奏称：藏地风俗，正月修好事念经，各处人众前来瞻拜，商贾聚集，甚属扰攘，恐准夷乘间滋事，伊欲催促熬茶，于初五日以内完竣，即带来使回巢，如迟久不能毕事，将内地人众随到瞻拜，不令久聚等语。此等意见，又属太过。准夷到藏熬茶，事毕即可回归游牧。但伊等见藏地修好事念经，必恳求多住数日，瞻仰数次。若遽催促起程，并将内地聚集瞻礼人众驱逐不令久聚，使彼知觉，反生疑虑。至期惟有约束内地人等，暗为防范，不使滋事。著寄信玉保，带领夷人至藏，与驻藏办事大臣索拜、傅清等公同商议，妥协办理。断不可稍有疏忽，亦不可使准夷知觉疑惑。再，前因玉保之奏，令大学士庆复暂驻陕西，预行防范，今并无事故，庆复即著回京。并谕玉保知之。"

（高宗朝卷三〇一·页一〇上～一一下）

○乾隆十三年（戊辰）三月丙戌（1748.3.30）

谕军机大臣等："据玉保奏称，准噶尔夷使知藏内有出痘之人，甚属畏惧，乞将护送官兵俱行离远居生，又往大小寺内时，令伊等自行守门，不使官兵同入等语。准噶尔人素行狡诈，其欲令我官兵远离，未必无言语离间之事。由此观之，其诡谲伎俩尚未尽革。自应以理晓谕，使之折服。且我兵既已出痘，岂有复出之理？玉保等不即以此言驳诘，乃遽令护送官兵移令远住，办理甚属姑息。著将此传谕玉保等知之。"

（高宗朝卷三一〇·页五上～下）

○乾隆十三年（戊辰）三月癸卯（1748.4.16）

又谕军机大臣等："据索拜等奏称，因藏有出痘之人，达赖喇嘛坐禅静养，郡王珠尔墨特那木扎勒避往里定地方等语。从前达赖喇嘛已经圆寂，伊属下噶卜伦等隐匿不报，诡称避人坐禅，以致藏内滋事，准噶尔乘间扰乱。今藏内出痘，达赖喇嘛虽应暂避，但恐伊属下之人复蹈前辙，或有事故不以实告，亦未可定。此事大有关系，不可不用心觉察。况准噶尔熬茶之事尚未完竣，伊等见达赖喇嘛避人静养，或不能无猜疑生事之处，当严密防范。著传谕索拜、傅清等，令其留心体访，加意防维，即准噶尔人等已经回巢，亦不可稍有怠忽。"

（高宗朝卷三一一·页六下～七上）

○乾隆十三年（戊辰）四月辛未（1748.5.14）

赐准噶尔台吉策妄多尔济那木扎勒敕书。曰："览奏。知尔感激朕恩，言词恭顺，朕甚嘉之。其欲将年老喇嘛请派人送归土伯特，从前并无此议。且喇嘛高年熟于经典，何故转欲送回？彼出家之人随处安身，又岂必定回原处？即如来京喇嘛，亦从无送归土伯特者。此事不便准行。再，来使恳请另发喇嘛，扶助黄教。佛之一道，惟在诚心，不关念经之人。从前尔父屡次奏请，朕已明白开导，未经准行，尔当稔悉，不必固请也。"

（高宗朝卷三一三·页六上～下）

○乾隆十三年（戊辰）五月丙戌（1748.5.29）

谕："据索拜等奏称，护送准噶尔夷使官兵路过那克树番民游牧地方，曾用过番民等所备牛马五百余匹，又派番民等于藏界哈拉乌苏以外地方，安设八站等语。此等番民感戴国恩，竭诚奉公，勇往效力，甚属可嘉。著加恩将伊等明岁一年应纳钱粮宽免，以示鼓励。"

谕军机大臣等："准噶尔人狡诈难信，从前拉藏汗时进藏为乱，至今众喇嘛及唐古忒人怀疑惧。即其来至藏地，供给一应所需，虽俱施恩赏给价值银两，而唐古忒人等尚不无滋扰之处。若听其时常往来，日久必致滋事。近据珠尔墨特那木扎勒告知索拜等，以伊等时来藏内，非土伯特有益之事。其言不为无见。近时两次准令进藏熬茶者，特因噶尔丹策零为伊父策妄阿拉布坦及策妄多尔济那木扎勒为伊父噶尔丹策零之故，伊既为伊父谆谆奏请，不便过为拒绝，是以加恩允准。嗣后准噶尔人，其有非此等事奏请入藏者，应令严行拒绝，断不准行。可将此旨传谕索拜等，令其转谕珠尔默特那木扎勒并达赖喇嘛知之。"

又谕："此次夷使进藏熬茶，所有赏赉及供给各项虽系动公备办，而郡王珠尔默特那木扎勒感激朕恩，凡事能体伊父报效诚心，妥协办理，甚属可嘉，著加恩赏蟒缎二端、大缎四端。噶卜伦公班第达等襄助办公，并无贻误，亦著加恩，赏公班第达蟒缎一端、大缎二端。其噶卜伦扎萨克头等台吉策凌旺扎勒及色玉特塞卜腾、布隆灿、扎萨克头等台吉旺对等，俱著赏大缎各一端、官用缎各二端。逮绷达什达尔扎及章禄占巴、阿兰巴奈、巴克扎奈等，俱著赏大缎各一端、官用缎各一端，以示奖励。"

（高宗朝卷三一四·页八上～一〇上）

○乾隆十三年（戊辰）八月壬辰（1748.10.2）

又谕（军机大臣等）："索拜奏硕翁土库尔守卡目兵瞭见千余人行尘，恐系准噶尔夷人一折，昨降旨传谕黄廷桂密行查察。如果踪迹可疑，即令李绳武、瑚宝调拨官兵预备，并令如果悉知准夷犯顺，即行扣留贸易之人。但思防范一事，务须十分慎密。不但贸易之夷人断不可稍令闻知，即我之办理预备亦不可略露端倪。若经理之初稍一张扬，安能保其无漏泄之事。况此事尚在疑信之间，不过预为防范，若其事本无实据，岂可遽行扣留彼处贸易之人？即其事果有可疑，亦应不露形迹，乃为妥协。此事甚有关系，不可冒昧，以泄事机。又不可疏漏，致彼果有犯顺，而贸易之人仍得安然归巢，或被贸易之人即致沿路劫盗等弊。故再为申谕，可令黄廷桂悉心筹画，务令贸易及内地之人俱毫无知觉，不动声色，行所无事，以副朕意。"

（高宗朝卷三二二·页二八上～二九上）

○乾隆十三年（戊辰）八月辛丑（1748.10.11）

又谕（军机大臣等）："据纪山奏称：有索拜处递与拉布敦清字文书，内中不知何事，问，据投文之人云准噶尔熬茶回巢，途中作变，已行沿途备兵等语。此事前因索拜奏报，曾降旨黄廷桂，令其密行查察。如果悉知准夷犯顺，即令调兵预备，并速行扣留贸易之人，不可疏漏。今此事虚实情形，索拜尚未确有奏报，而纪山所奏又仅得之投文之人。且熬茶夷使已报三月起程，何尚于此时逗留途次以有他变？此事大抵皆属子虚，不可凭信。但伊既预备军需火药，又咨会邻省，恐益张扬。可传谕黄廷桂，此事务须十分慎密，其所云扣留贸易夷人，不但不可轻易举动，并不可丝毫稍有漏泄，令贸易夷人知有此事为妥。若实知其事无确据，则一切预备之处，可即密令停止，毋使知觉，转启嫌隙，纪山折一并抄寄。又传谕讷亲并班第知之。"

（高宗朝卷三二三·页一〇下～一一上）

○乾隆十三年（戊辰）八月甲辰（1748.10.14）

谕军机大臣等："据索拜奏郡王珠尔墨特那木札勒告称，遣往查看踪迹之宰桑等回报，至硕翁土库尔地方分路寻查，并无准夷来往，止有往东北行走踪迹，或系截路唐古忒贼人，亦未可知等语。前经索拜具奏，朕即以此事可疑，伊等办理造次，令其作速确查明晰，今果属虚无。索拜办理藏务，凡事宜斟酌情形，详慎妥协，始能安辑地方。今偶闻一语，并未确查，遽行整兵防备，并令番子移驻游牧，使准夷闻之，反生疑惑。冒昧张皇，至此已极。索拜曾经驻藏，因系熟悉彼处情形之人，准夷赴藏熬茶，令其前往协同料理，似此毫无主见，举动失措，实非朕所料，著传旨严行申饬。现在藏地既无事端，所备兵丁应即撤回，移驻番子仍令回至原地，加意抚绥安慰，不得仍拘泥前奏，摇惑众心。并传谕郡王珠尔墨特那木札勒，朕念伊父颇罗鼐奋勉效力，施恩令其袭爵办事。想伊属下人，以伊年幼，甫袭王爵，未经更事，未必如伊父时尽心出力，此时正宜用心收服旧日任事之人，协同助理，始于地方有益。即如此事，虽因卡上人等冒昧具报，亦由伊所遣人员不能详细妥协所致。嗣后务宜效法伊父，约束人众，安辑地方，一切会同驻藏大臣等详慎办理。"

又谕："前据索拜奏报，硕翁土库尔守卡兵目瞭见千余人行尘，恐系准噶尔夷人，现在密为防范等语。朕以夷人尚属恭顺，知其未必即生衅端，已降旨黄廷桂等，令其密行查察实在情形，勿轻举动。今索拜复奏果无其事，则其混行陈奏，殊属轻率，已降旨申饬。可传谕大学士公讷亲及黄廷桂，前已有旨令伊等不可轻信，其沿边密行防备，毋得张扬。今索拜所奏如此，则边庭预备军需之处，应速行密饬停止，并不得稍露形迹，致开夷人疑窦。索拜折并抄录寄去，所有应行知会之处，并传谕通行知之。此际若得确信，仍著速奏。"

寻讷亲奏："现经该郡王禀明毫无实据，其解运军需赴藏之员业经停止。"报闻。

黄廷桂奏："前密行防范，原无应用军需之处，今事已虚，贸易夷人不必羁留，即令护送出口。"

得旨："贸易人已起程否？略为羁留之意，彼知觉否？据实速奏来。"

（高宗朝卷三二三·页一二上～一四下）

○乾隆十三年（戊辰）九月丙寅（1748.11.5）

又谕（军机大臣等）："据索拜等奏，郡王珠尔默特那木扎勒呈称，准夷两次由阿哈雅克来藏，近又探得于阿哈雅克见有贼人踪迹，虽并无确信，不可不令兵丁防范，愿带经过战阵旧人，前往喀喇乌苏地方训练彼处兵丁，防范一切，已令其前往等语。朕派大臣驻藏，特为藏地距京遥远，一切事宜俾得就近妥协办理。唐古忒人遇有禀商事件，亦应酌其可否，确示遵行。从前索拜以猝闻硕翁土库尔踪迹，轻率办理，朕已屡经训饬。今果并无事端，而伊此奏，转若有意掩饰前非。况向日索拜尚以唐古忒人往往无事造端为言，则此次传言，安知非其捏造，乃竟不察虚实，堕其术中乎！索拜驻藏办事年久，此等情节并不详审，糊涂乖谬已极。但已令珠尔默特那木札勒前往，无庸置议。索拜不必前往金川，著即速来京。副都统拉布敦初到藏地，此事与伊无涉。嗣后益当用心办理，其有应指示珠尔默特那木札勒者，悉心指示，俾得遵循。务宜详慎体察安辑地方为要。"

（高宗朝卷三二四·页三五下～三六下）

○乾隆十三年（戊辰）九月丁卯（1748.11.6）

又谕（军机大臣等）："前据索拜奏报，瞭望卡外行尘踪迹，即行知各边预备。此事朕早决其不可凭信，后知果出于索拜之轻率妄报，甚属荒唐。已降旨令将各边预备军储防范之处，速行停止。今索拜奏复全属子虚，则边庭尤宜静镇，不可将此事复存于心。可再传谕黄廷桂，令其通行各边，使知前事果属讹传，毫无影响，应各相忘于无事，毋得稍有形迹，致生疑衅。"

（高宗朝卷三二五·页三下～四上）

○乾隆十三年（戊辰）十月丁亥（1748.11.26）

谕军机大臣等："驻藏办事副都统拉布敦奏称，珠尔墨特那木扎勒寄知阿里克地方交易回子等告称，准夷现在内乱，伊即移知珠尔墨特那木扎勒，严饬各卡，谨密防守，如有准夷来到，即送至藏等语。藏地关系紧要，驻藏大臣凡事最宜查取确实，权其轻重，相机办理，不可稍有滋事。现在索拜因阿哈雅克卡座报有千余人形迹可疑之语，遂怀畏怯，将唐古忒番人妄行移拨，殊属轻忽。拉布敦当以为戒。准夷狡诈向与土伯特不合，互相窥伺。若将准夷人等容留藏地，将来必至扰乱。著寄信拉布敦，准夷倘有投藏之人，当饬各卡谕令退回，断不可容留一人。并令传谕珠尔墨特那木扎勒遵照办理。"

（高宗朝卷三二六·页一九下～二〇上）

○乾隆十三年（戊辰）十月己酉（1748.12.18）

安西提督永常奏："沙州营之巴颜布喇地方现驻防兵，原为防御噶斯一路而设，其至噶（斯）之道里远近，营中并无知晓之人。臣前任安西，曾差弁兵自巴颜布喇正西往探，行及千里有余，多系戈壁，以水尽未得至噶斯而回。臣今选千总二员，带外委二员、兵四十名，给骑牵马驼，多裹口粮、水浆，于八月二十五日起程，指令自巴颜布喇由黑打坂之西南往探。沿途即于所带兵中留安卡拨，以通声息。于十月初八日回称，自巴颜布喇西行，约七百余里，至黑打坂，向西南行，一路多山僻，水草极少。行及六百余里，到一古墩，有水有草，更有筑下台坎基址，细看创造工程乃系我朝驻过人马形像。从此四下踏勘，至南一百余里，乱山上望见南有一带雪山。所带外委潘有仁曾在青海出兵，到过噶斯，据说这雪山下似噶斯大路。又南一百余里到雪山下，见有东西来往大路。是马驼走下旧踪，多被风吹雨湮。据潘有仁言，此路前征罗卜藏丹津时走过，地名花海子，即噶斯大路。臣伏思自巴颜布喇往西南一千四五百里之外，并无别夷部落，所有旧踪应系准夷两次进藏熬茶经过之踪无疑，今得探明，于巴颜布喇防御哨探有裨。"报闻。

（高宗朝卷三二七·页三二下～三四上）

瞻对班滚复出、庆复、李质粹等获罪

○乾隆十二年（丁卯）正月己酉（1747.2.27）

又谕（军机大臣等）："上年进剿瞻对满、汉官兵所有借给俸饷银两，回营之日例应坐扣还项。朕念官兵人等远役劳苦，且能奋勇克捷，应加恩格外，以示奖励。此内除革职治罪等员不准宽免外，其余满、汉大小官兵借支银两，概行免其坐扣，俾得从容养赡家口，以昭优恤戎行之意。"

（高宗朝卷二八三·页四上～下）

○乾隆十二年（丁卯）四月辛巳（1747.5.30）

谕军机大臣等："从前大学士庆复奏称班滚及伊家口并恶木劳丁、姜错太等一齐烧死等语，彼时朕即以情节可疑，令大学士庆复留心踪迹。今镇海营参将袁士林来京引见，朕令大学士等询问，据称闻泥日寨之姜错太未曾烧死，想姜错太同在一处，彼既未死，其班滚似亦未曾烧死，亦未可定等语，与大学士庆复所奏不符。虽袁士林得之传闻，但既有此语，未必无因。可传谕问大学士庆复，令其将姜错太果否烧死之处，留心察访，据实复奏。"

（高宗朝卷二八九·页二七下～二八上）

○乾隆十二年（丁卯）四月壬午（1747.5.31）

又谕（军机大臣等）："从前大学士庆复奏称班滚及伊家口并恶木劳丁、姜错太等一齐烧死等语，情节甚属可疑，前已传谕张广泗，令其于到川时详细访察。今镇海营参将袁士林来京引见，朕令大学士等询问，据称泥日寨之姜错太未曾烧死，想姜错太同在一处，彼既未死，其班滚似亦未曾烧死，亦未可定等语。袁士林虽系得之传闻，但伊亲在行间，其焚烧泥日寨，即差伊前往举火，而为此语，显属有因。可将此情节密行传谕张广泗，令其将班滚、姜错太等果否烧死之处，留心察访。此非张广泗经办之案，自当无所瞻顾，悉心察访，可以尽得实情，即行据实复奏。"

（高宗朝卷二八九・页二九下～三〇上）

○ **乾隆十二年（丁卯）八月丁亥（1747.10.3）**

川陕总督张广泗奏："到军营后，查访班滚果否烧死之处，因闻有自班滚处逃回土兵昔什绰、扒塔儿，随唤至军营，细加盘诘。据供：'班滚于如郎寨逃出，即往沙家邦寨中藏匿。嗣大兵焚毁泥日寨，并无班滚在内。'又接提督武绳谟札称，有新投兵丁王怀信，向在里塘，亦闻班滚未死，并传说现在金川各等语。是班滚未经烧死，已属显然。臣仍多方密访，务得实在下落，再行奏闻。"

得旨："览此，则班滚实未死也。如其未死，舍金川而何往？一事而成两功，惟卿是赖。至于一切顾虑，恐惹嫌怨之处，皆可不必。勉之。"

（高宗朝卷二九七・页一八下～一九上）

○ **乾隆十二年（丁卯）十月辛酉（1747.11.6）**

谕军机大臣等："从前班滚焚毙未得确据，是以屡次降旨，令密行体访。今据总督张广泗查明，班滚仍踞如郎，且敢肆行多事，攻打康朱，踪迹显然。汪结于班滚潜逃时，明知隐匿，且遣使往来，暗通消息。游击罗于朝亦系上年承办此案之人，恐其发露，意欲多方掩饰。是汪结实为彼地之巨蠹，而罗于朝亦属知情。种种情形，俱属显著。该督谓虽彼处无再用兵之理，而设法钩致大费经营。朕思班滚狡狯生事，至为可恶，不可不明正刑章。若果能如计就擒则已，否则，再用大兵攻剿，亦系出于不得已，而非黩武。在目今进剿大金川，须全力贯注，不得分营。至将来金川事竣，即应移师如郎，迅速擒讨，断不容缓。汪结既为彼耳目，罗于朝身为营弁，乃内地之人，辄敢与之通同，更为不法。至进兵时，须先期将罗于朝、汪结二人以他事调赴军营，一一讯明，便可得班滚实在下落，而明正其罪。此际更密为防范，令汪结不得暗施狡计，必当擒获班滚，明治其罪，以正从前草率之失。所为一举两得，实在此役。此时宜遵前谕，不必稍露风声，以防他变。可传谕张广泗知之。"

（高宗朝卷三〇〇·页四上～五上）

○乾隆十二年（丁卯）十月丙寅（1747.11.11）

谕军机大臣等："蛮贼盘踞山箐，专恃战碉以为巢穴。前据张广泗奏，班滚将如郎旧碉修住，姜错大［太］旧碉烧坏，仍在旧处新修大碉七座等语。其大金川各路进兵情形，亦称贼碉险峻，枪炮难施，攻一碉不啻攻一城等语。去年班滚之案，庆复等所奏，何尝不称拆毁碉楼，毋使复筑等语？未逾年而班滚复出矣，且复筑碉楼矣，则是去年所云善后之图何在？贼人负固走险，习俗难移。每当攻克贼巢，虽云焚毁碉楼，使之无所凭借，其平居栖止，但可依岩傍壑，盖设平房，而不能扼其吭而据其要。终不能禁止其不为，必致仍复恃险滋事，则此两番办理俱属虚縻。其如何革除旧俗，设法稽查，使不敢修设碉楼之处，应传谕该督，令其留意办理，毋复如前之所为。……"

（高宗朝卷三〇〇·页一四上～一五上）

○乾隆十二年（丁卯）十一月甲午（1747.12.9）

谕内阁、刑部："行师最重纪律，故失律有诛，罪在不宥。袁士弼在瞻对军前，与提督李质粹意见龃龉，遇事推诿，奉文调遣，违期不至，经大学士庆复参奏，拿交刑部治罪。朝审拟以情实，应即予勾。但庆复参奏原据李质粹禀报，而李质粹所报班滚焚巢毙命之处，始据奏报，朕即以为未可信，因命张广泗、纪山等备细访查，乃知班滚现踞如郎，且敢领兵攻打上瞻对土司康朱，肆行滋事。夫首恶渠魁关系至为紧要，而以生为死，全属子虚，则其他功过是非岂复可信？张广泗大金川军务告竣后，必须将班滚另行办理。袁士弼此次暂行停勾。李质粹即非枉陷袁士弼，而伪奏已属显然，著拿交刑部，羁候班滚事竣时，令张广泗将此案情节秉公据实逐一查明。现在随营将弁内当时在事之人尚多，必得真知确见，俟张广泗查奏到日，令李质粹与袁士弼对质，则功过自明。袁士弼自有应得之罪，著入下年朝审，此次之不勾，非朕轻军法而姑息从宽也。"

（高宗朝卷三〇二·页一一下～一二下）

○乾隆十二年（丁卯）十一月丙辰（1747.12.31）

川陕总督张广泗奏："前奉谕旨：'班滚诡计兔脱，舍大金川而何往？'臣查上年攻剿瞻对，果如庆复所奏，拆毁战碉，分割其地，则班滚无可容身，自必潜逃他境。今查李质粹初临贼境，尚攻克碉寨十余处，迨兵过如郎，仅焚空碉二座及围烧泥日一寨，余皆完好如旧。至分地之议，各土司因班滚现在，无人敢领，悉仍为班滚所踞。至班滚所踞大碉，并未烧毁，其党羽亦并未擒拿，班滚安肯舍其巢穴远赴金川？但现在进剿金川，必须全力，应俟殄灭金酋，再移师瞻对，不难迅为扫除。又奉谕旨：'汪结现在军前，尤宜事事密为留意，不可稍露机宜。'臣查汪结，不过一巧滑小人，因其熟谙夷情，在众土司中最为明白，故庆复信而任之。现今来至军营，臣面加诘询，伊颇知畏惧，恳请效力。但番性叵测，谨当密为留意，俟事定另思处置。至崇喜土司被杀一节，系俄木劳丁挟仇报复，与汪结、安本无涉，亦非所属番人不平所致。"

得旨："览奏俱悉。"

（高宗朝卷三〇三·页一八下～一九下）

○乾隆十二年（丁卯）十二月乙亥（1748.1.19）

谕军机大臣等："朕览张广泗所奏询问汪结供词，内称四月十三日渡江，半夜到如郎，竟是空寨，班滚早已逃出，及责问俄木丁，伊云必是隔江看见烧寨，害怕潜逃等语。前据张广泗奏：'昔什绰等在如郎听得人言，明正土司汪结做中间人，叫俄木丁投降，令班滚逃往别处。'是班滚之兔脱皆系汪结暗为通信。今伊止归罪于俄木丁一人，与昔什绰所供情形不符之处何未问及？又，前奏遣喇嘛雍中班吉前往如郎，班滚云：'我曾差人往绰斯甲罗于朝、汪结营盘请安，说你叫我三年不可出头，我已遵了。'又，汪结曾有信与班滚弟兄，令其敛迹，以防金川事竣波及。而汪结所供仅有带信道喜一语，其余俱未供出。不知张广泗亦问及否？至彼明知事迹难掩，何难将道喜一语说明以表其心，而种种潜通消息之处，实欲借此掩盖也。再，折内所称文武皆知班滚尚在，而无一人敢少露声息。及至康朱控告班滚父子构衅滋事显有确据，始肯渐吐实情，而咸诿罪于汪结。且以汪结神气，似非大奸究。又谓：'汪结能料及绰斯甲之必应办理，如其语果出诚心,实为诸番中之杰出者。'朕细察情词,是汪结之巧,不但先已欺蔽庆复,即张广泗亦属疑信参半矣!朕前所降谕旨,俟将来金川事竣,即移师如郎。汪结既为彼耳目,罗于朝敢与之通同不法,进兵时须先期将二人以他事调赴军营,讯明班滚下落,而明正其罪。此际更密为防范,不得少露风声,以防他变。盖因大金川现在进剿,不能又加兵于瞻对,是以令其俟金川事竣,再乘机办理。孰知张广泗此奏,竟未待事竣,即令汪结至军营面询,未免失于欲速,不合机宜矣。若汪结果知伊事已经败露,罪有难逃,张广泗因此调赴军营查办,则发奸摘伏,罪名昭著,即当明正典刑,使群番知所警惧。如因汪结为众番所信,未便歼除,恐即加诛殛,或致有失番心,更滋衅端,姑留之以图后举,而其折内亦未将此意声明。又,汪结供上年打听班滚实未烧死,曾屡次密禀宋宗璋,伊甚是愁怕,叹气说如今更有何法等语。宋宗璋现在军营,何不即将此询问,以定虚实。但不可因有此旨又稍露形迹,以致汪结怀疑,复滋事端。且现今行间将士,半属从征瞻对之人,倘共知前此隐讳之事皆已显露,必人怀惊畏,当此军兴之际,甚有关系。至汪结所云:'现在大兵进剿金川,班滚放心在家,一无防备,我著人哄他离了巢穴,就容易擒拿。'此等皆属诳语,未可据为凭信。若堕其术中,即蹈瞻对之故辙。虽据张广泗奏称尚未深悉汪结底里,当密为留意,统俟事定,另思处置等语,但目今此事既经明白询问,则汪结尤宜密防,毋使因疑生衅,又费周章。万里之外,朕亦难一一遥为指示,可传谕张广泗,令其悉心体会朕旨,务须审度机宜,慎重经理,以纾朕西顾之忧。"

(高宗朝卷三〇五·页六下～九下)

○ 乾隆十二年(丁卯)十二月丙子(1748.1.20)

谕军机大臣等:"……再,现据张广泗奏汪结供词内称:去年六月内,提督撤兵起身之后,总兵宋宗璋还在腊盖的时候,我就打听得班滚实未烧死,但不知他藏匿的所在,就禀了总兵宋宗璋并游击罗于朝。后来撤到旷域顶,我又打听得班滚藏在空七寨一个山洞里。那洞内有水有柴,可以久住。我又禀了宋宗璋。宋宗璋听见甚是愁怕,叹了一口气说,'如今叫我有什么法呢'等语。汪结如何告知之处,著一并传谕,令其据实即速奏明，毋得稍有回护。"

（高宗朝卷三〇五·页一一上～一二上）

○ 乾隆十二年（丁卯）十二月己卯（1748.1.23）

谕："大学士庆复自皇考时屡经擢用，历任尚书，朕即位之初，用为大将军，复简畀封疆，历用至大学士。上年瞻对用兵，以总督统领军务，乃奏称班滚围困焚毙，告捷竣事。朕览奏折，称班滚烧毙，因念全无确据，应迅速查访，其种种疑窦，详晰批示。始据庆复奏，班滚烧毙，彼亦怀疑，遵旨密行查访等语。今据张广泗查明，班滚现在如郎，尚复肆行滋事。当时捏报焚毙之处，检阅卷宗，有庆复驳回李质粹原咨，李质粹遂添入火光中望见悬缢贼番之言，庆复即据以入告。并前后办理未妥各情节，因以张广泗原折传示庆复，伊乃具折请革职，交部从重治罪。朕自张广泗奏到，数日来为之反复思维，念其扬历中外，欲施恩宥，以全世戚旧臣之体，而法度者朝廷之法度，有功则赏，有罪则罚，朕不敢私焉。且国家能保千百年无兵革之事乎？若统兵之人皆如此欺罔，其所关系尚可问乎？夫世戚旧臣皆与国共休戚之人也，庆复思及此，亦将不能自恕！且以台辅大臣受国家厚恩，何以于此等军机重务通同欺罔，一至于此？若谓一时误信，或因用军既久，边外番地不得不如此了事，此等情形不宜题达宣示，亦应密行陈奏，乃始终并未据实奏明。今既通盘败露，法纪所在，朕虽欲宽之而无可宽，庆复著革职，家居待罪。李质粹现在刑部监禁，著军机大臣会同刑部，将此案情节彻底研讯，有应问庆复之处，一并讯问，逐款审明，按律定拟具奏。"

又谕："朕从前因班第、努三进兵瞻对，宣力效劳，厥有成绩，是以将伊等及所带侍卫官员拜唐阿等一并交部议叙。朕又施恩令班第在御前行走。今据张广泗奏称，班滚现在如郎地方，并未被火烧毙等语。班第、努三虽系协同庆复办事之人，未深悉地方形势，与庆复、李质粹专令带兵者不同。然伊等在彼并不详察，亦从而谓班滚烧毙，率行具奏，殊属冒昧。此事既经显露，伊等议叙所加之级及随往侍卫官员拜唐阿等议叙之处，均一并注销。班第、努三俱不必在御前行走，著在乾清门行走。"

（高宗朝卷三〇五·页一四下～一七上）

○乾隆十二年（丁卯）十二月壬午（1748.1.26）

谕军机大臣等："瞻对用兵之案，庆复、李质粹以班滚焚毙告捷撤兵，而班滚现据如郎，肆行滋事。朕原谕以俟大金川事竣之后再行查办，乃张广泗办理失于欲速，未合机宜，使事情彰著。矢在弦上，不得不发。因命将庆复革职待罪，李质粹交军机大臣会同该部严讯，按律定拟。但思此案内，庆复、李质粹身为总统大员，贻误军机，情罪固重，其在事捏报之宋宗璋、马良柱及将备人等牵涉甚多。伊等既知此案情罪败露，未必不心怀疑惧，于现在军情无益。著传谕张广泗，令其酌量情形，如宋宗璋等在事日久，熟悉情形，现在领兵攻剿尚能实力奋往，可望成功，著仍留军前，将伊等从前捏报欺罔应行从重治罪之处，该督明白晓谕，许其戴罪图功，以观后效，令伊等心中豁然无疑，专一进剿，奋勇克捷，以赎前愆。若伊等并无实在出力，而军前效用有人，如发往之任举等可以代伊之任，即将伊等参革，并案内紧要人犯一并拿解来京，归案审结治罪。其余情罪稍轻者，仍著明白宣谕，令其效力赎罪。军务机宜，未便遥断，著张广泗详悉筹酌，妥协办理具奏。"

（高宗朝卷三〇五·页二二下～二三下）

○乾隆十二年（丁卯）十二月甲申（1748.1.28）

谕军机大臣等："大金川逆酋不法，现命张广泗声罪致讨。据奏明春二三月间可以克期取胜。前此瞻对跳梁，劳师动众，几及岁余。此二役俱属军旅重务，必令天下共见共闻者。夫国之大事，惟祀与戎，古者命将出师，罪人既得，则执馘献俘，我朝向曾举行。今此次大金川莎罗奔负固拒命，恃其战碉之险，久抗王师，前此班滚狡计兔脱，俱系凶逆渠魁，应生擒正法，以申军律。可传谕张广泗，若于交锋之际，炮矢所加，已经授首，不及生擒，亦只得如此办理。如能擒执逆酋，著拿解京师献俘，明正典刑。如此，则中外皆知班滚现已就擒，可释前疑，而庆复、李质粹亦益自知罪矣！著张广泗留心遵照办理。"

（高宗朝卷三〇五·页二八下～二九上）

○乾隆十三年（戊辰）正月乙未（1748.2.8）

四川巡抚纪山奏："西、南两路军营汉、土官兵暨各色人等五万有余，日需米面五百石。蛮夫不敷，雇雅州、天全、芦山及成、重、保、顺、叙、嘉等府、州人分运，又不敢亲往，雇人价昂。禁私帮，则军装贻误；听帮贴，则民间赔累。又，川兵调遣已多，班滚虽在，应从缓办理。"

谕军机大臣等曰："纪山所奏，班滚虽在，止应设法诱擒，移师瞻对，未易轻言，万不得已，俟二三年后，兵民休息，方可徐图等语，殊属舛谬。瞻对之役，糜帑劳师，受其愚弄，致令兔脱，而在事大臣通同欺罔。庆复、李质粹身在行间，罪无可逭，业经交部审拟。徒以纪山专办运饷，远在省城，与统领大帅领兵调遣者有间，暂且姑容，未经议罪耳。然班滚实在未死之处，伊岂得谓全然不知？伊亦系封疆大臣，何以并未据实具奏？今张广泗既经查明，伊身在事内，理应具折请罪，思效力行间。擒拿班滚，速为剿灭，以赎前愆。乃转欲养痈玩寇，坐待二三年后，是何言耶？当此国家全盛之时，而一二小丑不能擒剿，痛断根株，于国体岂不有关？伊系满洲巡抚，而遇军事如此陈奏，非寻常办事拘泥可比。是诚何心，朕所不解。至边省夷情，随时俱可具折陈奏。乃当军务倥偬之际，奏请陛见，全不知事理轻重，与伊从前似出两人。殊出朕意料之外，大负朕向来属望之意矣！可传谕严行申饬。且大金川此役，岂非纪山奏其'恃险猖獗，伤犯官兵，逼近炉地，声讨刻不容缓'，不得已兴师问罪乎！今忽生劳众惜费之念，是伊自相矛盾矣！其所奏筹饷之处，著宽裕拨给，令其妥协办理。宽给脚力，使腹内兵民，不致稍有扰累。倘伊仍不善为办理，或如伊所奏扰累滋事，或于张广泗军务稍有龃龉掣肘，以致贻误军机，必将瞻对前后罪案，一并从重议处。并将此旨传谕张广泗知之。"

（高宗朝卷三〇六·页一六上～一八上）

○乾隆十三年（戊辰）二月甲申（1748.3.28）

（川陕总督张广泗）又遵旨查奏："庆复等奏里塘土司安本不能约束番众，原属实情，但因其无能，所以不敢纵肆。至于夹坝频仍，因里塘为进藏大道，山径纷错，瞻对、瓦述等处贼番时出劫掳。安本不能防御，非纵其本属番民肆行夹坝也。若责以流官疏防溺职之例，安本降革奚辞。但口外土司，不法者甚多，且用兵瞻对，将大为夹坝之四郎俄木丁、杀兄拟罪之监犯革松结皆赦罪授为土官，而独将懦弱无能之安本由正降副，以明正司头目汪结遽授为正土司，反踞安本之上，以此里塘番众不服，有赴藏具呈之事。继经庆复咨移抚提，严切晓谕，并遣游击罗于朝、保怀智等，以办理善后为名，带兵弹压。又经巴塘土司扎什明楚曲为劝导，方始宁怗。而汪结颇有小才，兼饶于资，不惜倾囊给赏番民，喇嘛多有赠给，暂获相安。嗣带领土兵出师金川，留妻子居里塘，派番民修盖衙门，人心颇不悦，尚无别项滋事。统俟大金川事竣，请旨定夺。至臣愚昧，屡经料敌不中，何敢复陈告捷之期？但以理势揆度，夏秋之间，定期竣事。"

得旨："览奏俱悉。用兵之道，岂可计期成功？若能速奏捷音固佳，否则持以永久，以国家全胜之势，小丑何能久逃斧钺哉？"

又奏复："奉旨密查班滚果否烧毙。于上年八月内，询瓦寺土兵昔什绰等，略得踪迹。继遣喇嘛雍中班吉前往瞻对，亲见班滚而回，方知实未烧毙。彼时臣尚未敢宣露，迨经土司康朱控班滚伙同四朗攻夺伊地，赴文武各衙门请救，其事彰著。委员往查，始知班滚安踞如郎，并不畏人知觉，且日与附近土司如叠尔格、霍尔甘孜、章谷、孔撒、麻书、朱窝等往来赠遗不绝。查此一带土司，皆上年从征瞻对者，今复与班滚往来，非尽反而从寇也。盖番夷邻近，天朝征兵则奉调从军，事竣兵退，有私仇者仍为仇敌，无仇怨者仍归于好，夷俗如此。汪结与班滚向无仇怨，其与班滚往来，彼自以为无罪，未尝隐讳。今班滚经人告发，若臣见汪结而并不问及，必反生疑惧，是以乘其因事来营，阳为诘责，正所以安其心。至汪结供词，渗漏处甚多，因现无可质证，是以未加穷诘，而阳许以将功赎罪。其所供哄班滚离了巢穴，容易擒拿等语，今已数月，班滚尚在如郎，诚属诳语，但数月来，班滚亦不复出外滋事，则又汪结潜通消息，暂为安顿之力也。至臣前奏谓汪结似非大奸宄者，缘询以办理瞻对始末，始知庆复委汪结令其化谕俄木丁撤守如郎桥，并擒献班滚二事。班滚虽纵逃，而如郎实已撤守，官兵得以渡河。班滚之巢穴已失，不难跟踪追捕，不意兵既渡河，仅焚泥日一寨，捏称班滚烧毙，遽行撤兵告捷。此非汪结之所能主，且烧毙班滚亦非出自汪结之口。惟是先纵班滚而后献如郎，若俄木丁不与班滚及众头人说明，令其暂避，俄木丁一人之力必不能撤守如郎，令官兵渡河。此事可瞒庆复、李质粹，必不能瞒汪结。然必获俄木丁，方足定汪结之罪。至于汪结说降绰斯甲与大金川，因见川省向来用兵皆系招抚了事，意欲立功请赏，又可结好同类。若立意收罗众土司，以为将来羽翼，力尚未能，亦毫无形迹。故臣谓汪结尚非大奸究也。至其以臣不允大金川逆酋投诚为是，以绰斯甲土司为不可深信，又言当诱擒班滚以赎前愆。倘不能擒，应俟大金川事竣，再候发兵擒剿。现川省员弁内，无一人肯作此想者，故谓汪结乃土司中之杰出。但其果否出自诚心，当留意体察。至瞻对一案，其罪在于兵过如郎围攻泥日之后，明知班滚烧毙无据，而捏称火光中遥见悬缢三人，班滚、俄木劳丁、姜错太皆已烧毙，遽行撤兵告捷，以致班滚等兔脱。又奉旨允行善后事宜，全未办理，以致班滚、姜错太等得复归故巢，益加守御。此皆总统大员庆复、李质粹及各路统领袁士弼、宋宗璋、马良柱数人之罪。以下将备人等事非专主，情罪原轻。是以自康朱控告班滚之后，各官闻知，但虑将来复令进剿，并无心怀疑惧之人。惟游击王世泰、罗于朝二人，系庆复委令带兵，协同汪结、俄木丁办理暗渡如郎、擒献班滚之事，稍怀疑虑，而皆有词推诿。宋宗璋既商同李质粹捏报，委办善后事宜，又全属粉饰，情罪较重。自进剿大金川以来，驻营党坝，虽未能实力奋往，而在事日久，熟悉情形，若续调大兵到日，佐以勇猛之将，可望成功。至汪结所供班滚实未烧死，曾屡禀宋宗璋之处，因宋宗璋所驻党坝，去臣营甚远，若以文札询问，彼必不敢承认，容俟大兵前进日面询。马良柱进攻瞻对颇有勤劳，而捏报罪亦匪轻。此次征剿大金川，初进兵时，救援沃日，克复徐克宗，劳绩颇著，迨顿兵丹噶，一筹莫展。今撤驻纳贝山，多有疏虞。且年老不堪倚任，应俟大兵到齐，遵旨以任举代之。仍请暂留军前，效力赎罪。"

得旨："所奏详明，亦公当。知道了。"

（高宗朝卷三〇九·页五〇下～五六上）

〇乾隆十三年（戊辰）三月乙巳（1748.4.18）

又谕（军机大臣等）："朕因土司汪结与班滚潜通消息，庆复为所蒙蔽，曾经传谕张广泗，令将汪结以他事调赴军营，讯明班滚下落，明正其罪。今据张广泗所奏，宋宗璋原折班滚未经烧死之语皆出汪结之口。看此情节，则汪结尚非班滚腹心奸细，使汪结果有心为班滚掩藏，岂肯向宋宗璋吐露实情！可速传谕张广泗，不可因朕有将伊明正其罪之旨，不为察核，致受冤抑。并一面留心察看，如果其人实非奸狡，尚可效用，即行具实奏闻。"

（高宗朝卷三——·页一二下～一三上）

○ **乾隆十三年（戊辰）六月辛酉（1748.7.3）**

谕军机大臣等："……至班滚不过漏网游魂，无足轻重，如果探囊可得，亦足快心。若势不能中止，又将顿师经年，更加劳费，则俘班滚而悬之藁街，不足示武。且擒获班滚，特以服李质粹、庆复之心，明非悬坐疑狱耳！试思伤财动众，李质粹之首果足偿赤子百万之脂膏耶！不惟李质粹，即庆复又岂足以偿之耶！以事理轻重衡之，不如置之不问。此朕宸衷密断，为民力物命起见。不然，多者费矣。后之所费，数岂逾前而区区是较耶！讷亲赴川时起程匆促，未暇谕及此。可传谕讷亲，令其统计全蜀情形，熟思审处。伊身在军前，所见较为亲切，必能善会朕旨。如此番不用兵瞻对，而大兵既撤之后，万一余烬复燃，啸聚生事，又不得不复为扑灭，以杜后患，则又不如目前多费，为事半而功倍矣！其一一先机筹及，详悉密奏，候朕裁酌。张广泗等可不必令知之，恐致泄露，以摇惑众听。其现在进兵形势若何？伫俟奏报，以纾远怀。大学士佳否？近来起居步履如何？随便奏闻，以慰朕意。"

（高宗朝卷三一六·页九上～——上）

○ **乾隆十三年（戊辰）八月癸巳（1748.10.3）**

谕曰："军机大臣等会同刑部查审宋宗璋一案，从前办理瞻对事宜，捏饰欺罔，人所共知。前此李质粹到案供明，即应将案内人犯按律议罪。朕意欲俟大金川凯还后，拿获班滚，明正典刑，重治诸人欺诳之罪，方足以服其心，是以暂行监禁。今据宋宗璋与李质粹质对，其所报班滚烧死之处，原系听信浮言，拆毁战碉，亦但据禀转报，并未亲见。及访闻班滚藏匿山洞，既不告知总督协力追擒，并不据实折奏，宋宗璋自有应得之罪。但当日庆复身在军前，与伊等上下通同，苟且了局。其将班滚之子沙加七立捏名德昌喇嘛,将班滚大碉冒称经堂,给与居住,则系庆复所办。庆复身受厚恩,而种种措置失宜,朦混草率,以致逆蛮无所畏惮,未几即有大金川之变相继而起,酿成后患,贻害边疆,罪无可逭。前经降旨,令其家居待罪,今悬案日久,伊转得优游闲处,于心何安?著将庆复拿交刑部监候,俟金川军务告竣,再将瞻对案内在事人员通行核实,分别定拟。"

(高宗朝卷三二二·页二九上～三〇下)

○ **乾隆十三年（戊辰）八月壬寅**（1748.10.12）

谕军机大臣等:"从前大学士公讷亲复奏征剿金川及将来办理瞻对事宜一折,内称督臣张广泗已遣游击罗于朝、土目革松结等诱班滚离伊巢穴,然后用计擒拿等语。经朕批示训饬,但既已遣该弁及土目等诱令离巢,此后如何行事,如何回复之处,至今俱未奏到。可传谕张广泗,令其详悉奏闻。俟伊奏事之便带去。"

寻奏:"班滚素信汪结,今已病故,罗于朝等焉能办理！徒令扰惑,业经调回。"报闻。

(高宗朝卷三二三·页一一上～下)

○ **乾隆十三年（戊辰）十月辛卯**（1748.11.30）

谕军机大臣等:"班滚虽未拿获,而罗于朝、革松结皆曾亲见。且此二人,皆庆复所信用,伊等既有确供,即可服庆复之心。著将罗于朝、革松结密行拿解来京,以凭讯结此案。如讷亲已经起程,著即传谕班第、傅尔丹等遵旨办理,无得疏脱,并宜详慎严密,勿得稍有漏泄。"

(高宗朝卷三二六·页二六上)

○ **乾隆十三年（戊辰）十一月丁丑**（1749.1.15）

谕军机大臣等:"据傅尔丹等奏称前赴党坝与岳钟琪会商由卡撒、党坝两路夹攻一折,虽系遵旨会议,现在经略大学士傅恒已抵军营,一切机宜调度,自有成算,折内所有事宜,毋庸另行筹办。著抄寄经略大学士,听其酌量。至所称制造帐房二千顶,自系军营必需之物,经略大学士就便檄行该布政司调取,分派各营应用。又,傅尔丹等具奏罗于朝与革松结商通俄木丁诱致班滚一事。罗于朝、革松结果能将班滚擒获，则不惟可赎前愆，且应行优叙。但罗于朝系内地营弁，保无预知将伊拿解来京之信，借此迁延，未必实能办理。可传谕经略大学士当为留心。"

（护川陕总督傅尔丹、署四川巡抚班第、四川提督岳钟琪会议）又复奏："罗于朝先经张广泗差往会同汪结、革松结等密诱班滚离巢。兹罗于朝遣千总刘浤禀称，班滚之弟俄木丁愿同革松结谋班滚。又有德尔格土司彭作丹巴亦愿同办。于九月二十五日，俄木丁报称，班滚家属已往德尔格所管之常坦地方居住，班滚随后前来，俄木丁派土番六十人，送班滚至常坦，因革松结偶患伤寒，俟病稍痊，亦往常坦与班滚同居，彭作丹巴自有料理，故罗于朝留德尔格境内候信等语。臣等密谕罗于朝，如能生致班滚，即由里塘一路派兵护送。倘已杀死，亦同革松结将首级送验，仍将逆酋妻子解赴成都。若不能擒获，即带领革松结速赴军营。臣等现商，俟罗于朝若不能擒献班滚，即遵旨密行拿解，断不致泄漏疏纵。"

得旨："另有旨谕。"

（高宗朝卷三二九·页三三下～三八下）

○乾隆十三年（戊辰）十二月辛卯（1749.1.29）

又谕（军机大臣等）曰："庆复一案，该部尚未题请完结。朕思此案情节显著，更无疑窦，今所以久悬未结者，第因班滚尚未弋获耳。究之班滚现在，众所共知。同案之罗于朝、革松结现在设法缉拿，固不待班滚就缚，始足定此爰书。即班滚到案，亦于庆复之罪无所加也。但庆复之案，其罪较之讷亲、张广泗有间。盖讷亲之罪在乖张退缩，负恩偾事，张广泗之罪在狡诈欺妄，糜饷老师，朕前后所降谕旨甚明。至于庆复之捏报班滚焚毙，若系伊授意李质粹等令其通同欺妄，则罪无可逭。而当日情形，则因属弁咸以为班滚实经焚毙，庆复明知其未确，而大局将竣，若再行究诘，则事难易了，是以随众附和，迁就了事，亦不无思家之念。而退缩乖张，则实未如讷亲之甚也。庆复之实情如此。军机大臣等将朕此旨诘问庆复然乎，否乎？庆复身为大臣，膺阃外重寄，似此糜费军需，暴露士众，而终于扶同草率，核其情罪，虽明正典刑，亦所应得。但现有讷亲、张广泗两案，絜而论之，庆复尚在可待之列。国家大臣虽孽由自作，而屡有陷重辟之人，朕实不忍。此又朕姑息宽柔之失矣！但此三人中若求一稍可迟待之人，则莫若庆复。且悬案不结，终非了局，庆复、李质粹等，著军机大臣会同该部，即按律定拟具题。并将此旨令诸王、满汉文武大臣等公同阅看。"

寻军机大臣等奏："拟原任四川总督庆复、提督李质粹、总兵宋宗璋均斩监候，秋后处决。"从之。

（高宗朝卷三三〇·页二五上～二六下）

颇罗鼐病故，珠尔默特那木扎勒袭封郡王，清廷劝谕其与达赖喇嘛和睦及不允准从西藏向中甸寺庙派驻僧官

○乾隆十二年（丁卯）三月乙巳（1747.4.24）

谕："据副都统傅清奏称，郡王颇罗鼐病故。颇罗鼐任事以来，克尽忠诚，实心效力，今闻溘逝，深为轸悼！著加恩于彼处收贮钱粮内赏银一千两，料理丧事。例应遣大臣致祭，著派索拜前往祭奠。应行恤典，该部照例查奏。朕从前因念伊奋勉朒诚，降旨令颇罗鼐保奏一子承袭封爵。据颇罗鼐以次子珠尔默特那木扎勒堪以效力具奏，业加恩封为长子。今办理藏卫噶卜伦事务乏人，即将伊子珠尔默特那木扎勒袭封郡王。但年尚幼小，甫经袭爵办事，噶卜伦等务如颇罗鼐在时同心协力，黾勉办理。著傅清将此旨通行晓谕知之。"

又谕曰："古北口提督索拜现在差往西藏，致祭郡王颇罗鼐，著即速来京。其提督印务著正白旗副都统拉布敦前往署理。"

谕军机大臣等："西藏地方关系甚要。颇罗鼐经事练达，下人信服，伊亦能奋勉效力，诸事毋庸置念。今颇罗鼐已故，虽命伊子珠尔默特那木扎勒袭封，总理藏卫事务，而藏地素属多事，众心不一，值珠尔默特那木扎勒年幼新袭之时，未必即能如颇罗鼐收服众人之心。颇罗鼐在时，凡事俱由伊主张，不过商同傅清斟酌办理。今非颇罗鼐时可比，著传谕傅清，逐处留心访查。如有珠尔默特那木扎勒意见不到之处，即行指示，不得稍有疏忽。再上年有达赖喇嘛属下人镇压颇罗鼐一事，伊等彼此已露不和之意。今颇罗鼐暴殁，珠尔默特那木扎勒或念伊父动生猜疑，与达赖喇嘛不睦，或达赖喇嘛又信人言，即照所行于颇罗鼐者行之于珠尔默特那木扎勒，则更有关系。傅清于此两人善为和解，惟期地方安静，不生事端。伊等彼此和好，属下人即有奸诈者，亦不能滋事矣！颇罗鼐总理藏务多年，

皆因能用其属下可信之人，凡事始皆妥当。珠尔默特那木扎勒宜令其用伊父信用旧人，协力料理，方为有益。……"

（高宗朝卷二八六·页二五上～二七上）

○ 乾隆十二年（丁卯）四月壬戌（1747.5.11）

驻藏副都统傅清奏："从前阿里克地方原系颇罗鼐长子公珠尔默特策卜登驻扎管辖，嗣因足疾回藏调养。兹颇罗鼐病故，阿里克地方紧要，伊足疾渐愈，臣即令仍赴阿里克防范。再，腾格里淖尔、喀喇乌苏等处，每年夏季令珠尔默特那木扎勒领兵驻防。今珠尔默特那木扎勒留藏办事，臣令其派亲信宰桑那旺根敦管辖喀喇乌苏之兵，策凌达什管辖腾格里淖尔之兵，先期前往驻扎。再从阿哈雅克卡起至阿里克止，每卡添兵三十名。其巡察阿哈雅克之卡，派扎萨克头等台吉旺对前往。"

下军机大臣议行。

（高宗朝卷二八八·页四下～五下）

○ 乾隆十二年（丁卯）八月戊辰（1747.9.14）

驻藏大臣索拜奏："前经面奉谕旨，命访颇罗鼐之子与达赖喇嘛两处情形，臣抵藏后，细加体访。颇罗鼐病故后，达赖喇嘛即欲吊奠诵经，伊子珠尔默特那木扎勒未允。经副都统都傅清申饬，旋即悔过，愿请达赖喇嘛吊祭。现在彼此和睦，并无异词。"

得旨："览奏。可释朕西顾之忧矣！"

（高宗朝卷二九六·页一〇上～下）

○ 乾隆十四年（己巳）六月辛丑（1749.8.7）

又谕（军机大臣等）："据驻藏侍郎拉布敦奏称，珠尔墨特那木扎勒因中甸地方向系红教，康熙年间达赖喇嘛曾拣选喇嘛前往居住，今仰体振兴黄教之意，请于西藏色拉、噶尔旦、布赖布英庙内拣选喇嘛前往等语。已交理藩院定议，令该督张允随查看彼中情形复奏。朕观珠尔墨特那木扎勒为人不似乃父起由凡庶，受恩知感，其外虽属恭谨，究未必能安静奉法。即如此事，不过借振兴黄教之名，欲多辖人众，希图收税射利。恐由此滋生事端，不可不为预防。可传谕张允随，于议复时以中甸地方行教已久，番众相安，毋庸另遣喇嘛前往，一面将此情节奏明，一面移会驻藏大臣遵照如此办理。既与振兴黄教本旨无碍，又可断绝葛藤，庶为得体。已另谕尚书舒赫德，如尚在滇省，即与该督会商办理，如已往黔，该督自行遵旨奏复可也。"

寻舒赫德、张允随会奏："查上年间有中甸夷民延请红喇嘛三滇等诵经，被黄喇嘛渡回等将三滇寺屋拆毁，抢劫牛只、什物。当饬文武严拿究治，经大喇嘛伦都边左出具不敢滋事甘结，并追还物件在案，近始稍加敛戢。若复由藏拣选前往，在该寺原有执事之喇嘛，诚如理藩院所议，未必心服，反生事端。臣等现在遵旨办理。"

得旨："览奏俱悉。"

（高宗朝卷三四三·页一九上～二〇下）

崇喜土司被杀，咱地土司兄弟争权

○ 乾隆十二年（丁卯）八月丁亥（1747.10.3）

（川陕总督张广泗）又奏："本年五月内，据管理里塘粮务巴县县丞禀报，瓦述崇喜长官司达汉太吉等兄弟及喇嘛头人等八员名，被番众杀死。并询据跟随达汉太吉之土目鄂木结供称，众番行凶时，闻有长官司俄木劳丁声音，并见伊土目喇嘛塔在场等语。随饬提犯审办，讵俄木劳丁托病不出，而喇嘛塔亦不到案。现委员晓谕俄木劳丁，先将喇嘛塔献出，再行相机办理。如敢抗拒，俟金川奏凯后即就近移兵剿办。"

得旨："览。此所谓一事未完，复生一事者也。既不能恝置而不问，又不能为一劳永逸之谋，前此之督、抚、提臣不能辞其责，此后之经略，卿其何以副朕悬望耶？"

（高宗朝卷二九七·页一九上～二〇上）

○ 乾隆十二年（丁卯）十二月乙酉（1748.1.29）

（川陕总督张广泗）又奏报："咱地土司阿旺劳丁，蛮名丹津罗尔布，有异母弟阿望七立，素不相睦。于十月十二日半夜，伙众劫杀其兄，夺去印信号纸。现在差员往查，相机办理。"

得旨："川省近来何多事耶？朕甚追咎前年班滚之案用非其人，以致酿成外夷轻视之端。卿当益策经猷，计出万全，为一劳永逸之计。勉之！"

（高宗朝卷三〇五·页四〇上～下）

大小金川之役,第一次用兵

莎罗奔骚扰邻封,张广泗、讷亲督师进剿,"久无成功",获罪

○乾隆十二年(丁卯)二月癸酉(1747.3.23)

谕军机大臣等:"据纪山奏称,大金川土司莎罗奔侵占革布什咱土司地方,彼此仇杀,又诱夺伊侄小金川土司泽旺印信,并把守甲某地方,扬言欲攻打革布什咱等语。苗蛮易动难驯,自其天性。如但小小攻杀,事出偶然,即当任其自行消释,不必遽兴问罪之师。但使无犯疆圉,不致侵扰,于进藏道路、塘汛无梗,彼穴中之斗竟可置之不问。如其仇杀日深,势渐张大,或当宣谕训诲,令其息愤宁人,各安生业。亦当相机行事,声威足以慑服其心,使之弭耳输诚,方为尽善。苗蛮顽梗无知,得其人不足臣,得其地不足守,蜂屯蚁聚无足深较。倘果有拒抗侵轶,不得不宣布皇威以全国体,亦当相度机宜,慎之于始,不可轻为举动。但不可因遵朕旨,即或有关国体,不得不示以国威者,亦一味因循。惟在庆复、纪山等详审事势,令轻重合宜耳。即如瞻对一事,初亦非敢有侵犯,而一经办理,不免命将出师,并由京城派员前进,直至大学士庆复亲往经略,始得安辑。皆由事前不能先有成算,以至于此,足见抚驭远夷全在机宜合要。边吏喜于生事,营弁不知远谋,往往过为张皇,因小酿大,不知千钧之弩不为鼷鼠发机,惟当修善守御,厚蓄声威,令其畏惮奉法,恩抚威怀,各得其道,先事预筹,无致轻有举动。"

(高宗朝卷二八四·页一九上~二○下)

○乾隆十二年(丁卯)三月辛丑(1747.4.20)

谕(军机大臣等)曰:"大学士庆复在外多年,纶扉重地,应召取回

京办理阁务。昨岁四川瞻对之役甫经告竣，今又有大金川番蛮肆横不法，已命庆复相机征剿。今思彼地番众恃强生事，屡屡不能安辑，必须经理得宜，始可永远宁帖。贵州总督张广泗于此等苗蛮情形素所熟悉。贵州地方，张广泗料理以来，现在妥协，苗种向化，可以无虞。川陕总督员缺，著张广泗补授，不必来京，即由贵州取道速赴川省。大学士庆复俟伊到川之后，将彼地事机情形详悉告知，或可回京，或仍应留川一同办理，自行酌定，不必急于赴阙也。……"

（高宗朝卷二八六·页一五下～一六上）

○乾隆十二年（丁卯）三月壬寅（1747.4.21）

谕军机大臣等："四川为临边要地，外控百蛮，山深箐密，兼之诸番野性难驯，恃强凌弱，攘夺仇杀，叛服不常，数年以来，屡多不靖。上年瞻对复敢跳梁，今又有大金川肆横不法。朕因张广泗熟悉苗蛮情形，已降旨调任川陕总督矣。前据庆复等奏报：'大金川土司莎罗奔将伊一女妻小金川，又嫁一女与巴旺，以为钤制之方。近攻革布什咱之正地寨，又攻明正司所属之鲁密章谷。番民望风畏避，坐汛把总李进廷抵敌不住，退保吕利。'看此情形，则贼酋恃其巢穴险阻，侵蚀诸番，张大其势，并敢扰我汛地，猖獗已甚。张广泗到川之日，会同庆复将彼地情形详加审度。其进剿机宜作何布置，一切粮饷作何接济，善为办理。再，瞻对甫经平定，即有大金川之事，揆厥所由，因渠魁班滚未曾授首，无以示威，使之闻风慑服。即据报班滚焚烧自缢之处，情节可疑，焉知不诡诈兔脱潜往大金川勾通致衅。张广泗到彼，正可详细访察。伊于此案并未经办，自必无所顾忌也。至川省番蛮，种类繁多，历年多生事端。即如郭罗克，于康熙年间横肆劫夺，旋经安辑，迨乾隆七年，又复滋事。其他如曲曲乌夷等亦复自相攻杀，后经发兵弹压，始得宁帖。又如巴塘、里塘，近因将汪结补授宣抚司，其属下遂有烦言，盖番性易动难驯，寻仇报怨是其常事，但伊等皆受朝廷封号，给与号纸，乃不遵约束，互相戕贼。即在土司地方蠢动，不得不为防范，已费经营。若敢逼近内地，扰我边陲，则声罪致讨，更属劳师动众。总因平日驾驭无方，未有成算，不能使之慑服畏威，以致蛮氛未靖。张广泗熟悉苗情，善于抚驭。大抵番蛮与苗性相近，今莅川省，即以治苗之法治蛮，自能詟服其心，消弭其衅。务须一一通盘计算，为永远宁谧之图。可将从前川地所有办过郭罗克、曲曲乌、瞻对等及现在大金川案件，抄录寄与张广泗阅看，俾预知彼地前后原委，以便熟筹经理，副朕绥静边疆之意。"

（高宗朝卷二八六·页一七下～二〇上）

○乾隆十二年（丁卯）三月己酉（1747.4.28）

谕："据四川巡抚纪山奏称，大金川土司莎罗奔勾结党与，攻围霍耳章谷，千总向朝选阵亡，并侵压毛牛，枪伤游击罗于朝等语。经军机大臣议令该督、抚等迅速派官兵，遴选将弁，统率前往，相机进剿，已令星速行文知照。前将张广泗调任川陕总督，已谕令速赴川省。今观纪山此奏，势不可缓，可再传谕张广泗，令其即速前赴，会同纪山相度机宜。如庆复已经赴川，一同商酌进兵，迅速剿灭。毛牛迫近西炉，逆酋敢于侵扰，伤及官兵，势甚猖獗。总因前此瞻对之事办理未善，无所惩创，不足以震慑蛮心。而所遣将弁轻率寡谋，不知用兵节制，兼之崇山密箐，馈运艰难，旷日失时，乌拉死伤甚众。此皆前事之失，可为炯鉴。今番千总阵亡，由于陷伏，游击甫经迎敌，即已受伤。官兵轻进取败，土众望风奔窜，其疏忽轻率，漫无纪律，已可概见。张广泗办理贵州苗疆甚为妥协，此番进剿一应机宜，专听张广泗调度，申明军律，指授方略，筹画粮饷，迅速进兵。务令逆酋授首，铲绝根株，以期永靖边陲。张广泗在黔所知习于军旅、临阵勇敢、足以出奇制胜之将弁，若欲带几员往川驱使，亦可酌量带往，一面奏闻。"

西路军营参赞大臣副都统保德期满，以镶红旗蒙古副都统那兰保代之。

（高宗朝卷二八七·页四上～五上）

○乾隆十二年（丁卯）三月己未（1747.5.8）

贵州总督兼管巡抚事张广泗奏谢赐福字恩。得旨："览。今因四川大金川土司不法，用卿为川陕总督，即由贵州取道川省，或剿或抚，卿其相机妥协办理。亦屡有旨谕向大学士处颁发矣。"

（高宗朝卷二八七·页二三下～二四上）

○乾隆十二年（丁卯）四月甲子（1747.5.13）

军机大臣等议复："据纪山奏称金川情形，应分路夹攻，将川西、川南分为两路，派总兵、副将带领汉、土官兵或直捣巢穴，或分击前后。更驻兵木坪，以为两路声援。于绰斯甲拨兵堵截隘口，以分金、绰二酋之势。至所奏或系大兵齐集，或俟有隙可乘，即行进剿等语。伏思兵贵神速，敌气既慑，我力方锐，则一发制胜，所向成功，但必计出万全。此时庆复已经到川，应令商酌妥办。至川西、川南两路应派总兵二员，现有松潘总兵宋宗璋奏请出口，而新调建昌总兵许应虎又奉旨听该督、抚委用，应即派分两路。又称：'统领应居中调度，请移驻雅州，督师进剿。'查本年二月内臣等因纪山奏派马良柱为统领，恐其未必胜任，是以议令纪山亲行。计此时庆复已到成都，一应军务既有总统大臣，纪山应在省调度粮饷。提督印信仍交新任武绳谟。"从之。

（高宗朝卷二八八·页八下～九下）

○乾隆十二年（丁卯）四月乙丑（1747.5.14）

又谕（军机大臣等）："据巡抚纪山奏称，雅州府为形胜要地，今庆复、张广泗抵川会商进剿事宜，或同驻雅州，便于筹画调度，或庆复在雅州驻扎，张广泗更行前进别据要害，以便调发统领大员随宜进剿。同驻、分驻孰为妥便，俱听庆复、张广泗自为酌量。如庆复、张广泗俱驻雅州，或令提督武绳谟总统前进，就近策应亦可。但武绳谟初任提督，甫经到川，未见其即能练悉军情。其官兵进剿，既用宋宗璋、许应虎为统领，或令武绳谟专办提督事务，不必前往，亦听庆复、张广泗相度机宜，悉心商酌。总以声援联络计出万全，迅奏肤功为要。庆复俟张广泗一到，即行商定奏闻。总兵许应虎于何日到川，亦一并具奏。"

（高宗朝卷二八八·页一一上～一二上）

○乾隆十二年（丁卯）四月乙酉（1747.6.3）

大学士公庆复奏报剿办金川逆酋事宜。得旨："知道了。兵贵神速，不可久延时日，尤当以班滚之役为戒。速奏肤功，歼灭真正渠魁，朕所欣望耳。"

又奏谢奉旨召回办理阁务。得旨："不必急于回京，当与张广泗和衷共济，以成此事。"

（高宗朝卷二八九·页三三上）

○乾隆十二年（丁卯）四月己丑（1747.6.7）

四川提督武绳谟奏："大金川地处万山之中，土司莎罗奔奸恶梗化，小金川各处地土、人民均被夺掠。速宜捣穴犁巢，以杜诸番效尤。土兵狡诈，向背无常，应多派汉兵，始能擒剿首恶。"

得旨："此奏据实直陈，可嘉之至。馀俟旨而行。"

云南巡抚兼管总督张允随奏报密饬官兵预备协剿川属逆酋事宜。得旨："此可谓以封疆为念，知轻重之见也。但滇、川途远，只于交接处所堵御可矣，驱驰行间未必借此得力也。"

新调川陕总督张广泗奏谢。得旨："览奏俱悉。目下精于戎行，能运筹制胜者，朕以为莫过于卿。此去必能攘外安内，成一劳永逸之图，朕惟待肤功之早成耳！"

又奏陈各路禀报川省自泸州以下，啯噜抢夺之案甚多，又有邪教遗孽奔窜各路，恣行劫掠，及大金川土酋凶恶不法，侵蚀邻封，拒伤官兵各情形。得旨："览。川省既有此等不靖之事，今皆为卿职分内应办之责矣。然目下总以大金川为首图，俟大金川之功成，以次及之可也。"

（高宗朝卷二八九·页四四下～四六上）

○乾隆十二年（丁卯）五月甲午（1747.6.12）

谕军机大臣等："四川提督武绳谟奏称，莎罗奔占踞章谷，攻取孔隅，直至牛厂一带，欲图进炉，游击罗于朝带兵抵御，金酋伏兵冲突，土兵遇贼漫散，致被杀伤。又称绰斯甲、瓦寺等土司俱有姻亲，其派调土兵诚恐临敌观望，向背叵测，莎罗奔系受印土司，辄敢自称为王，大肆猖獗，似应多派汉兵，始能擒剿首恶等语。从前纪山奏报莎罗奔猖獗情形，亦大略相似。而武绳谟奏该酋欲图进炉，纪山则谓恐其侵炉，遣兵防范。至自称为王之语，纪山折内并未奏及。夫蛮众鸱张，侵轶内地，或与官兵抵拒，偶有伤害，正如搏虎、捕蛇反被毒噬，尚属有因。至于私立名号，煽胁党与，恣行不法，其蓄心尤为可恶。武绳谟初莅川省，据称得自访闻，可传谕庆复、张广泗是否确实。如果有此事，纪山身任封疆，岂不闻知，何以不行陈奏？是否不欲张大其辞？著庆复、张广泗一并问明。至武绳谟所称'土兵向背叵测，应多派汉兵，始能擒剿'之语，似亦有见。以蛮攻蛮，虽属制御土司之道，而情形各有不同。观前此罗于朝所带土兵四百名中途遇伏不战四散，即土兵不可倚信之明验。可传谕庆复、张广泗令悉此意，以便斟酌派调。再，从前曾降旨庆复、张广泗或同驻雅州，令武绳谟总统前进，或用宋宗璋、许应虎为统领，武绳谟专办提督事务，不必前往，俱听庆复、张广泗商酌调度。今据武绳谟奏称：'酌带官兵，请商督臣，相机剿堵。'其应否令其前赴军营之处，仍著庆复、张广泗遵照前旨，相度机宜，随时调度，殄灭群丑，迅奏肤功。并传谕纪山、武绳谟知之。"

寻庆复、张广泗奏："臣等遵旨询抚臣纪山，据咨称莎罗奔狂悖不法，煽胁邻封及打革布什咱正地，又犯西炉等处，后经发兵防御，该酋退守，并未进炉。再查金川亦未私立名号，惟拿获贼番审讯时，或有自称其主为金川王爷者，武绳谟所奏不为无因。究系愚番供辞，未敢据以为实。至土兵原不可倚信，臣等前已另派川兵二千名，分布两路，并调黔兵贴防矣。"报闻。

（高宗朝卷二九〇·页六上～八上）

○ 乾隆十二年（丁卯）五月乙巳（1747.6.23）

谕军机大臣等："据大学士庆复等奏，金川贼番围攻各寨，沃日土司求救，随调松茂协马良柱带兵一千五百名救援，四月十二日抵热笼寨解围，贼众四散，二十三日抵沃日官寨，前驻沃防护之都司马光祖等出迎等语。折内头绪殊未明晰，马良柱以一副将领兵深入，似属奋勇，但金酋兵势方盛，不无冒险，是否另有官兵策应，所报打死贼番名数，凭何查验，其自热笼至沃日何以但有营盘，而蛮兵几许，如何逃散之处，俱未叙明。又，前折内称都司马光祖带兵二百名驻沃防护，今奏称马良柱兵到，伊等方带领土司出迎，是否俱经被困，官兵二百名有无伤损？再，前折内称宋宗璋驻兵杂谷闹，其马良柱进兵以后宋宗璋现驻何处，作何调度，又据另折许应虎已经到川，作何委用，俱应一一详晰奏闻。再，小金川向与大金川有隙，其投顺似系实心。至绰斯甲等同恶相济，罪无可宽，今见官兵势盛，乃称情愿领兵出力报效。此等反复情形，狡黠故智，何足凭信！前此瞻对四朗之案，袁士弼一意招抚，以致孽党效尤，岂可复蹈前辙！不若尽行剿灭，毋俾易种，既可锄除凶恶，以靖边陲，即可震慑诸蛮，令革心向化。不必专以招徕抚恤为剪金酋羽翼之胜算也。朕思此等苗蛮虽属化外，而叛服靡常，端由办理不善。如但谓得其人不足臣，得其地不足守，比之禽兽虺蛇，亦何妨听其涵孕卵育并生宇宙之间，而此等蜂屯蚁聚之众，果可度外置之乎？即如瞻对、大金川之事，亦岂好大喜功，实因伊等声势日张，不得不劳师动众。然前此进兵，既不能遽得要领。临事又惟草率了局，官兵甫撤，旋复煽动，伤威损重，劳费实多。若但来则应之，去则弗追，试思十至而十应，何如以十应之劳用之于一举，毁穴焚巢，芟除荡涤之为愈也。稽之前事，如汉之马援、诸葛亮，蛮中至今凛其遗烈；即前明韩雍、王守仁辈亦能震以兵威，群蛮胆落，坐收一劳永逸之利。近日滇、黔古州等境悉成乐土，具有明效，川省诸番亦当加意经画。况我朝天威无远弗届，即蒙古四十八旗自古所不臣，何尝不在五服要荒之外，而奉令守藩，输诚内向，宁辑至今，可见含齿戴发之伦断无不可化诲，惟在德足绥怀，威足临制，得柔远之道耳！可传谕庆复、张广泗等悉心区画。因此番用兵将全蜀情形通盘计度，如何可令蛮众弭耳帖服，永为不侵不叛之臣，使丛篁密箐，息警消烽，共安至治，熟筹长策，详晰奏闻办理。如果有不能办理或不可办理情节，亦著将实在情形，缘何不便之处，密行陈奏。"

（高宗朝卷二九一·页一下～四下）

○乾隆十二年（丁卯）五月己未（1747.7.7）

川陕总督张广泗奏："臣到川后，备知大金川贼酋莎罗奔凶横不法，官兵屡次失利，现调汉、土官兵虽有二万余名，但土兵各怀二心，非逡巡观望即逃匿潜藏，此土兵之不足恃也。而官兵又单弱，将来深入贼巢，或攻剿碉寨，或押护粮饷，或沿途防守，断难支持。窃念兵多固能糜饷，兵少难于速竣，亦糜饷也，臣与大学士庆复及抚臣、提臣酌筹。于近省贵州上游各协、营内抽调兵二千名，以备调拨。"

得旨："览奏俱悉。"又批："甚通之论，足见干济。今照汝等所请。

但既已添兵，惟应克奏肤功，仍当以班滚为戒。"

（高宗朝卷二九一·页二九下～三〇下）

○乾隆十二年（丁卯）七月壬子（1747.8.29）

谕军机大臣等："久未接张广泗大金川之报，若有折奏抵京，可迅速封发。嗣后有张广泗折报大金川之事，总由驿递，不必俟发报之日封送。……可传谕大学士等知之。"

（高宗朝卷二九五·页一二上～下）

○乾隆十二年（丁卯）七月甲寅（1747.8.31）

大学士公庆复、川陕总督张广泗奏："金酋莎罗奔居勒乌围，就日吉父子居刮耳崖，现分兵两路攻剿。河西各寨亦应剿洗，派游击罗于朝同土司汪结带兵进攻。俱定于六月二十八日各路齐进。臣张广泗原拟驻杂谷闹，迨到彼相度，尚偏于西路，是以仍回汶川，由瓦寺取道沃日，径赴小金川美诺寨驻扎。俟各路齐进后，当率兵相机策应。臣庆复现驻汶川弹压。今分路进兵，拟出驻旧保，以便商办。"

得旨："览奏俱悉。朕始谓大学士庆复尚在汶川，军前有张广泗一人，足资办理，是以有旨，令入阁办事。今观此奏，是前临军营矣。若接旨而已起身回京则已；若尚在军前，且不必来京。可俟奏凯功成大局已定，然后起身可耳。"

又奏："剿抚巴旺、孙克宗等处，西、南两路兵行粮运无阻。"

得旨："览奏报攻剿情节，总与去岁瞻对相仿，即幸而成功，恐亦未必远胜前此之为也。"

又会同四川巡抚纪山复奏："金酋狂悖不法，固属首恶，而绰斯甲乃敢阴行附和，其罪实无可原。但其地与金川相连，而力又强悍，若明露并剿之机，恐二贼并谋，有伤兵力。是以该酋前到汪结处有悔惧效力之请，即责以立功赎罪，但诚伪究属难信，当以兵据其险要。俟金酋荡平，即回戈南指，乘其不备，自易剿除。至金酋显行悖逆，本身亲属之外，凡系党羽不容稍有漏网。其余属下番民，诛之不可胜诛，且迫于使令，非如黔省古州之苗、滇南昭通之猓自怀叛志者可比，苟其投戈顺命，自应伐罪吊民。且金川正在众番蛮土司之中，深邃幽险，尺寸皆山，难以安设营镇。若驻兵防守，运饷更难。惟俟将来荡平之后，就现在恭顺效力之土司，择其从征有功之子弟头人，量为画界分授。少其地而众建之，既以彰赏罚之典，又使力少不能为乱，庶可宁辑边陲。至副将马良柱统兵一千五百名，先解热笼之围，后援沃日官寨一案，查本年三月内，金酋侵犯沃日各寨，经宋宗璋、马良柱等发兵五百余名，令都司马光祖、守备徐克让等先后带往声援。马光祖先赴沃日，与该处土兵协同拒贼，贼来攻寨，彼此胜负未决。守备徐克让等兵会合在热笼地方，贼众大至，被围寨内。马良柱在巴纳山闻知沃日被围，奋勇前战，直至松林口，与游击李成邦合力杀贼数百人，贼始披靡，官兵遂抵热笼解围。所杀贼众，留有尸骸，臣张广泗目睹属实。马良柱既抵热笼，总兵宋宗璋遣游击陈上才等领兵翻山接应。马良柱扬威前进，往援沃日，贼败逃后俱已胆落。小金川又复投诚，贼遂逃散。马良柱随受小金川之降，派汉、土官兵前赴小金川美诺官寨踞守。金酋始领兵守穴，不敢复出。"

得旨："此奏略迟，而又不过小小取胜，未报大捷，朕甚悬念也。"

（高宗朝卷二九五·页一七上～一九下）

○ 乾隆十二年（丁卯）七月乙卯（1747.9.1）

谕军机大臣等："昨据大学士庆复等奏报大金川情形各折，朕已详悉批示。伊等总未能领略从前谕旨，为出奇制胜之策。奏报攻剿情节，虽小小取胜，与去岁瞻对相仿。蠢兹小丑，大兵压境，未尝不畏威慑服，究难保其日后之不复肆横。置之化外，仍不免劳师动众，岂为一劳永逸之计！即事平后，以蛮治蛮，不过分析其地，使之势弱而党孤，亦属迁就。种种情节，亦难遥度于万里之外。可将所奏各折并批谕之处，抄寄大学士张廷玉、讷亲，令其阅看，细加筹酌。或势有不能，只得如此办理，抑或别有良策，可详悉计议。到时尔等军机处一同复奏。"

寻奏："大金川贼巢虽居各土司之内，然东则四川成都，西则西藏，南则云南、贵州，北则西宁、青海，与各处疆界相连，或可设卫分辖，或派大员驻扎其地，随时弹压，庶可慑服群蛮。今庆复等所奏，不过于荡平后分析其地，多立酋长，与办理瞻对一辙，岂足以除后患！现在张广泗身统大兵，亲至其地，应令该督于剿除后，将长靖番蛮至计，详悉分别具奏。"报闻。

（高宗朝卷二九五·页二〇上~二一上）

○ **乾隆十二年（丁卯）八月辛巳（1747.9.27）**

大学士公庆复、川陕总督张广泗奏，总兵宋宗璋统领西路，其分攻刮耳崖各将内，威茂协副将马良柱连战克捷，各寨望风乞降，现去刮耳崖仅二十余里。又，总兵许应虎统领南路，得贼卡三处，贼番遁入独松碉寨等情形。

得旨："自汝等定期会剿之奏至，朕日夜望捷音之来，迟至如今，亦不过小小之破碉克寨，何足慰朕耶！此内虽马良柱尚属奋勇，有所攻克，然用力围攻，旋受其降，将来事成之日，此等曾经逞凶之犯，问其罪乎？将置而不问乎？若置而不问，数年之后，又一金酋耳，则亦未为计之得也。至于许应虎，在朕前力请出师效力，今一独松即不能克，所为奋勇直前者何哉？且攻碉获胜情形，总与班滚之事无异。朕所虑者，将来金酋又似班滚之生死不明，则劳师动众，讫无成功，必有身受其咎者。卿等始终筹画，勿顾目前，为国家图永久靖安之策，边防销疥癣窥伺之萌。必如古州之至今苗民相安耕作，控御有方，斯得矣。"

（高宗朝卷二九七·页九下~一〇下）

○ **乾隆十二年（丁卯）九月庚子（1747.10.16）**

川陕总督张广泗奏："大金川地势，尺寸皆山，险要处皆设碉楼，防范周密，枪炮俱不能破，应用火攻。现派弁兵多砍薪木堆积贼碉附近，临攻时，各兵齐力运至碉墙之下，举火焚烧，再发大炮，易于攻克。各路行之，已有成效。"

得旨："看此则奏凯尚需时日，何能慰朕西顾之忧哉！"

（高宗朝卷二九八·页一九上~下）

○ **乾隆十二年（丁卯）九月辛丑（1747.10.17）**

谕军机大臣等："前据张广泗奏报大金川情形，虽未大胜，而连破番寨，去刮耳崖仅二十里，似乎不久可以成功。朕方望捷音之踵至，乃此次所奏，以贼碉所踞俱在绝险，攻克颇难，并未言及刮耳崖如何进取，是奏凯尚需时日。伊前后奏报，相隔不过数日，而情事各异。即奏到之日，亦迟速不同。且此次未与大学士庆复会奏，即庆复接到令其来京之旨，已经起身，彼即应奏明。庆复既未奏闻，而张广泗此折亦未声明。著传旨询问。至所奏查访班滚踪迹，其未死可知。从前以其焚烧自缢，朕即谓其情节可疑，焉知不诡计兔脱，潜往大金川勾通致衅！今查奏如此，则班滚之潜逃，舍大金川而何往！伊既附贼酋，必教之谋逆，勾结党援，众番耸听，是以螳臂自恃，敢于跳梁。盖番性难驯，又多狡狯，虽各分门户，而声气相通，鬼蜮之伎，随在皆有。即如郭罗克之后，则有瞻对，又继之以金川。即崇喜土司之仇杀，虽为穴中之斗，亦系启衅之端。若瞻对办理妥协，何至复有金川等事！即里塘土司汪结于征瞻对时效力，著有功绩，为大学士庆复所任用。今览张广泗所奏王怀信供词，上年汪结授为土司，班滚亦差人到汪结处投哈达道喜，则其心怀叵测，番众之暗传声息，从可知矣！且据昔什绰所供：'汪结做中，班滚的兄弟俄木丁投降了，叫班滚逃往别处去。'益可证班滚之始末，汪结咸知。则汪结盖一阴巧小人，彼既外示出力于我，而内仍不使班滚怨彼，此乃番蛮两下获利之巧智。而庆复特堕其术中而不知耳。将来此人须另有一番处置方可。今汪结现在军前，尤宜事事密为留意，不可稍露机宜，致彼生疑。而踪迹班滚之事，尤不可付之此人也。总之，此次用兵，非小小克捷，惩创于目前，所可了事，必须统计金川番情，大为筹办。实足以慑服诸蛮，为一劳永逸之策，方不至事久复有蠢动。若此时稍有迁就，以图速成，将来办理愈难，反不若无此役之为得计矣！金川之役，兴师运饷，劳费已烦，且天气渐寒，正宜乘时剿灭，以奏肤功。上年瞻对出师，朕屡加督策，始得结局。兹以张广泗娴于师旅，一以委之，自无烦西顾之忧，是以未屡颁旨训饬。今看尚无奏凯之期，又不能不廑怀矣！若班滚果在金川，则殄灭丑类，擒获逃首，一事而成两功，全在此举。可传谕张广泗，令其审度机宜，速殚智勇，筹全制胜，永靖蛮氛，以副朕特用之意。瞻对乃前车之戒，不可蹈也！"

又谕："现在征剿金川，不过与前此办理瞻对相仿，并无善策。如所奏攻击碉楼，惟开挖地道，施放地雷，已为众番所熟悉。不知用兵之道岂必专仗火攻，即碉楼亦仅止一隅，何若相度地势，或断其粮道，或绝其水路，使之坐困，谅无不毙之理。张广泗于此等俱未筹及。朕意兴师已久，尚未奏凯，绿旗兵丁不足取胜，与其日久而师老，不如选京师旗兵之精锐，一以当十，汰绿旗之闲冗，以省无用之费，益劲旅之资。若功成迅速，较目前为尤省也。且张广泗以旗人管旗军，料亦无掣肘之处。但是否应如此传谕张广泗，著大学士等再行详悉酌定具奏。"

（高宗朝卷二九八·页一九下～二三上）

○ 乾隆十二年（丁卯）九月丁未（1747.10.23）

大学士等遵旨复奏："用兵之道原非专仗火攻，前奉谕旨，或断其粮道，或绝其水路，使之坐困，允合机宜。至选旗兵之精锐汰绿旗之闲冗，在京师旗兵较绿旗自属勇往，但此番金川用兵，举动措置较前次瞻对之役似为上紧，据张广泗奏称，征兵去刮耳崖仅二三十里，则就现在情形而论，已经扼其险要。如派京兵前往，即以一当十，数亦不少。目下天气渐寒，道途遥远，非若前次派往瞻对止数十人易于料理。且旗兵自京师抵营，约须三两月之久，中间或已就破灭，或已经围困待毙，俱未可知。且可无庸传谕张广泗也。"报闻。

（高宗朝卷二九九·页八上～九上）

○ 乾隆十二年（丁卯）九月丁巳（1747.11.2）

谕军机大臣等："前据张广泗奏报办理大金川情形，及今又经逾月，尚未见奏捷音。想该督娴于军旅，熟谙机宜，必使实奏肤功，是以相持许久。若如李质粹等从前办理瞻对之草率了事，早可告竣矣。但前据该督奏称，战碉险绝，难以猝攻，而班滚狡诈潜逃，暗为勾结。近据纪山奏，亦复相同。必须彻底殄除，方无贻患。如此时已经捣穴歼渠，诚为尽善，若尚需时日，则彼处地近雪山，朕思际此冰霜严冷，我师屯聚，诚恐堕指裂肤，难于取捷，或且暂行退驻向阳平旷之地，令得稍为休息，俟气候融和，再加调官兵，厚集军威，以成一举扫除之计。其应行防范之处，务当严密周详，无令乘机兔脱，全在该督算计万全。可谕令该督酌量现在进剿机宜，妥协办理。至善后事宜，前曾令该督按度全［金］川形势，大为筹办。但思若仍归伊等土司，不过夺彼与此，终易煽惑，殊非长策。因思彼处地邻西藏，来往之所必经，若即归入西藏，令王子朱尔默特那木扎勒就近管束，受达赖喇嘛化导，其一应钤辖稽查，悉令王子派头目前往经理，以专责成。现有驻藏大臣总辖董率，足资弹压。如此则西炉藏路，俱可永远宁谧，不致劳动官兵。盖伊等原系番回，种落虽殊，情形相类。以番治番，较为妥便。若谓道远难于遥制，则青海部中尚有达赖喇嘛徒众，可见番回同类，远近无分，比之设屯置卫，非可同日而语。该督其善体此意，悉心筹画，妥酌以闻。蜀中土目碉塞〔寨〕星罗，悉在幅员之内，非缅甸等越在外藩可比。即如昭通、古州等，当时始事未尝不大费经营，而迄今遂成乐土，成效具在，并非黩武穷兵、劳师勤远之谓。此番征兵转饷，业已不赀，即使莎罗奔与班滚实在并获，亦不足偿。且欲使边省兵民永安衽席，正不得惮于劳费。其经理得宜，惟该督是任，可传谕知之。"

大学士公庆复奏："遵旨于八月十六日自军营起身回京，现已抵陕西省城。"

得旨："卿起身而来，宜即奏闻。今已至西安而奏，为已迟矣。"

川陕总督张广泗奏："臣自抵军营后，见川省军务一时未能告竣，即凯旋之后，一切善后事宜尤须驻扎川省就近经理。陕、甘二省外临九边，内控三辅，营务地方，势难遥制。请另设陕西总督，专任臣节制川省之任。"

得旨："卿所见虽是，但陕、甘现在无事，卿正宜留川，详悉经理善后之图，又何必易制哉？"

（高宗朝卷二九九·页二二下～二六下）

○乾隆十二年（丁卯）十月辛酉（1747.11.6）

军机大臣等议复："川陕总督张广泗奏大金川善后事宜，应设兵弹压一折。查安设重镇，分布营汛，以控制蛮方，系照黔、楚苗疆一例办理。但该督欲增兵七千余名，转运维艰，恐非久远之计。不若于荡平后，遵旨归入西藏管辖，以番治番，事属妥便。又有驻藏大臣董率钤制，尤为得宜。应令该督酌看彼地情形，详悉定议具奏。"

得旨："依议速行。"

川陕总督张广泗奏："金酋不法，臣前分派西、南两路各镇将领兵进剿。七月内，尚能奋勇直前，各距贼巢不远。迨八月内，因去巢愈近，贼守弥固，是以各路虽据报有攻击斩获，而未能直捣贼巢。臣现查有昔岭山梁，可以俯瞰勒乌围，而直下刮耳崖为尤近，拟于九月中亲往督率指示进攻。务期于九、十两月内，进取贼巢。"报闻。

（高宗朝卷三〇〇·页七下～九上）

○乾隆十二年（丁卯）十月丙寅（1747.11.11）

谕军机大臣等："……再，据张广泗所奏，添设重兵，分防要地，拟增兵七千名，十年之后渐议裁减等语。从前所议设屯置卫，本以据险扼要，联络声势，使之有所畏惮，不致恃险建碉，生心滋扰。而量置屯守，转饷无多，事可经久。若增兵七千名，则每年需二十余万之饷。虽较之两番进剿，縻费至二百余万，十年馈运仅亦相等。如果确有成效，可保其久远宁谧，岂不甚善！否则，裁撤之余，复生事端，势不能置之不顾。分防久戍，未便议裁，则经费所关，不更多于此乎！此亦不可不熟筹于事始。其应否增兵，分布要害，如该督所议，或应建设屯卫，或应照前谕归西藏王子管辖及驻藏大臣董率，如何方合机宜，张广泗身历岩疆，措置较为亲切，必能统计全蜀形势，为善后长策。适因意计所及，可详悉传谕，听其斟酌妥议以闻。"

（高宗朝卷三〇〇·页一四上～一六上）

○乾隆十二年（丁卯）十月乙亥（1747.11.20）

命固原提标参将任举赴大金川军营，听总督张广泗遣用，并赏银二百两。

（高宗朝卷三〇一·页四上）

○乾隆十二年（丁卯）十月癸未（1747.11.28）

谕军机大臣等："前因川省气候早寒，恐冰雪严凝，官兵艰于取捷，曾传谕总督张广泗，令其酌量情形，或应暂行退驻向阳平旷之地，令稍为休息，俟春气融和，再加调官兵，一举克捷。今据巡抚纪山奏称，党坝等处九月中旬已连降大雪，不但粮运堪虞，我兵亦应筹画万全。或应通盘筹算，酌留官兵防守，休养士卒，俟春融再候进止等语。可见彼地情形，冬令严寒，运饷进兵俱难得济。张广泗前曾奏：'我兵逼近贼巢，而昔岭凭高，可以出奇制胜。大概九十月间可有就绪。'如果能如期奏凯，固为甚善，但目今尚未见捷音，或者尚需时日。该督身在军营，因时制宜，待时而动，自必预有成算。著将纪山奏折再行传谕知之。再，纪山奏称莎罗奔差头人赴军营及抚、提衙门投禀乞降，但未亲赴军营，真伪难测，不便准其投诚等语。张广泗亦曾奏：'该酋与伊兄就日吉父子，屡遣番目乞降，断难允行。'是该督已洞烛其奸诈，所见极是。逆蛮反复狡狯，即使面缚归诚，尚难保其日后不复肆横。况此番官兵云集，正当犁庭扫穴，痛绝根株，一劳永逸，断无以纳款受降草率了局之理。著传谕张广泗，务将莎罗奔擒获，明正典刑。即使坚壁待时，更当严加防范，无致巧为兔脱，又如班滚之焚毁空巢也。"

（高宗朝卷三〇一·页一六上～一七下）

○乾隆十二年（丁卯）十一月壬辰（1747.12.7）

川陕总督张广泗奏："金川事尚未竣，大兵未可全撤。其从征土兵万余，久役未免疲乏，且瞬届春初，咸怀东作，自应酌量减撤。请照雍正年间滇、黔用兵之例，预于各营招募新兵，给以守饷。俟土兵撤退，即行抽调制兵前赴军营添补。"

下军机大臣等议行。

（高宗朝卷三〇二·页九下）

○乾隆十二年（丁卯）十二月丁卯（1748.1.11）

谕军机大臣等："庆复等前奏汪结管理土司一折，著抄寄张广泗，令其将里塘土司果否如此情形，并庆复等向所办合宜与否，查明具奏。汪结与莎罗奔暗相结纳，心怀叵测，前曾传谕张广泗，令其俟大金川事平之日，将汪结以他事调至军前，查询实在情节，明正其罪。然可否如此办理，尚未据复奏。经月以来，未接张广泗军前奏折，殊为悬念。前曾降旨令其酌量形势，如天气苦寒，或应将大营暂驻向阳之地，俟春融前进。后又经传谕，令其相度机宜，随时酌办，严密防范。前后谕旨，俱未据复奏。或办理已有成局，应乘机直捣巢穴，可以迅奏肤功；或虑及我兵暂退，则彼得乘间垒砌碉楼，有碍攻取，势不可缓，以致前功尽弃。然此亦遥度耳，既有如此情形，何不奏闻？若因奉到此旨，遽行退驻，则为时返迟，亦不必如此迁就也。军前之事，朕日夕厪怀，其现在情形若何，办理已得几分，何时可以告捷？该督身肩巨任，必具有胜算，可一一详悉驰奏，以慰远望。著传谕张广泗知之。"

（高宗朝卷三〇四·页一三下～一四下）

○ 乾隆十二年（丁卯）十二月乙亥（1748.1.19）

又谕（军机大臣等）："据总督张广泗奏：'请颁发九节炮四位，来川备用。'朕思川省征剿逆酋不妨多备数位。著将京城八旗存贮者，选择十位交与工部，照例派员即速运往。"

川陕总督张广泗奏："前奉谕旨，以塞外地近雪山，或暂驻向阳旷地，俟春融集兵进取。臣查官兵现已渡越雪山，进抵贼巢不远。若复退驻，贼必前往夺据，明春攻取为难。"

得旨："朕亦料及此。前日所降谕旨，尚未到耳。"

又称："现在各路官兵，虽未直捣贼巢，贼已屡次遣人吁恳投诚。臣曾面见头人，谕以莎罗奔罪无可赦，如必欲免死，自行面缚而来，另候酌夺。"

得旨："是。"

又称："臣自丹噶回至小金川，莎罗奔又邀请汪结等至勒乌围，恳请招安，并遣人随同前来。臣复面加晓谕：'该逆酋罪大恶极，更非瞻对可比。此番用兵，务期剿除凶逆，不灭不已。今岁不能，至明岁，明岁不能，至后岁，决不似瞻对烧毁罢兵。'"

得旨："甚是。甚正。足慰朕怀。"

又批："好。明告之，甚是。看此，朕实庆用卿之得人也。勉之！虽迟何妨？"

又称："自八月以来，我兵阻碍不前，贼应愈肆鸱张，而反投诚乞命，实非本心。缘进兵已经半载，贼境失去大半；秋不得获，春不得耕，番众势在穷迫。且兵临贼巢不远，故急求撤兵，以便稍为停息，复出肆掠。若我兵一退，正堕其计。"

得旨："如果力不能取，即如是困彼数年，彼尚能支乎？但领兵者固不宜存此心，更忌出此言，以懈兵志耳。"

（高宗朝卷三〇五·页六上～一〇下）

○乾隆十二年（丁卯）十二月乙酉（1748.1.29）

川陕总督张广泗奏："署泰宁协副将张兴驻守马邦山梁，于扎果山梁粮运要道，并不设兵防御，致被贼番阻截。经臣发兵援应，将贼众击退，已保无虞。又，张兴扎营之右山梁游击陈礼驻守，自恃地势陡窄、设卡坚固，贼番用石炮法，安设木架，以机发石伤人，该游击并不先用枪炮击毁，以致机石齐发，我兵不能抵御，退至山麓扎住。贼番于山梁河口，坚砌石卡，堆集擂石守御，粮运水道俱被阻塞。臣随差署参将王世泰前往援救，于曾达对河两岸夹攻，遥呼张兴奋力击贼。讵张兴、陈礼闭营不出，先与逆贼头人讲和，并出重资分散众番，许送官兵过河，致被贼人引至右山梁沟底，俱被杀害。如此昏愦庸懦之将，不能早为觉察，臣罪奚辞，请将臣敕部严加议处，至川中将士怯懦至此，臣何敢轻言进兵，惟遵旨加调官兵，以为一举扫除之计。"

得旨："懦将偾事，岂卿所能逆料？然军行之际，赏罚宜明，卿自行检举亦是。但此时交部，必至外人尽知，益生议论，于事机无益。故且不发，俟成功之后交部并议，未晚也。"

（高宗朝卷三〇五·页三八上～三九下）

○乾隆十三年（戊辰）正月己亥（1748.2.12）

谕："现在进剿大金川，一应粮饷俱系纪山料理，纪山既有巡抚应办之事，难以兼顾。著兵部尚书班第驰驿前往，将一切驿站挽运沿途查办。至军营调度粮运事务，其将来金川、瞻对善后机宜，俱著会同张广泗商酌办理，并给与钦差大臣关防。其带往之员外郎阿桂、主事庄学和，亦著给与驿马。"

（高宗朝卷三〇六·页一九上～下）

○乾隆十三年（戊辰）正月丁未（1748.2.20）

谕军机大臣等："张广泗所奏驻扎马邦之张兴、陈礼等丧师殒命，张广泗自请交部严加议处等语。偏裨失律，主将咎无可辞，但果能全局取胜，中间稍有挫衄，尚在可原。此际即交部议，未免传播远近，议论滋多，于军情殊有关系。朕于折内批示具已明晰。朕观川省军务，自办理赡〔瞻〕对以后，大小将弁专以欺诳朦混，希图草率了事，竟成积习。张广泗到川半载有余，于贼地形势、凶番技俩当已洞悉，其进取机宜，应熟筹胜算，具有成竹。从来军旅之事，为时逾久，防御愈难，稍未周密，即有疏虞。即此番张兴失事，亦相持日久所致。昔人谓兵贵神速，正以此也。去冬不能进取，尚可诿于兵力未足，今张广泗所请调兵、铸炮，随奏随准，抽拨调取，增兵多至万余，军威不为不壮，春间即应鼓勇克捷。若迟至五六月间尚不能乘机奋迅刻期取胜，将使士卒沮气，贻笑群蛮，当作何究竟耶？况有咱地土司之自相攻击，今不得已，且暂置不问。俟金川奏凯，班滚就擒，然后移师问罪，震慑群凶，以成痛断根株之策。但恐诸土司中似咱地者不少，俱若此之仇杀相寻，环视而起，其将何以应之？可传谕张广泗，令其深鉴庆复、李质粹覆辙，鼓励所属营弁，令其力改向来积习，迅奏肤功，以慰朕西顾之念。当此大兵云集，各路进剿，头绪繁多，虽张广泗才猷素著，而独力支持，恐难肆应，臂指之效，亦所必资。但若派员前往，又恐意见参差，致相掣肘，于事机无益。可传谕张广泗，若目下军前员弁可以了此则已，倘或尚待时日，需人料理，准其于各省司、道等官有平素深知可相亲信者，一面调赴军营，一面奏闻。即如贵州巡抚孙绍武向曾随伊于军前办事，黔省虽属苗疆，而古州等处现在安帖，金川军务方殷，需员孔亟，如于军务有济，即着张广泗一面奏闻，一面传旨，竟与川抚纪山对调亦可。其武职总兵、副将等员有深知其可任军务者，悉听张广泗一面奏闻，一面调赴军前委用。"

（高宗朝卷三○七·页一○上～一二上）

○乾隆十三年（戊辰）二月乙亥（1748.3.19）

四川副都统卓鼐奏："打箭炉系各番要隘，宜预为固守。请于从前派备满兵八百名内，酌带五百名赴炉驻守。"

谕军机大臣等曰："卓鼐且不必带兵前往。著将伊所管之兵立即预备妥协，俟张广泗调取时，伊再带领前去。此时亦不必行文知会张广泗。"

（高宗朝卷三〇九·页一七上～下）

○ 乾隆十三年（戊辰）二月己卯（1748.3.23）

谕军机大臣等："朕览户部议复四川巡抚纪山汇题《进剿金酋正杂粮饷》一本，内称经督臣张广泗行取善挖地道夫役百名，解营听用等语。张广泗想及此，亦可谓殚乃心力矣！但作何需用，从前未经张广泗奏明。可传谕询问张广泗，令其将此项夫役开挖地道作何需用之处，详悉奏闻，俟伊奏事之便寄去。"

寻奏："上年因贼碉险固，一切攻碉之法，如穿凿墙孔以施火球，及积薪墙外围焚，贼皆防御严密，不能近前。彼时缺少大炮，惟掘地穿穴至碉底，多以火药轰放地雷，即可震塌碉墙。因拣调各厂矿夫，攻取曾达一碉。讵掘成于穴中听闻碉内贼声，以为已到碉底，不意举发地雷，尚离碉二三丈远，致未收功。复于木耳金冈之大碉，挖地道已成，令于穴中打通地上一小孔，看明已在碉内，即放火药轰击。乃系贼寨东北耳碉，虽经震塌碉顶，西南耳碉亦冲破一孔，然正中大碉止摇动而未倾倒。自此贼皆设防，各于碉外周掘深堑，此法不能再施。"报闻。

（高宗朝卷三〇九·页三一下～三二下）

○ 乾隆十三年（戊辰）二月甲申（1748.3.28）

钦差兵部尚书班第密奏："大金川地纵不过二三百里，横不过数十里，蛮口不满万人，现在军营已集汉、土官兵及新调陕、甘、云、贵四省兵丁已至五万。乃闻将弁怯懦，兵心涣散，土番因此观望。张广泗自去冬失事后，深自愤懑，亟图进取，第番情非所熟悉，士气积疲。倘朕功不能速奏，非特蜀民输挽难支，且蛮性无常，即内附部落亦当虑及。臣愚以为增兵不如选将，现在军营提、镇各员均非其选，再四思维，惟有岳钟琪夙娴军旅，父子世为四川提督，久办土番之事，向为番众信服，即绿旗将弁亦多伊旧属。伊前任西路大将军时，因军机获罪。但准噶尔情形原非所悉，若办蜀番，实属驾轻就熟。可否授以提督总兵衔，统领军务，或令独当一面，责令剿贼，较为谙练。岳钟琪现在成都乡居，访闻伊年六十有三，精力强健，尚可效用。"

得旨："此见亦可。但不知张广泗与彼和否？若二人不和，恐又于事无益。今有旨问汝二人，若可，即在彼遵旨调至军营，亦属顺便也。"

（川陕总督张广泗）又奏："各路驻守情形，自张兴陷后，逆贼时至各营侵扰，且大言恐吓，冀官兵暂退，复修碉寨。臣预饬各路，踞守要隘，仍乘隙攻击。惟将零星小营暂并，以防豕突，兼保粮运。令兵稍息，俟续调兵齐进攻。一月以来，固守无事。惟据驻党坝之松潘镇总兵宋宗璋禀报，用大炮攻木耳金冈贼碉，于十二月二十四日，始将贼大战碉并西北耳碉打成石堆。贼又于碉外砌石卡，掘土穴，潜入穴内，用枪炮拒敌。我兵日用大炮攻击，贼死甚多。又据驻卡撒之建昌镇总兵许应虎、贵州副将高宗瑾禀报，逆酋屡遣头人至营外喊叫，以投诚为名，求将卡撒大营撤至邦噶。于正月二十一日，有莎罗奔用事头人生噶尔结等带贼番千余逼营，高宗瑾诱生噶尔结至营，一面擒拿，一面枪炮齐发，打死头目一名、贼番数十名，始各奔窜。乘夜于营盘左沟修砌碉卡，图攻我营。我兵于二月初二日，分三路抄击。杀贼十余人，贼方退入深沟而去。又据驻丹噶山之重庆镇总兵马良柱、陕西督标游击王世泰等禀报，自河西马邦、张兴营盘陷后，所有河东曾达驻守之参将郎建业、署游击潘文郁营盘皆失对岸犄角之势，贼可水路来侵。江岸有一小碉，名为噶固，原派孙克宗土兵八十余名在内踞守。正月初二日，贼番五六百众来攻，该镇将派兵往援，未能击退。至初七日，守碉土兵与贼讲和，开碉随贼渡河而去。郎建业与督标游击孟臣原带汉、土兵七百名，驻营曾达沟岸山梁上，又有守备徐克猷带兵三百余名驻守，乃于正月初十日二更，贼番四五百人夺卡七处。十一日，马良柱等发兵应援，孟臣亦亲带兵出营杀贼，皆不能击退，孟臣即于是日阵亡。马良柱等不思努力救援，先于十一日晚令潘文郁将营盘撤赴丹噶，又密饬徐克猷于十二日晚潜至郎建业营，令俟徐克猷到时，同撤赴丹噶山，合营固守。乃郎建业见贼众添至二千余人，遂不候徐克猷，于十二日巳刻，将营撤赴丹噶，致将徐克猷隔截。幸该备熟悉路径，于十三日带兵翻越雪山，贼人尾追，且击且退，于二十日始撤至巴底。臣查曾达乃新抚番民克州九寨之门户，为丹噶山粮运要路，于正月十四日饬马良柱、王世泰等督率攻剿，击退贼番，然后缓撤至克州九寨之后，于纳贝山一带驻扎。计所退约三十余里，待大兵到日再进。不意马良柱等于十六日夜，率五千余众，尽撤至纳贝山下之喇布碉寨内居住。臣闻报严饬，始派汉、土兵据守纳贝山，而自求退驻于孙克宗碉寨。该镇将等连次惶遽撤营，军装、炮位多失，容细查参奏。再，自贼内脱回被掳土兵及贼酋差来奸细查获自首者共三百余人，佥称自张兴失陷后，所得军械辎重，众贼瓜分，皆欢跃，大言谓官兵计日可退。其属番则更愁惧，谓如此获罪，断无再准投诚之理。大金川精壮贼番原不过七八千人，进剿以来死已少半，现不过四千余人，日食不继。倘四五月间，正当刈麦时，官兵大至，则死无噍类。其实在情形如此。"

得旨："另有旨谕。"

又奏复："行军首重赏罚，川省镇将怯玩成风，皆素日赏罚未明之故。今见张兴失事，而臣罪未加，恐愈玩法。圣恩不欲速为传播，致滋议论。若现在军前将士似不妨宣示，使知偏裨失律，主将罪不能宽，伊等职任领兵自更难逭，庶有警惕。臣已将朱批谕旨一段，晓谕诸将士。仍俟大兵到齐，将自进兵半载以来，各将弁功过详核宣示。至奉旨令于各省司、道、镇、协内调取可任者委用……至贵州抚臣孙绍武，志笃公忠，才优经济，与臣共事苗疆，军务夷情俱甚谙练。但黔省古州等处虽属宁帖，全资抚驭得宜。孙绍武久任黔省，为苗猓所信，若易新手，恐难妥协。至川省难治之区，总在外夷诸土司并西藏一带番情，抚臣纪山尚属谙悉。若遽与黔抚对调，则孙绍武既未能一时熟谙番情，而纪山又全不解苗疆情事。纪山才猷素裕，如能诸事靠实，尚属巡抚中之优者。只缘瞻对一案既已和同，不免猜疑瞻顾，且军前情形未能确悉，以致办粮多欠妥协。俟班第查办粮运抵营，臣即札嘱纪山至营，同班第三面熟商，臣更当开诚劝导。再，川省地居边要，巡抚宜用满员。倘必须更易，惟有现署江苏布政使爱必达于苗疆情形亦略谙悉，存心醇正诚恪，倘用之川省，固可整顿风气。如以现在军事为重，或仍以孙绍武调任川省，而以爱必达代伊黔抚之任，则边省苗疆，均得其人矣！"

得旨："所奏俱悉，另有旨谕。"

又奏："川省捐米情形。查现在军需米由内地雇夫运营，每石约计费仅八九两及十余两而止，并无二三十两之事。至民间贩货赴售及军前官员自赴成都买备食物米面，极贵之价每石费不过八九两，从未有至十两者。今纪山请开捐运米，每石作银三十两，犹云酌中定价，经部议亦以为数浮多，改定二十五两。臣查部定捐款，照现在川省民间运米脚价计算，京官由贡生捐至不论双单月即用之中行评博，该正项银三千六百两，今运米一百四十四石，所费不过一千四五百两。外官由监生捐至不论双单月即用之同知，该正项银六千三百两，今运米二百五十二石，所费不过二千五六百两。且军前办粮之员，自闻运米捐例，数月来应支口粮有愿领折色者，皆以每石四五两及五六两折发，所存米俟奉文开捐之日即可每石作二十五两交纳。如此计算，则由贡监捐一即用同知，所费不过千余两，捐一即用小京官，所费不过数百金，所得羡余，数倍正项。纵云军粮紧急，欲令官生踊跃，国家官职亦不宜糜滥至此。况川省地处极边，富民极少，外省携资远来购米募夫，非经年累月，不能到营，何能有济？此例一开，不过为现任川省不肖官吏子弟、亲友辗转滋弊，饱其私橐而已。且尚大有可虞者，现在运粮番、汉人夫雇募已艰，此例一开，人人皆知中有厚利，势必争先加价，而官运之脚价现仍未增，则民夫势必避轻趋重，恐现设台站之夫反致逃散。且分路进攻，军营无定，捐者亦难适从，将来愈远愈难，必至贻误。臣既深知未便，何敢缄默不言。惟是当此军用浩繁，亟思补救，惟有照依廷议，准在司库每米一石作价二十五两，令官生按数交银，可杜一切弊端。即此捐项，将官运脚价宽裕加给，俾番、汉人夫勇于应募，庶军粮不致迟误，而帑项亦有储备。"

得旨："此奏甚属公正。知道了。"

（高宗朝卷三〇九·页四四上～五九下）

○乾隆十三年（戊辰）三月丁亥（1748.3.31）

谕曰："四川松潘镇总兵宋宗璋，自进剿金川以来，未见实心效力。现于李质粹案内有应行质讯之处，著解任，令张广泗解送来京。其松潘镇总兵员缺，著哈攀龙署理。"

又谕曰："张广泗奏报大金川军营现在驻守情形，内称：'总兵马良柱不思努力克敌，怯懦无能，将五千余众一日撤回，以致军装、炮位多有遗失。'其临阵退缩之状，罪已显著，实无可逭。张广泗又一折中亦奏：'伊老不任用，若留军中以功赎罪，亦属无益。'自当严参以肃军纪，且伊原有应行质讯之处，可令张广泗即行据实纠参，解京问拟。"

谕军机大臣等："据班第奏称，先由省起程往川西一路查看粮台，前至军营，再由军营前往川南一带勘视等语。办理粮饷固属紧要，应及时筹办，但军营弁兵多半更易，现在正值军兴，恐张广泗一人有不能兼顾之处。班第若至军营，暂且不必查勘粮路，在彼留驻多时，既可察看情形，又可与张广泗协商一切军务，佐其不逮。其粮饷一事，即于军营指示调度，一面办理。至金川逆酋进剿，前据张广泗奏称，各路兵到，一举攻克，夏秋之间可以告捷等语。此处应令班第留心察看，果如张广泗所奏，夏秋之间可以告捷则已，万一揆度形势，夏秋之间又不能竣事，迁延至于明岁，则应另为筹画，为先事图维之计。朕思金川小丑本非难以殄灭，只缘绿营兵弁素多怯弱，川兵又于随征瞻对渐染委靡习气，以致不能振兴。若改用旗兵前往，或者可以克期制胜。应令班第与张广泗详酌。张广泗本系旗人，即管辖旗兵亦无不可。但此时且不可露此意，恐众志益懈也。又，前金川善后议定安设喇嘛一事，朕之初意，原为以番治番可省添兵设戍之费。昨据张广泗所奏情形，大约平定之后仍不免于分兵驻守。既需分兵驻守，何必又安设喇嘛？已将此意传谕张广泗。班第于西藏事务，素所谙悉。今既亲至军营，其应否安设喇嘛，抑或必须驻兵之处，亦令与张广泗熟筹妥酌，入于善后案内奏闻。"

又谕："据张广泗奏报大金川军营现在驻守情形，内称副将高宗瑾诱莎罗奔头人生噶尔结至营，一面擒拿，一面枪炮齐发，打死头目一名、贼番数十人等语。高宗瑾能以计诱贼，亦属可嘉。但生噶尔结为莎罗奔信用头人，或已就擒，或经打死，俱未奏明。可询问张广泗，令其再行详悉具奏。至孙克宗土兵踞守小碉，与贼结连渡河而去，此乃土兵之常技。盖其素性反复，不过随风转移，即使投顺效力，仍怀首鼠两端，原不可信用。现在调集陕、甘两处兵丁万余，尽足以供攻剿之用，此项土兵，应令酌量情形，既于军营无益，即行撤回。值此农作之时，正可使之耕种。又奏：'总兵马良柱不思努力克敌，怯懦无能，将五千余众一日撤回，以致军装、炮位多有遗失。'其临阵退缩之状，罪已显著，实无可逭。张广泗又一折中亦奏：'伊老不任用，若留军中以功赎罪，亦属无益。'自当严劾以肃军纪，且伊有应行质讯之处，可令张广泗即行据实纠参，解京问拟。总兵宋宗璋前在瞻对不能奋勇克敌，惟事粉饰，扶同欺隐。及进剿大金川以来，虽据报小有攻克，仍不能鼓勇前进，而欺饰之故智犹昔，令统一军，徒长惰而损威。朕已降旨，令伊解任来京，其员缺用哈攀龙署理。著张广泗将宋宗璋一并解京，以便质审瞻对之案。其总兵许应虎，前在京召见，朕看其人尚有勇敢之气，是以令于军营效用。今观其从事戎行，虽无大过，亦绝少功绩。如许应虎无可任用，即著回原任办事。至于金川军营诸将，大抵多系办理瞻对之人，不特庸儒欺蒙已成夙习，且多瞻顾。今另用任举、哈攀龙及高宗瑾、唐开中等，皆未经从征瞻对，无所掣肘，自能鼓励勇往。可令张广泗等酌量情形，如现在哈攀龙等力能平定金川则已，若尚须统领之人，朕思岳钟琪久官西蜀，素为川省所服，且夙娴军旅，熟谙番情，伊虽获罪西陲，亦缘准噶尔夷情非所深悉，若任以金川之事，自属人地相宜。伊三世受国厚恩，自必竭力报称，以盖前愆。著张广泗会同班第商榷，如有应用岳钟琪之处，即著伊二人传朕旨，行文调至军营，以总兵衔委用。又，折内所奏大金川贼番精壮者不过七八千人，兵伤疫死，已去其半等语。今所存四千余人，现在所资以为食者何物？并询问张广泗，令其留心查察奏闻。再，张兴陷贼以后，据奏人怀怯惧，近又有游击孟臣阵亡，不无失利之处。此时军旅方兴，偶一胜败固不足凭，惟以剿灭之日为定。况以国家军威灭此釜底，如摧枯拉朽耳！张广泗不可因此愤懑疑虑，正宜不动声色，镇静安详，以奏折冲之绩，以副朕望。"

（高宗朝卷三一〇·页九下～一四上）

○乾隆十三年（戊辰）三月己丑（1748.4.2）

谕军机大臣等："大金川近日情事，大学士讷亲奉差在外，可将朕所降谕旨朱批及张广泗、班第所奏折内紧要略节，抄录寄与阅看。"

（高宗朝卷三一〇·页一五下）

○乾隆十三年（戊辰）三月乙巳（1748.4.18）

又谕曰："原任贵州按察使宋厚不必来京，著速赴大金川军营，以原衔听总督张广泗酌量委用。遇有缺出，奏请补授。该部可即速行文知之。"

（高宗朝卷三一一·页一一下）

○乾隆十三年（戊辰）三月癸丑（1748.4.26）

钦差大学士公讷亲奏："大金川一案所奉谕旨朱批及张广泗、班第奏折内紧要略节，令臣阅看。查张广泗此次所称筹办善后事宜，尚非胸有成竹，难成一劳永逸之计。现今进剿一事，兵贵神速之论尤为吃紧。查该酋本非劲敌，兼之围困多时，势已穷蹙，我以大兵三万有余整旅而进，以六击一，势如拉朽摧枯。乃张广泗尚拟于夏秋之间竣事，万一届期未能奏功，于国体军威甚有关系。请特颁谕旨，严饬张广泗乘此新兵云集克期进剿，迅扫金川，再图瞻对。"

得旨："览奏俱悉。"

（钦差尚书班第）又奏："军营情形，去岁初进兵时，我师颇锐，连克碉寨，各番畏惧，降附甚多，日久渐懈。适贼酋遣人议降，张广泗欲借此羁縻。各营将弁未喻其意，以为贼可就抚，防御更疏，致贼伺隙出攻，转多惶惧。及张兴事败，众兵愈馁。张广泗益加愤懑，将阖营将弁一概谩骂鄙薄，至不能堪。臣因向云：'许应虎等起初失利，若即严参以为众鉴，人人自知畏法，从前未免姑息。将来新兵到齐，进攻之时，申明法令最为要著。此等违令失机之员，固当惩治，其余亦宜量加鼓舞，未便一例菲薄，庶几恩威兼济。'张广泗亦以为然。目今已值春融，营中士气颇舒。所调官兵已陆续至营，约于四月中旬进剿。"

得旨："览奏俱悉。"

（高宗朝卷三一一·页三一上～四〇上）

○乾隆十三年（戊辰）四月甲子（1748.5.7）

谕："四川大金川军务，历时许久尚未就绪。总督张广泗历练军情，尚书班第专办筹饷，现在竭力办理，各省官兵亦已调集，但此番狡寇负固猖獗，非寻常小丑可比。应特遣重臣前往，提挈纲领，相机商度，乘时策励，则军声振而士气一，及锋而用，可期迅奏肤功。大学士公讷亲，浙省查审事竣，原令就便查看山东赈务，今思军机尤为紧要，讷亲著即速来京，给与经略大臣印信，驰驿前往，经略四川军务。"

谕军机大臣等："据班第奏报大金川现在情形，请特遣重臣能谙练机宜识见在张广泗之上者前往料理，所见甚是。此番驻师日久，兵气不扬，将士懈怠。现在各省调拨官兵云集川省，张广泗一人未能独任。且自张兴覆没以后，益加愤懑，其抚驭将弁亦未能恩威并著。若令班第协同参赞，其力量、识见、物望均不能胜此重任，张广泗亦未必倾心信服。看来此事惟大学士讷亲前往经略，相机调度，控制全师，其威略足以慴服张广泗。而军中将士亦必振刷归向，上下一心，从前疲玩之习可以焕然改观，成克期进取之效，即后此之善后机宜亦可一手办理，纾朕西顾之忧。已明降谕旨，令讷亲前往经略四川军务。……著即速来京。所有起身时一切应行预备之处，已赏给内库银两，令伊家中先期制备。伊到京时，不过一日即可起程。至应行派往听候调遣人员，亦俱已派出。恐途中驿马难于应付，已令先赴川省听候。一并传谕知之。"

又谕："金川逆酋不法，朕命张广泗统师进剿，深入蛮荒，一切经营控制可谓殚竭心力。伊在黔时，上下一心，苗民安辑。乃自到川以来，王师久驻，尚未奏凯。揆厥所由，皆缘瞻对用兵之后，川省将弁兵丁习于欺朦怯懦，以致士气不振，不能速奏肤功。张广泗急于告捷，竭力董率在营将士，因其督责过严，未免人怀怨望。此种情形皆属军营所有之事。朕思金川大肆猖獗，固非寻常小丑可比，且各省大兵云集，控驭调度只资一人独任，恐精力亦有所不逮，是以命大学士公讷亲前往经略，统领禁军及各营将士，以壮声援。俾军令肃而士气奋，委靡退缩之习不敢复萌于中。而张广泗又得专意征剿，省一分筹度之心，即加一分进取之力。庶几事克有济。目下征兵已至，刻期进讨。如讷亲到时，尚在征剿金川，正可资其威略，歼灭丑类。可传谕张广泗，诸凡同心协力，务期早得渠魁，速殄群丑。俾番蛮慴服，咸知向化，一劳永逸，以纾朕西顾之忧。"

（高宗朝卷三一二・页一七下～二一下）

○乾隆十三年（戊辰）四月乙丑（1748.5.8）

又谕："大学士讷亲前往金川军营，著军机处行走监察御史马璟、主事兼佐领常亮随往。照侍卫例，赏给整装银两，给与驿马。"

（高宗朝卷三一二・页二三下）

○乾隆十三年（戊辰）四月戊辰（1748.5.11）

谕：〝从前派往瞻对军前之大臣、侍卫、执事人、兵丁等并未效力。今因金川用兵命大学士讷亲为经略总理军营一切事务，仍派内大臣班第及从前所派侍卫、执事人、兵丁等驰驿前赴军营，听公讷亲指示，效力赎罪。并派护军统领赛音图、乌尔登、法酬、御前三等侍卫钟秋、乾清门三等侍卫瑚西前往，亦听讷亲指示，以教训约束绿旗官兵。前次所派人员内如有患病事故，不能前去者，著军机大臣等另行选派。此所派人员，仍照前例分作三次，令其陆续起程。〞

（高宗朝卷三一二·页二七下～二八下）

○乾隆十三年（戊辰）四月乙亥（1748.5.18）

谕：〝岳钟琪前在西陲用兵，以失机致罹重辟，久系囹圄，经朕宽恩，放还乡里。今当大金川用兵之际，因思伊久官西蜀，素为番众所服，若任以金川之事，自属人地相宜，曾传旨班第、张广泗令伊等酌量，如果应用，将岳钟琪调至军营，以总兵衔委用。今班第、张广泗已遵旨调赴大金川军前。岳钟琪著加恩赏给提督衔，以统领听候调遣，予以自新之路，俾得奋勉图报，以收桑榆之效。如果能迅奏肤功，更当从优奖叙。〞

又谕：〝许应虎来京陛见时，朕观其人有勇敢之气，向在苗疆，著有劳绩，似属谙练军情，加恩赏给路费，准其携带伊子，令驰驿赴大金川军营效用。伊自当竭力奋勉，感激图报。今据张广泗奏称：'该镇抵川，竟将奉旨赴军营效用一节隐秘不宣，意欲径赴建昌镇任。及臣奉到谕旨，随饬令为南路统领。讵该镇急遽冒昧，毫无调度，以致蔡允等失去炮位。又攻寨不能克取，纵放已降番目回巢，致令围困营盘。经臣亲赴救援，贼已解退。又令同高宗瑾据守卡撒，而该镇畏贼如虎，禀恳依贼所言，撤营让地，经臣严檄始定。臣恐摇惑军心，将伊撤回，随营驻扎。且年已衰迈，无可任用，应令回任等语。'许应虎深负简用之恩，仍令回任，何以警军前之不用命者？张广泗所奏非是。许应虎著革职，拿送来京。军机大臣会同刑部，严审定拟具奏。〞

又谕：〝大学士公讷亲经略大金川军营，前派出之御史马璟现出差在外，不必令其随往。著吏部主事何曰熙去。所有应赏银两即赏给何曰熙，并令驰驿。"

谕军机大臣等："据总督张广泗奏报现在军务情形，各营驻扎逼近贼卡之处，屡被侵犯。虽互有杀伤，而贼番并未大创。看此情形，是彼据险扼吭，转得乘我之隙，以逸待劳，以寡扰众，而我军应接不暇，不能制敌，而反为敌所制矣。即如下水卡，贼兵连次侵犯，彼处原驻重兵，何以又复调发官兵至八百名之多前往助援？且大兵业经将次调齐，而贼众全无畏惧。该督不能选锐进攻，夺取要害，仅以坚壁为自全之计，调遣为策应之方，其平日之调度机宜何在？师日老，气日怯，何时可图进取？殊可廑念，至所奏擒获之生噶尔结、生格二名，现在严加收禁等语，此等就擒番目，审讯明确，即应在军前正法，以泄众愤，且可震慑番情。若果系渠魁，应俟凯旋献俘之犯，亦当解送成都内地监禁，尚可不致疏虞。倘逆番知其尚未伏诛，即在军前拘禁，妄思索夺，岂不又生事端？可传谕张广泗作速遵旨办理。再奏称岳钟琪至彼，逆酋势窘计穷，自必往投乞命，便可就计成擒等语，莎罗奔狂狡负固，罪大恶极，如果穷急投诚，自不待岳钟琪方能设伏掩获。但从前张广泗早有不许投诚之语，此时即欲诱之使来，彼必不信。岳钟琪素为番人所服，新至番地或可因计擒弋。此或因王得羊，亦一机会。可否如此办理，著张广泗酌量相机调度。但必须生擒执讯，不可为所愚弄，任其兔脱。一并传谕知之。"

又谕："据张广泗等奏称军前文武员弁跟役及土兵在本境者，著令半米半折等语，已交军机大臣会同该部速议。但军行最重粮饷，今半米半折，倘有不敷，伊等纵有折价，何从购觅？且蜀道艰险，非内地可比，商人运贩脚价势必较官办更加昂贵，何以折色转足以资食用？可传谕询问，令其详悉确查奏闻。"

（高宗朝卷三一三·页一三下～一七上）

○乾隆十三年（戊辰）四月丁丑（1748.5.20）

以原任领侍卫内大臣傅尔丹为内大臣兼镶黄旗护军统领，命驰驿前往金川军营。

（高宗朝卷三一三·页二七下）

○乾隆十三年（戊辰）四月戊寅（1748.5.21）

又谕（内大臣等）："邵正文著随大学士公讷亲前往四川。其备装银两，照侍卫例减半赏给。俟内大臣傅尔丹起程之时同行，给予驿马。"

又谕："任举所奏之革职千总傅德、把总晁宗志俱著赏给原衔，给予驿马，随大学士公讷亲前往大金川军营效力。如著有劳绩，再行请旨。"

又谕："内大臣傅尔丹年老，著伊孙哈宁阿随往，照例驰驿。"

（高宗朝卷三一三·页二八上～下）

○乾隆十三年（戊辰）四月癸未（1748.5.26）

钦差兵部尚书班第奏："前奉旨改用旗兵之处，密商张广泗。据云：'旗兵勇敢，自非绿旗可比，然此地跬步皆山，恐未能展其所长。且俟必须调用时，另行奏请。'臣思满兵少则势单，金川地寒，专仗夏秋进取，此时若由京调拨，固属辽远，而成都所驻为数无几，即近檄西安，行三阅月始克到营，似宜暂缓。至岳钟琪尚未到军营。臣与张广泗言及，颇以岳钟琪从前在西路军营时办事未协，然亦无大嫌隙。臣仍留心调处，俾得相与有成。"

得旨："览奏俱悉。"

川陕总督张广泗奏复："莎罗奔用事头人生噶尔结被副将高宗瑾诱擒，现在收禁。孙克宗土兵亦已全撤。总兵马良柱、宋宗璋俟大兵到齐，哈攀龙到营即行解京。至岳钟琪虽将门之子，不免纨袴之习，喜独断自用，错误不肯悛改，闻贼警则茫无所措，色厉内荏，言大才疏。然久在戎行，遇事风生，颇有见解。以为大将军则难胜任，若用为提镇，尚属武员中不可多得者，且闻为大金川所信服。诚如训谕，人地相宜，遵旨将伊调赴军营，令前赴党坝军营统领，兼管绰斯甲一路。至贼中情形，据生噶尔结等供，现能打仗番人实止四千以内，粮食惟勒乌围所蓄足供一二年，刮耳崖所积不过四五月之粮。此外，除用事头人，尚各有数月粮。属下番民，从前尚有糌粑可食，现止以元根即内地名蔓菁者充饥。揆其情形，多愿离散，只为土司头人禁遏。若大兵进剿，断难久持。"

得旨："览奏俱悉。"

（高宗朝卷三一三·页四八上～四九下）

○乾隆十三年（戊辰）五月壬辰（1748.6.4）

川陕总督张广泗奏报领兵参将永柱攻克戎布寨，杀贼二百余人。得旨："此亦小小之攻克耳。伫待捷音，以慰西顾。"

钦差兵部尚书班第奏："参将永柱近日攻克戎布寨。初进兵时，业经降服，嗣因许应虎等抚驭乏术，苦累番民，以致头人恩错复行附贼。其时永柱领汉、土兵四千余众围攻数月，并未克取。适有贼数百侵犯卡座，不思力战，屡请援兵，又止令土兵当先堵御，致被贼冲散，占踞碉卡，相持月余，惟欲俟各路官兵进攻，冀贼自退。及张广泗再三督促，而各兵亦人人思战，始一出营与贼对敌，以我数百之众，奋勇直前，贼遂披靡四散，夺获所失卡座，并乘胜攻取戎布寨。看此情形，则金酋并非劲敌，旧兵不尽懦弱，已可概见。去岁屡次失事，无非各将领迁延观望所致。臣思永柱前虽不能无过，今既小有攻克，尚可俟事竣叙功。若第据所报粉饰之词，即蒙优奖，恐各将弁不知因鼓励起见，致启效尤，故敢据实直陈。"报闻。

又密奏："各路镇将功罪。马良柱始援沃日，颇著威名，兵弁尚为信服，嗣丹噶移营，仓惶失措，致失军装、炮位，罪固莫逭，然犹未足掩功。宋宗璋统兵党坝，虽无攻克，亦无失事。至许应虎初驻独松，失机失炮，擅移的交，又受贼愚围困，及改调卡撒，又与高宗瑾商同弃营，且精力较马良柱衰老实甚。督臣原拟将许应虎严参治罪，马良柱仍请留营戴罪图功，及奉到谕旨，则云惟有遵旨办理。伏思皇上深居九重，于各将临敌勇怯岂能备细稔知。今马良柱、宋宗璋均令解京，而许应虎转得优游回任，于军纪似觉未均。至高宗瑾人原庸懦，前与许应虎同谋弃营，幸众兵不从始止。督臣本欲拿解大营，因一时乏人暂缓。适逢擒获贼番生噶尔结，又擒贼人生格，姑留效力，实非可用之将。臣见闻既确，不敢因已经奉旨，缄默不言。"

得旨："所奏甚属可嘉！知道了。"

（高宗朝卷三一四·页二三下～二五下）

○乾隆十三年（戊辰）五月甲辰（1748.6.16）

钦差兵部尚书班第奏："岳钟琪于四月二十日到营，询以军中应办事宜。据云：'赏罚宜严，番兵嗜利，即汉兵亦须悬定赏格，方能鼓舞。惟信赏而后可必罚，倘有违犯法令及临阵畏缩，即行军法从事。庶人皆勇战，肤功迅成。至兼用汉、番兵，宜各尽其长。闻伊等总以番兵当首，汉兵随后，一有惶惑，相率奔溃。查番蛮所用刀杆等器止利短攻，汉兵鸟枪、弓矢俱能及远。自应令汉兵居中，首当其冲，而番兵分左右翼夹击，乃能取胜。若攻碉寨，则宜分番、汉兵队，各攻一寨，惟用大炮令汉兵遥为助势。其硬扑硬进，各展其力，庶胜不相争，负不相掩。再，用番兵须释其疑，乃收其益。若用之而复疑之，兵法所忌。今宜以恩威宣谕诸土司，俾皆信服。即如所统党坝一路，杂谷土兵最多，应令挑易精锐从战。而绰斯甲系金酋后户，将来败北逃窜，擒酋须借其力，皆宜预为抚定。'种种筹议，颇中肯綮。已于四月二十三日前赴党坝总统。"

得旨："览奏俱悉。"

（高宗朝卷三一五·页一五下～一六下）

○乾隆十三年（戊辰）五月庚戌（1748.6.22）

军机大臣等议复："钦差兵部尚书班第、川陕总督张广泗奏定军营赏格：嗣后兵丁杀贼一名，赏银五两，多者照数递加；擒贼一名，赏银十两，如系寨首及小头人，赏银二十两，大头人及逆酋素所信任者，从优加赏；克一大碉，赏银三百两，其次二百两，又次一百两，或五十两；领兵员弁亲冒枪石，身先士卒，计功升补等语。查军营赏罚宜明，但预定银数，恐士卒惟利是图，或戕杀已降，或争功冒赏，弊端未可枚举。应将所奏交讷亲等详酌另议。"

得旨："军机大臣等议驳班第等奏设赏格一折，寄示纳［讷］亲，令其阅看斟酌。并传谕张广泗等，军营中果有奋勇争先、出奇制胜者，临期酌量，即从优重赏。务在合宜中綮，庶足鼓士气而励人心。"

户部议复："云贵总督张允随奏调拨滇兵协剿金川各事宜：

一、驮载马匹，宜改用人夫。上年黔兵赴川，每兵百名，夫七十五名。今滇省较黔更远，须用夫八十名。再每兵百名，用大炮二位，应另给夫八名，或十名，俱照例给价。

一、出师官兵，应借给银两。统领参将，借银三百两；游击，一百五十两；都守，一百两；千、把总，四十两；外委，十二两；马兵，六两；步兵，四两。凯旋后扣还。

一、制备兵丁衣服，每名应折给毡衫银三两。交领兵官带往，散给自制。

一、将备跟役，应照例带往。其抬运军装人夫，亦准支给。

一、弁兵跟役，应得盐菜、口粮，均照例支给。

一、滇省调兵二千名，所有余丁六百名，每名给安家银三两。沿途口粮，照例准支。

一、滇兵赴川遥远，赏号等项在所必需。应拨银二千两，交统领参将等带往备用。

一、军务文移紧急，宜设塘马。自云南省城至宣威一带，每塘安马二匹。其自威宁至永宁，永宁至四川，应咨黔、川二省添置。

均应如所请。"从之。

兵部议："川陕总督张广泗参奏镇将宋宗璋等怯懦失机一折，除许应虎业经革职，解京审拟，宋宗璋、马良柱俱系已经解审之员，应行审拟治罪，游击罗于朝应归瞻对案内，另参办理。参将郎建业、游击陈上才既经该督照军法锁拿收禁，应革职审拟。参将永柱应照溺职例革职，仍留军营效力。失去炮位专管之千、把、外委等亦应如所奏，斥革究审。至副将高宗瑾等，既尚可策励，应留营以观后效。"从之。

又议复："张广泗奏称：'川陕定例，自副将至千总，凡缺出皆由部选。现在用兵之际，请暂通常格。军前遇有副将以下缺出，即于此次出师奋勇立功、显著劳绩人员内拣选题补，事竣停止。倘不得人，仍照例咨部推补。'应如所请。"从之。

川陕总督张广泗奏："大金川地界，绵亘一沟，南北不及三百里，东西不及二百里。中有大河一道，由北而南，番人夹岸而居。莎罗奔与伊侄郎卡所居勒乌围、刮耳崖二寨，皆在河之东岸，四面雪山屏障，所通道路皆悬岩峭壁，偏桥窄径，其紧要路口俱建战碉。今大兵已集，当分十路进攻，定期五月初八日齐进。"

得旨："览奏俱悉。惟俟捷音耳！"

（高宗朝卷三一五・页三三上～三六上）

○乾隆十三年（戊辰）五月癸丑（1748.6.25）

总兵衔岳钟琪以特恩起用奏谢，并陈驰赴军营情节。得旨："览奏俱悉。今已授卿为四川提督，若能努力成功，早慰朕望，斯桑榆之收，荣宠正未可量也。勉之！"

（高宗朝卷三一五·页四八下～四九上）

○乾隆十三年（戊辰）六月辛酉（1748.7.3）

谕军机大臣等："据户部议复纪山所请，协拨军需银一百万两，合之从前所拨已将及四百万两。此时大兵云集，日费不赀，若奏凯需时，馈饷将何所底止！当起事之初，本图震慑遐荒，为一劳永逸之计。虽知其难，势不容已。今劳师动众，经历岁时，而兔穴兽岏，险不可攻，力不能致，全师取胜，究将何道之从！金川在蜀，僻处悬崖，负固陆梁，本不足较。但既已兴师问罪，征调旁省，几遍西南，若弃此不图，无以警众心而威蛮服。番众圜视而起，其将何以御之！然自朕反复思之，命将徂征，固以止乱，班师柔远，是乃常经。古人云：'不以明珠抵鹊。'惜其所得不偿所失也！为今之计，果已迅奏肤功，捷音踵至，固不待言，倘尚利害相持，当筹制胜良图。可以无顿大兵而狡寇帖服，不致有损国威，斯为上策。至班滚不过漏网游魂，无足轻重，如果探囊可得，亦足快心。若势不能中止，又将顿师经年，更加劳费，则俘班滚而悬之藁街，不足示武。且擒获班滚，特以服李质粹、庆复之心，明非悬坐疑狱耳！试思伤财动众，李质粹之首果足偿赤子百万之脂膏耶！不惟李质粹，即庆复又岂足以偿之耶！以事理轻重衡之，不如置之不问。此朕宸衷密断，为民力物命起见。不然，多者费矣。后之所费，数岂逾前而区区是较耶！讷亲赴川时起程匆促，未暇谕及此。可传谕讷亲，令其统计全蜀情形，熟思审处。伊身在军前，所见较为亲切，必能善会朕旨。如此番不用兵瞻对，而大兵既撤之后，万一余烬复燃，啸聚生事，又不得不复为扑灭，以杜后患，则又不如目前多费，为事半而功倍矣！其一一先机筹及，详悉密奏，候朕裁酌。张广泗等可不必令知之，恐致泄露，以摇惑众听。其现在进兵形势若何？伫俟奏报，以纾远怀。大学士佳否？近来起居步履如何？随便奏闻，以慰朕意。"

（高宗朝卷三一六·页九上～一一上）

○乾隆十三年（戊辰）六月癸亥（1748.7.5）

　　命四川建昌镇总兵官莽阿纳前往大金川军营，听经略大学士讷亲、总督张广泗酌量委用。

（高宗朝卷三一六·页一六上）

○乾隆十三年（戊辰）六月戊辰（1748.7.10）

　　谕："据尚书班第、总督张广泗等奏称，汶川县典史谢应龙于莎罗奔蠢动之初，奉委侦探情形，查勘饷道。其时莎罗奔三路往攻沃日，逆焰甚张，而该典史能以大义开导女土司，令其坚守拒贼，一面为请援兵。迨危急之时，执佩刀相誓，协力拒守，沃日因以得全。及至卡撒失利，镇将欲移营退保，该典史复力阻中止，且不待檄示，接济卡撒右山梁军饷。该典史以微末杂员能知大义，谙悉机宜，实心任事，甚属可嘉。即在大员中亦不易得，非寻常劳绩可比，宜不次超擢，以示优奖。著加授知州同知职衔，遇有相当之缺，即行题补，使军营中效力人员，共知鼓励。该部知道。"

　　张广泗奏："擒获之贼目生格、生噶尔结与马奈阵获之贼番克尔吉、劳戎、生格等五名，均已处以极刑枭示。"报闻。

（高宗朝卷三一六·页二〇下～二二下）

○乾隆十三年（戊辰）六月己巳（1748.7.11）

　　川陕总督张广泗奏："各路进剿俱有克获。查进攻之路，惟腊岭为最要，而腊岭一路，现惟木冈一城与中峰大战碉一座未克。如能攻夺此二处，则可俯诸碉直取刮耳崖。"

　　得旨："览奏俱悉，伫候捷音，以慰远望。"

（高宗朝卷三一七·页二上～下）

○乾隆十三年（戊辰）七月戊子（1748.7.30）

　　又谕（军机大臣等）："四川巡抚纪山奏大学士讷亲于五月二十日至四川，二十一日起程，总督张广泗又奏讷亲于二十一日自四川起程，克期可至军营等因，计讷亲于六月初旬即可行抵军营。今已一月有余，未奏一事。如讷亲已到，理合将伊所至之处陈奏。伊若查勘彼处情形，欲一并具奏，不过需十余日，今亦宜奏到时矣！其并未奏来者何故？从前张广泗等分军十路，奏于五月初八日进兵，但自进兵至今，亦未奏及进兵如何之处。看此情形，必属不易成功。然再迟一二月一届严寒，又不可以进兵。现今金川各处所调之兵甚多，前者添兵之先，纪山即将每日所用钱粮分晰具奏。今大臣、官员、兵丁等所调既众，必倍加需费，再濡滞岁月，迟至明年，成何事体？将此札寄大学士讷亲，现在彼处进兵情形若何，今又如何办理可致成功之处，详晰急速具奏。"

（高宗朝卷三一八·页一二下～一三下）

○乾隆十三年（戊辰）七月辛卯（1748.8.2）

谕曰："原任昭通镇总兵董芳著往大金川军营，听大学士讷亲等委用。遇有总兵缺出，即行题补。"

谕军机大臣等："据云贵总督张允随奏称，四川巴塘宣抚司札什朋楚所属乍邦番民，因金酋不法，奉调征兵五百、粮夫千名，乍邦头人杂结戎的等不服派夫，毁桥挖路，经该土司带兵千名至札铅噶地方，攻伤番目三名，擒获十三名，因三寺喇嘛求说，议照夷例，罚银犒赏土兵，已经遣回；又探得奔子栏等处改隶滇省之后，止纳正赋，从不应差。与乍邦番民原系戚谊，书信频通。是以中甸守备刘广仁盘获巴塘逃遁夷民十三名，皆因行调起念投滇。其两处夷人戚谊通书之处，虽无指实，亦宜查禁，现饬维西、中甸文武官弁，加谨盘查禁止，以弭衅端等语。川省自用兵以来，派调各土司所属办应差使悉皆遵法奉公，何以乍邦番民独至违抗，致该土司动众擒杀，此中有无别故？现在作何情形，又与大金川军务有无关涉之处？著传谕大学士讷亲、总督张广泗详查复奏。"

寻奏："乍邦系巴塘所属，边僻难驯。今因逃避差徭，追擒惩治，系该土司自行管束番民旧习。于此更见其恭顺急公，并无别故，亦无关涉军务。"报闻。

（高宗朝卷三一八·页一七下～一八下）

○乾隆十三年（戊辰）七月壬辰（1748.8.3）

经略大学士公讷亲、川陕总督张广泗奏报："五月三十日至六月十五日腊岭、卡撒、党坝、甲索、乃赏、马奈、正地诸路攻战情形。总兵买国良、署总兵任举阵亡。"

得旨："任举深属可惜，有旨交部从优赐恤。即买国良等毕命疆场，虽属效力之谊，而朕观之，实觉不忍，为之泪下，亦有旨谕部。将此旨先谕军前将士知之。"

又谕："据经略大学士讷亲等奏称，署总兵任举统兵攻腊岭石城，亲身督战，奋勇直前，多所斩获，乘胜追杀，致被枪伤阵亡等语。任举前在参将任内因固原兵变一案，以单骑手刃乱兵，解散贼党，捍御全城，安抚百姓，劳绩已为懋著。故特擢用副将，命往大金川军营领兵攻剿，所向克敌，现已补放总兵官，深望凯旋之日录功优叙，以奖殊勋，孰知任举感朕知遇，奋勇捐躯，深堪悯恻！考之典礼，以死勤事者，祀之本朝特建昭忠祠，用享疆场效命之臣。任举著入祠从祀。所有恤典，照提督例给与，该部察例具奏。伊子亦照提督例给与荫袭，该部并行文调取来京带领引见。至买国良等，著经略大学士讷亲于军务告竣之日，查明咨部，一体从优赐恤。"

寻议："任举应照例加赠署都督同知，给恤赏银八百两，荫子弟一人，以都司推用。"从之。

讷亲、张广泗又奏："现在领兵镇将如任举、买国良俱已阵没，唐开中又受枪伤，冶大雄现患伤寒，一时统领乏员。因思原任固原提督段起贤籍隶成都，丁忧家居，副将胡大勇素称勇往，臣等俱已檄调。并请于川省稍近各省曾经保举之镇、协、参、游内，简发十数员驰驿来营，派遣委用。"报闻。

谕曰："古州总兵哈尚德，湖广参将哈峻德，云南提标参将高钦，延安参将陈文，镇海参将孟麟，云南游击鲁文德、朱玑、范崇纯，湖北游击马能，陕西游击马云翔，直隶游击吴士胜，著该部即速行文调赴大金川军营，听候经略大学士讷亲等委用。其古州总兵事务著镇远总兵冷文瑞署理。"

讷亲奏："于五月二十日抵成都，将西、南两路粮运询抚臣纪山、藩司仓德，据称现在逐日发运出口粮千余石，雇汉、番夫役、乌拉，俱能照军营限定之数挽运。臣随于次日自省赴营。六月初三日至督臣张广泗驻扎小金川美诺地方。各路军粮已到者，除日支外，可余数日或月余，尚无不继之虞。督臣即于初四日前赴卡撒，臣留驻美诺。初六日亲赴卡撒美沟军营。初九日复同督臣前往腊岭相度山势，数路皆通刮耳崖，山陡箐密，碉寨层层，独色尔力一梁势尚平坦。贼碉皆在梁旁，梁上止有木石城卡数座。若能攻克一面，分兵牵制一面，即可顺梁而下，较卡撒美沟正路甚为得势。询据各番，咸称下至底沟去刮耳崖亦不过数里。会商督臣，将哈攀龙、王恺所领两路官兵归并腊岭一路，合之从前抽拨腊岭兵，共万余名。仍督已到官兵攻夺木城数座，贼守石城甚固，屡扑未下。十六日署镇任举奋往督催，被枪阵亡。督臣闻报，即日亲往调度，务期必破。再查我兵可以进抵勒乌围、刮耳崖贼巢，惟党坝、腊岭、卡撒三路，今党坝、腊岭均有重兵，惟卡撒虽驻兵三千余名，除护粮、分防外，余兵不敷攻剿。若另调新兵，缓不及事。莫若就中酌量，有应牵制、堵御及弹压土司之处，量留攻守。余兵悉抽并卡撒，现与督臣会商办理。再，贼番因险据碉，故能以少御众。今我兵既逼贼碉，自当亦令筑碉与之共险，兼示以筑室反耕之意，贼番自必摇动，且守碉无须多人，更可余出汉、土官兵分布攻击，似亦因险用险之策。已饬星速修砌。总之，就现在情形，今秋能否告竣，尚难预定。"报闻。

又奏："查各路官兵不能前进者多，唯腊岭一路，虽现为石城所阻，度我兵力尚可望进取。臣与督臣到营未久，战剿机宜督办伊始，且各路抽调官兵尚未到齐，容臣一面办理，一面筹画。俟月余后，如果我兵已全力攻剿，犹有不能速捷情形，再行妥议密奏。"

得旨："卿意迟待数日，一举成功，何等庆快！殊未忆及朕之悬望耳！及至奏到，仍不过如是。且闻任举凶问，不胜感惜，何能慰朕耶！"

又批："今又有任举之事，则益成骑虎之势。若不扫穴犁庭，何以慰忠臣义士之魂？且恐各番效尤，后来之所费益多。前旨亦谓此事成功之后，瞻对或可酌量耳，不可错会。"

（高宗朝卷三一八·页二三上～二七下）

○乾隆十三年（戊辰）七月癸巳（1748.8.4）

谕军机大臣等："据大学士讷亲奏报大金川军情及筹办事宜一折，内称：贼番因险砌碉，藏匿其内，故能以少御众，以逸待劳，今我兵既逼贼碉，自当亦令筑碉与之共险，兼示以筑室反耕之意，且守碉无须多人，更可余出汉、土官兵分布攻击，似亦因险用险之术，现饬各路星速修砌，遵照逼攻等语。此事披阅再四，不能解办理之意。自大金川用事以来，顿兵卡撒久历时日。贼酋逆我颜行，伤及将士，自当克期扑灭，以收犁庭扫穴之功。今据讷亲等所奏情形，似尚费经理，非旦夕可以竣事。但攻守异用，彼之筑碉以为自守也，我兵自宜决策前进，奋力攻取。且用以破碉之人而令效彼筑碉，是亦将为株守之计耶！碉不固，则不足恃；筑碉固，则徒劳众。若以此筑碉之力，移之攻取破彼之碉，以夺其所恃，不亦可乎？在讷亲等或自别有筹画，而奏内尚未明晰。以朕度之，或因虑及山深箐密，入秋难于克捷，预为退驻之地耶！讷亲等恐未必筹及于此，即使有见及此，亦非万全之策。盖能克其碉而守之，犹属因利乘便之义。今因彼守险，我亦筑碉，微特劳费加倍，且我兵已深入贼境，地利、气候素不相习，而守碉势须留兵，多则馈运难继，少则单弱可虞。贼酋凶狡，必狃我以持久，出我之不意，浮寄孤悬，客主之形既别，情见势绌，反复之虑尤深，师老财匮，长此安穷，不可不熟计也。且将来大金川扑灭之后，此地不过仍归之番，是今劳师动众反为助番建碉之举，恐贻灾于国人，跃冶于番部矣！昨批此折，即以为不妥，今思之一夜，终非善策，不如速罢之为宜。再，朕阅另折所奏，任举等捐躯报国毕命疆场，不禁为之泪下。在伊等忠愤激发，固已甘之如饴，而朕以小丑跳梁用伊等于危地，思之殊深悯恻！虽业经交部从优赐恤，足慰忠魂，而事后之虑弥切。现在大学士讷亲、尚书班第、内大臣傅尔丹、总督张广泗、提督岳钟琪等立营渐逼贼巢，凡有进止，更当因时度势郑重筹办，不宜徒事奋往，以副朕念。至所调绿旗兵丁，或尚未能劲健，可否另调满洲及索伦兵之处，著传谕大学士讷亲酌量，一并具折复奏。朕看大金川竟难措置，设其易处，则张广泗久历戎行之人早已成功矣。今讷亲虽为经略，只宜持其大纲，督令张广泗等各施谋猷，以图速奏肤功。即如建碉之策，率皆不中綮窍，而张广泗亦附和而无语，可见彼有推诿之意矣！殊添朕忧，讷亲不可不知也。此事速行回奏，并将近日情形若何奏来。"

（高宗朝卷三一八·页二八下～三一上）

○ 乾隆十三年（戊辰）七月甲午（1748.8.5）

谕军机大臣等："讷亲昨奏到军机一折，已详悉颁发谕旨。今再四思维，所云建碉之策，不惟有所难行，亦且深为可虑。将谓得尺守尺，得寸守寸。以此为自固之策，独不思碉楼非可易成，即使能成，而我兵究以攻取为事，若再行前进，其将又建一碉耶！向后屡进不已，策将安出？且调集大兵，本以制胜，今不用以克敌，而用以建碉，必非所愿。以朕度之，此旨未到之先势将中止。倘其意在必成，究属徒劳无益。朕见此折即不以为然，及问在京大臣等，皆见以为不可。朕意张广泗老于戎行，岂其不知而亦随声附和。在张广泗未必不自谓任事经年未著成效，今既有经略肩兹巨任，发谋决策经略裁之，是非得失亦经略当之，而彼得袖手旁观，遂其推诿之计。如此则所系更大矣！讷亲不可不知此意。且朕命经略前往，原以总掣大纲，且朕坐筹遥度于京师，不如可信之大臣亲履行间，察众人之情，就目前之势，相机指示，据实入告，尤为亲切。此朕命讷亲前往之本意也。至宣猷效用仍当委之张广泗等，使各尽其长。即使朕亲行，亦不过指挥调度，而所用自在群策群力。从来耕当问奴，织当问婢。若论用兵熟练，朕必不肯谓讷亲优于张广泗，即讷亲亦必能知此。要之，经略统领全军，众人之谋皆其谋，众人之力皆其力，岂必自出所见方为己功耶？而朕更有深虑者，大兵聚久，变患易生。在固原居平无事之时，尚有一夫夜呼仓卒四起之变，何况军中亲信仅百数十人，此外皆调发客兵及蛮司土卒，本非世受深恩为我心膂。浮寄孤悬，孰无室家、乡里之恋？而劳役不已，奏凯无期，版筑方殷，锋锐莫展，肘腋之虑，良可寒心。在部曲士旅，固不可不鼓其勇气，而锋镝之下，人孰甘心！驱之太迫，变计生焉。倘有不测，岂不重贻西顾忧耶！此所为反复以思，而食不甘味，寝不安席。凡思虑所及，不得不备细告之讷亲，使备知之也。金川之役本不容中止，况任举之变，失我大帅，如其置之不问，何以慰彼忠魂，雪我众愤，但忿兵亦将略所忌，自宜因时度势以为进止。倘险地必不可争，或别有出奇制胜之善策，如古所称'用间''用术'，或'纵甘言'，或'悬重购'，使彼有内溃之机，然后可乘其敝。从前王柔亦谓'蛮夷可以利动'，且彼丑类无多，不惜厚费，或可坐缚逆首。此亦无聊之思耳！近日郭万里亦有当用反间之说，倘其言有可采，岂不较冒险乘危轻进取衄者为优耶！又，王柔何时到军前？可曾建白及此？可就近咨询。溽暑炎蒸，瘴疠毒作，暴露日久，无刻不劳轸念，大学士起居慎自爱护，并传谕军中诸大臣将弁，其各慎重此旨。尚宜斟酌，可令张广泗知者，一并谕令知之。"

（高宗朝卷三一八·页三一上～三四上）

○乾隆十三年（戊辰）七月乙未（1748.8.6）

又谕（军机大臣等）："近据讷亲所奏金川军务情形，朕详为审度，现在将弁同心，士卒效命，而奇险难攻，天时暑雨，似非一时可能就绪。目今大兵已深入贼境，设令肤功不能立奏，经秋涉冬，彼地冱寒难驻，又不得不暂营平暖之处，相时再举，深虑久戍之卒，一闻撤散，势必心涣，狡寇从而蹑其后，大有可虑。若将来必致退守，则移驻何地，并如何撤回之处，亦当预为筹度万全。且大兵调集远来，并瞻对之役既经三载，其附近土司供应夫役亦已数年，运饷从征更多扰累。近闻蜀有州、县派夫征饷，苦累农民，已传谕尚书班第，令其往来查察。讷亲可即速令其前往，并饬巡抚纪山速为查办。内地如此，土司可知。恐其积劳怀怨，煽动生心。而我军孤悬贼境，非内地声援联络可比，深为可虞。可传谕讷亲、张广泗体悉此意，处处刻刻留心密切预防。再，朕命讷亲前往，原以总领大纲，观察情状，督率调度。张广泗川省封疆大帅，且统领全营二年于役，凡军务责成专惟张广泗是寄。今历练戎行，娴熟军旅，孰有过于张广泗者！伊当竭诚协力，经画机宜，不可因大学士在营，稍有推让之心，或存彼此之见。现今各路兵势若何，古之用兵制胜者曰观衅，曰攻瑕，贼众所短何在，何处有隙可乘，讷亲、张广泗在营当有成算。可详悉奏闻。"

（高宗朝卷三一八·页三九下～四〇下）

○乾隆十三年（戊辰）七月己亥（1748.8.10）

谕："我国家从前用兵，以云梯登城为要务。其时人思奋勇，建功受赏，延及子孙。今承平日久，兵革不试，旗人已不知有此艺矣。朕思金酋恃其碉极险固，正可用此破敌。即使金川无所用之，亦满洲武艺所当训练者。可于八旗前锋护军内，上三旗每旗派五十人，下五旗每旗派三十人，择其少壮勇健者演习云梯，以备遣用。交与公哈达哈、查拉丰阿、都统永兴、护军统领庆泰、副都统那穆扎勒管领训练，并令来保、傅恒、纳延泰、旺扎勒更番查阅。俟学习有进，朕亦往观。"

（高宗朝卷三一九·页二上~下）

○ 乾隆十三年（戊辰）七月癸卯（1748.8.14）

又谕（军机大臣等）："据张广泗将总兵马良柱解送到京，朕命军机大臣问伊军前情形及乘夜撤营遗失军械缘由。据伊供出种种情形，并称从前驻守曾达之时，粮运为雪所阻已经半月，士卒皆煮皮铠、鞍鞯而食，接到总督撤营檄文，人思更生，炮位、军械因雪大不能搬运，以致遗失等语。马良柱前于班滚案内，扶同欺隐，兹复临阵退缩，罪固难逭。但伊在四川二十余年，地方情形颇能熟悉，即以进剿大金川而论，始带兵千余名，在瓦寺、松林口等处奋勇督战，遂解沃日之围，又收降小金川之众，乘胜克复孙克宗，是伊在三镇中尚为出力，即班第前此亦经备悉奏闻。至其撤营一事，据称粮运被阻已经半月。果尔，则时日甚久，兵丁何以克存？恐属狡饰之语。如实系如此，是马良柱之仓皇拔营，其罪又当别论。可传旨询问大学士讷亲，秉公确察，不必问之张广泗与班第。彼时粮运是否为雪阻滞已历半月之久，将情由速行奏闻。倘所供属实，马良柱年虽六旬有余，精力尚属可用，将来仍发往军前立功赎罪，或有胜于新任苗疆之人。其供单并即抄发。至讷亲前次折奏系七月初十日到京，今又几半月，并无具奏之件，朕心日深盼望。在讷亲之心，必系期于速捷，以待奏报肤功。但军营事务，朕切欲备悉其情形。无论大功克成，固宜迅为入告，即或尚在酌办，亦当随时奏闻，以慰朕西顾之念。嗣后著十数日一次缮折具奏，沿途驿马甚便，可以无虞羁滞，亦不致甚劳也。其现在进剿事宜若何，天时晴雨若何，大金川军务既不能中止，本年倘未能即竣，将来作何结局，讷亲等目下作何筹办，著一并详悉速奏。朕意示弱罢兵以逞贼意断不可为，而又实无制胜万里之能，因思满洲旧有蚁附登城技艺，甚为便捷。因承平日久，未经演习。今已派大臣挑选八旗兵丁数百名，按期操练，务令纯熟。将来或可备攻击碉楼之用。并暂留马良柱于京师，且不问其罪。令其量度贼碉情形，协同演习。俟讷亲奏到，再酌量发往军营。并谕知讷亲，将此项技艺可否足以备用之处，即行奏闻。"

又谕："前据张广泗将总兵马良柱参奏，折称：马良柱驻守曾达，张广泗檄令缓缓撤营于纳贝山一带，据险驻扎，不意马良柱一夜率领五千余众皇遽撤营，以致军装、炮位多有遗失等语。今马良柱递解到京，朕令军机大臣询问，据供伊住曾达时，军中粮饷被雪所阻已经半月，士卒皆煮皮铠、鞍韂而食。是以一闻撤营之信，各自奔回。此所供虽未必尽实，但据班第奏内亦有饷道被阻之语。军粮被阻，果经半月，于军务甚有关系，则马良柱有不得不退之势，其罪尚可逭也。但军粮因何被阻，张广泗何以未行奏闻，即参奏马良柱折内，亦未叙入。著传谕讷亲等查明具奏。再，张广泗从前奏称，金川精壮贼番不过七八千人，自大兵进剿以来，伤亡、瘟疫死亡者已去其少半，现存不过四千余人，日食不继，倘四五月间正当刈麦之时，而官兵大至，则无噍类等语。现在金川逆番，所存尚有几何？目下情形何似？既称刈麦之时，官兵大至似可蹂躏，今麦期已过，何以未闻奏效？况据大学士讷亲前奏内亦称'贼境山坡，田禾弥望'，其为未经蹂躏可知。聚集如许大兵，即不能摧坚攻险扫穴犁庭，何并不能伤其田禾，以绝其资食？此等情节著张广泗据实陈奏。"

（高宗朝卷三一九·页一三上～一六下）

○乾隆十三年（戊辰）七月戊申（1748.8.19）

御史王显绪奏："川省土司与金川疆界毗连者不一，如果以番制番，不难灭此朝食。况番性贪悍，请交经略大学士将邻近金川之各土司，无论已未调赴军营，概行宣谕，令自统所部土兵以为前驱，官军惟大张声势，以为后援。有能破巢擒逆者，即以金川土地、人民赐之。伊等言语、衣服相同，侦探亦便。前驱之土兵一得路径，破其险要，大兵即可尾之而进。且金川贼众见附近土司奋勇并力，自度难以瓦全，又闻有破格之赏，亦未必不自思求生之道。纵不擒酋缚献军前，亦决不致如前此之出死力以相拒矣！"

谕军机大臣等："御史王显绪所奏以番攻番请悬重赏以收速效一折，从前王柔面奏时即有此议，或王显绪习闻伊父之语，或因王柔现在军前曾建此议未经采用，伊子复为此奏，均未可知。著将王显绪原折抄寄大学士讷亲、总督张广泗，令其阅看，详悉酌量。今既无可如何，此等刍荛之说，是否有可采择以备一得之用，或调王柔面加询问，详悉奏闻。至前此大学士讷亲所奏'田禾弥望'及张广泗奏'麦期将届'等语，山坡既可耕种，其非绝险悬崖人迹难到可知，我兵何以不能前进？而彼可耕种之地亦不能蹂躏乎？即不能蹂躏，于其将熟之时纵火焚烧亦不能乎？若在彼内境，则瞭望不能远及，今既在一望之中，自非腹里奥区，何以兵力亦不能到？反复以思，殊所难解。前已传谕询问，可再行传旨，令其作速奏闻。且据前后所奏观之，彼中不过弹丸之地，所产既薄，不足自赡，何处番人为之接济，曾否得其虚实，盼望军营消息，计日以待。近来情形何似，可即速明晰驰奏，以慰悬念。"

（高宗朝卷三一九·页一九下～二一上）

○乾隆十三年（戊辰）七月庚戌（1748.8.21）

谕："金川逆酋不法，现在调拨大兵克期剿灭，一切军需供应，丝毫不以累民。惟是飞刍挽粟，乌拉之外，间亦酌用民力，虽给与脚价、口粮，小民不无劳瘁，朕心轸念。著该督、抚查明办过夫米各州、县，将本年钱粮先行缓征。俟凯旋事竣之日，分别等次，奏明请旨，候朕加恩，以示朕轸恤边氓之意。"

谕军机大臣等："据经略大学士讷亲、总督张广泗等奏报大金川进攻情形，并将总兵哈攀龙、副将高宗瑾等分别具折纠参，朕已照所请交部，但此次办理军务，似微有过严之处。夫军行首重纪律，固不得不严。惟是严于罚者，亦当明于赏，鼓舞人材之道，又不得不少加委曲。……当此倥偬旁午之际，少有变故，所关匪细。自大金川用事以来，大小员弁以过受罚者多人，而破格被赏者颇少，似非鼓励将士之道。至朕阅折内所称此皆臣等措置未当，发纵无方等语，大学士讷亲等未免期效太急。伊等肩兹重任，顿师日久，其心固切欲进攻，以期大捷，而兵情、地势、难易、缓急之间，亦当随时酌度。逆酋险碉林立，一夫当关，万众为之阻夺，即朕此时反复筹维，亦尚无调度万全之策。况急于期效，亦属无益，且恐欲速过甚，未免转有疏虞。此又不可不审也。再如割取耳记一事，朕前恐行之未便，是以交军机处定议。今据奏称：'接到谕旨又行酌改，用兵大事，朝令夕更，原非所宜。'朕于数千里外，何能事事遥度，悉中机要？历次所降谕旨，其能行者固当遵办，即或势有难行，或已发而未便复收，亦不妨据实奏明，总期归于妥协。但此事既经改办，只得照行。其奋勇兵丁，另当熟筹奖赏之法，以示鼓励。又，参将五德纳等带领土兵于木耳金冈一路新扎五卡，俱处贼人麦田，践其麦禾。此举颇为得当。第不知他处何以不能如此蹂躏，岂进攻之地未遇贼人麦田耶？朕前已两次降旨询问，可再查明奏闻。其建立碉楼一事，所降之旨目下谅已接到。此次折内未见奏及，或以势难强行因而中止，或照前折尚在举行，情形究竟若何？且入秋将近半月，贼境雨雪渐繁，将来作何行止？朕日为廑念，著一并具奏。"

（高宗朝卷三一九・页二三下～二七上）

○乾隆十三年（戊辰）闰七月己未（1748.8.30）

谕军机大臣等："据解任总兵马良柱称，军械内火箭最为有用，伊从前曾禀明张广泗，制备火箭五千枝，焚贼酋积贮，原禀并未批发等语。闻贼酋粮食俱安置碉楼之上，火箭一著，即可焚烧无遗。贼人亦素畏我军此项火器。即其木碉，或为火箭射中，亦可令其焚毁。前在瞻对用此，已有成效。马良柱所言，或尚可采。盖贼酋所恃以抗拒天兵者，以粮食不借外求，即其田禾所在，朕向亦筹及，欲加以蹂躏，或用火焚烧，屡经批谕大学士讷亲等，未据奏复。可传谕讷亲将火箭一事详悉斟酌。如属可行，即速勒限于成都城内制就，解赴军营。乘此秋成贼粮露积之时，迅行施放，庶为有益。至军营情形，日内不知若何，朕心悬念，并令具折奏闻。山寒气恶之区，首以保重身体为要。至于驭军之法，虽应号令严明，亦宜宽严并济。惟知督责使令效命于死地，而总无噢咻之惠，人孰肯用命哉！必当集思广益，合众志以成城。又，所以命讷亲前往者，欲悉知彼地及军士实在情形也。虽两次奏报攻战之事，而大金川究系可取不可取，及腊岭贼隘之外复有别径可进取否，此等总未奏及。向闻川省绿旗兵弱，今果然否，向属可用或不可用，亦未奏及。又，用间一事，早有旨谕，亦尚未奏到。以番攻番，诱之以分彼土地、民人，或者众番能取此处，亦未可知。若不可行，则亦应速行奏明。朕亦知军中接一谕旨必费许多筹算，或反误攻取正务。但诸事不曾详悉奏到，而大功又未速成，何能慰朕日夜悬念耶！故不辞琐言详悉批谕。其审筹细酌为之。"

寻奏："贼碉石包土裹，非火箭所能延烧。其田禾晒扬碉上者相离甚远，火箭亦力不能及，毋庸制造。至腊岭之外虽有别径，总缘兵力不能分布，是以并归一处。又，川省绿旗兵丁胆气怯葸，较之各省为多。每遇攻战，分别派遣，非全不可用。只以该省征调既众，是以愈觉怯懦之多，犹不至如各部落土兵之罔知法纪也。"

得旨："所言多有矛盾，看来无法可施，烦难之甚矣。"

（高宗朝卷三二〇·页九下～一一下）

○乾隆十三年（戊辰）闰七月己巳（1748.9.9）

谕军机大臣等："巡抚纪山此番办理大金川军务，与总督张广泗甚不相合，屡经批谕训饬，终未释然。督、抚各持意见，在寻常无事尚为不可，何况军务倥偬，正当同舟共济。而川省情形如此，或系有意龃龉。掣肘公事，或因嫌隙既开，遇事不能相下。纪山才具本短，但在满洲大臣中尚不失旧家气局。用为巡抚，惟虑其为属员欺蔽，若此番之情性乖张，与督臣不合，殊非意料所及。若仍留川省，恐于军务无益。可传谕讷亲令其详细酌量，或尚可调用别省，或应行治罪，以为刚愎任性之戒，俱著讷亲一面据实奏闻，一面传旨，令其解任来京。其四川巡抚印务，即著班第暂行署理，于运粮诸务呼应较灵，当于军务有济。再，前番折到之后，又几二旬，日夕跂望。即七月十一日所批发传询诸旨应行复奏者，除往返程途，积日以计，亦应驰奏，何以迟迟若此，深为悬系。接到此旨，务将近日情形详悉入告，并遵照前此十余日一奏，无惜驿骑劳顿之旨，迅速频具折奏，以慰远怀。"

（高宗朝卷三二一·页六下～七下）

○乾隆十三年（戊辰）闰七月辛未（1748.9.11）

经略大学士公讷亲奏："臣前议筑碉，乃不得已而为之。目下虽无大效，每因砌碉，贼来侵扰，得有斩获，亦不致有误攻剿。至王柔于六月初四日到营，始云：'觅汉奸前往间谍，难保必擒贼酋。'久之，终称'不得其人'。又欲祈请终南山道士，用五雷法击碉，更为荒诞。腊岭一路虽未能深入，亦可将卡撒一带横截在外，现侦探山箐可截之路，令兵前进，以攻不备。"报闻。

又会同川陕总督张广泗奏："贼地虽当伏热，并无酷暑。缘高处寒，低处暖，阴雪寒，晴霁暖，故自山腰以下稍低之区，秋冬尚和，雪不多积，仍可进攻。况距贼巢不远，一经移营，险要必为贼据。且恐士心涣散，各土兵以为不能扑灭，反与结好，所以未敢撤退。至天时地利，皆贼所长；惟人数无多，是其所短。现存不过三千余人，日向莎罗奔等吁恳投诚，逆酋阳为恳请，未便允降，亦无瑕衅可乘。惟散其固结之心，并相机攻击。但能日毙数贼，不使稍休。目下已日食不继，将来必益无以为生，可以坐待其毙。臣张广泗度今冬明春不难扫穴。臣讷亲以为我兵果能争夺数处，贼必内溃。然贼巢食用果否匮乏，究难臆揣。而我兵攻剿，一无可乘之机，至冬寒春冷，恐益不扬。冬间似应减撤久役兵丁，令留驻官兵时用炮击碉卡。俟明岁加调精锐三万，于四月进剿，足以成功，最迟亦不逾秋令。至粮运紧要，寒冱背负维艰，臣饬各路务于今秋大雪未降前，将明岁三四月之粮运贮附近军营。再，现在商人领运已有一万五千石，将来愈多，可减夫役。"

讷亲又奏："来岁加兵，计需费数百万。若酌留兵万余名，据守要害，相机用炮击碉，令接壤土司各为防御，狡寇亦能坐困。第久驻终非长策，若俟二三年后，再调兵乘困进捣，自必一举成功。此二三年内，或有机可乘，亦未可定。臣为民力国用起见，故计虑及此。若以迅奏肤功而论，仍不如明年接办之速。谨将所见并陈。"

得旨："此见非矣！岂有军机重务，身为经略而持此两议，令朕遥度之理！如能保明年破贼，添兵费饷，朕所不惜。如以为终不能成功，不如明云臣力已竭，早图归计，以全终始。"

（讷亲）又奏："臣查阅各路禀报，多顿兵不进。商之督臣，欲并兵合力。督臣以为地势番情必当如此分布。其实兵虽四万有奇，分路太多，势微力弱，督臣未免存回护之见。至其好恶不公，人心不服。如参劾贵州副将高宗瑾将围困贼碉之卡被贼夺去，不能救援，臣会商督臣参处，督臣仅请交部察议，经臣改拟革职。督臣原稿转归罪于甫经任事之参将刘策名，亦经臣更正。其偏徇懦将轻重失伦如此。又，臣会同傅尔丹，将应援退怯之贵州千、把等锁拿，乃该千、把等逃至腊岭军营，高宗瑾知而不报，督臣亦佯为不知。其袒庇劣员如此。又，诸将备惟任举实属奋勇，力战阵亡，督臣犹以为疏于布置，轻冒锋刃。今督臣布置月余，已极周备，仍不能督兵攻克。是忠于王事者，转加以不美之名；而干犯军纪者，偏欲为之脱卸。此又偏徇不公，所以不得人心者也。至贼酋本非劲敌，路险亦非难至，所以不能速灭者，盖图终必先谋始。纪山于始事时，并未将粮运预立成算，匆卒出师，仓忙转饷，以致多用帑项。张广泗未能严督攻剿，旷日持久，贼得乘间密备，故今岁加调官兵，即从前已到之地不能复至，且因分路太多，应进之路每苦兵力不足，是则失于筹算，昧于地形，顿兵老师，诚难辞咎。臣奉命经略，理应参奏，但若此，则臣与督臣势难共事。即抚臣经理粮运，吏民相安，亦难更易生手。惟有和衷共济，早靖蛮氛。"报闻。

谕曰："览所奏，军营现在情形几于智勇俱困。金川小丑，不料负固难于剿灭，遂至如此。官兵攻扑，进不能前，退不能守，即小小获胜，尚未伤彼皮毛，何况披［批］郤导窾，得其要领，以成破竹之势！奏内所称逆番来岁口食不继，可以坐待其毙。我兵果能奋力攻夺数处，贼必内溃。又称贼巢食用，果否至于匮乏，究难臆度等语，既称可以坐毙，又称究难臆度，始终迄无定见。而所称来岁增兵三万，是否能奏肤功之处，亦非确有所见，必不可已之成谋。夫两军相持，敌人无坐而受缚之理，纵复穷幽绝险，亦无兵力必不能施之地。既已用兵，岂容撤退？古人有裹毡缒险，衣草自蔽，以成大功者，独非于此等处施之乎！今乃欲待其自毙，自毙果有期可待乎？如果断有不能剿灭之势，何妨明言其所以不能之故，直请班师？今又未能确指其必不可胜，而欲以三万众试尝之，为此无可奈何之说。卿等身在戎行，目击情状，尚不能确有成算，游移两可，朕于数千里外，何从批示，何从传谕？且大兵有四万之众，彼止三千余人，何以应我则觉有余，而攻彼惟虑不足？日久悬望军营消息，而奏到乃复如是，殊非所料。卿等可将现在情形，或添兵必可成功，或用兵势有不可，详悉审度，归于一是，迅速奏闻，勿为两歧之说。要知阃外之事，惟卿等专责，朕固不能遥制也。至逆酋佯请投诚，固不可信，或因此离其党羽，攻其腹心，亦可从中得间与否？或谓终不能扫穴犁庭，即因此将就了事亦可。但数年之后，彼侵犯边境，则将何以结局？必有追悔不及之事。将此亦一并筹酌，速行奏闻。"

谕军机大臣等："朕览大学士讷亲所奏现在进剿情形，金川军务未能克期告竣。从前命讷亲前往经略，原以金川一隅小丑，大兵云集，不难犁庭扫穴速奏肤功，并筹善后事宜，岁内可以回京。今观前后奏折，知一时难于克捷。大学士心膂重臣，诸务资其赞襄，岂可久留边徼？即如所云，需俟至一二年后，即使成功，亦无在彼坐待一二年之理，应即还朝办事。其经略印务，令讷亲酌量或交张广泗，或交岳钟琪，或交傅尔丹暂令署理，听其俟来春另调大兵，再图进取。可即速奏闻，候朕降旨。其傅尔丹、岳钟琪俱曾统领大兵，乃老成宿将，是以简用于废弃之中，冀其于军务有济，自到彼至今，未闻发一谋，出一策，亲在行间，一若置身局外。即内大臣班第、乌尔登、法酬并带往之侍卫等亦皆未见出力之处，不知伊等在彼所办何事，现驻何地，殊非遣往之意。可逐一传谕询问。至所奏张广泗在彼办理诸事情形至为确当，朕亦闻其如此。但金川军务，究当赖伊筹办，今亦不必论矣！"

（高宗朝卷三二一·页一二下～一九上）

○ 乾隆十三年（戊辰）闰七月丁丑（1748.9.17）

谕曰："原任重庆总兵马良柱虽系获罪之人，朕看其人材与庸懦无能者有间，在绿旗将弁中犹为强干之员。伊获罪情节尚可原宥，且在川年久，于番地情形颇为熟悉。著仍发往大金川军营，交经略大学士讷亲、总督张广泗酌量以副、参等官委用，俾伊效力赎罪。"

经略大学士公讷亲奏复："查马良柱移营缺粮一案，为雪阻滞属实。至令旗兵演习登城旧艺，数百名不敷攻扑，若数千则费多。查贼碉层密，数月不能攻下一碉，而贼又已另筑，实难奏效。拟于卡撒一路，将可以围攻处用兵困守，夺其粮水可通之路。再，贼番稀少，悉众拒守，则必内虚。可以袭取，或从林箐抄出，使贼首尾不能相顾，其围困之处，汉兵尚可驱策。至侦探路径，必选长于步履、熟习鸟枪之侍卫官兵数百名率领，方能前进。但冬春积雪难行，倘须来岁夏间接办，则明春遣发来营似属有益。至马良柱供称：'围贼一年，贼必立毙。'查贼境有可围困者，有须攻取者，有应抄前截后、声东击西者，若谓全境合围，则去岁至今，不但不能遏其水道，兵所未到且不能禁其耕获，何由使之立毙？又称：'其人能占卦，弄风雨，遣雷击人。'查军中多雨，或诡术所致，至兵被雷击，偶然之事，非其伎俩。"

得旨："览奏俱悉。"

谕军机大臣等："大学士讷亲赴川经略，原因张广泗调兵三万余人，军声已壮，且布置经年，想有成算，经略一到即可迅奏肤功。屈指往还不过年余，即办善后事宜，以为经久宁谧之计，以振国威，以肃军纪。此朕遣经略前往本意也。今览前后奏折，约计彼地情形，非一年半载所能竣事。大学士机务殷繁，岂能在外久驻？前此传谕之旨甚明。即以身体而论，伊素日体虚气弱，居此水土恶薄、冰雪严寒之地，倘调卫失宜，则朕之萦系更深，而体制之所关亦重。朕早定此意，所以未即降旨者，缘现今尚在交锋，倘有间可乘，应机克捷，得一好音，以收全局，斯为尽善，当待至九十月间降旨。讷亲于岁暮或明春到京，其经略印务，或仍于傅尔丹、张广泗、岳钟琪三人内酌量一人护理，明春领兵前进，或令岳钟琪领兵万人驻扎美诺，随机进剿，侵削其境地，戕杀其壮丁。可传谕岳钟琪，予以二三年之期伊能保其擒灭与否？事或可行，是亦一策。抑或大学士暂行来京，于来岁春夏用兵时再行前往，则又徒多一往还。朕再四思维，讷亲必不可久驻川省，况既经身历，则彼处情势举在目前，即来京亦可筹办。而留驻川省，亦不能别建奇谋，使军务速竣。但，特遣重臣，声威严重，今军务未竣，内召实为无名。然权其轻重，则躯体之疏虞为重，而体制之关系少轻。但此时且无稍露端倪，恐致军心益懈。至折内所奏，挑选长于步履、熟习鸟枪之侍卫、官员、兵丁数百名，令其分队领兵等语。朕现在特派大臣，挑选精壮满兵三百名演习云梯，即令伊等兼习鸟枪。俟其熟练，临期再挑选侍卫等于明春带领前往，以备率领官兵进攻之用。万一此时已经就绪，则不但伊等不必前往，诸事俱可告竣。此朕希望之念，而未卜能合与否也？再，傅尔丹及班第、乌尔登等现在军前，何以请安而外，并未见伊等督战出力之处？即成都派往之满兵一百名，亦未见其作何赴战。以理揆之，或由任举之变，恐其冒险直前有意外疏失，不令伊等对敌，亦未可定。夫兵以克敌为勇，若护惜而不令其摧锋陷阵，则命伊等前往之意谓何？我满洲旧习，不应有此。傅尔丹曾经百战，何未受伤？此亦有命耳。如果能奋勇登先，正伊等见长之地，不可瞻顾不前。此并非伊等退缩，必讷亲虑及此而不令前进也。可将此旨传谕伊等。又，革布什咱等与彼世仇，或许以重赏，令其设计擒献。前此曾谕莎罗奔必须生擒献俘，今看势又不能。或用反间，剿杀逆酋，以完此局，亦且暂得休息。但斩获务须确有凭据，倘稍留疑窦，贻后来之患，岂不又成班滚前辙！其前所询本年不能完结，将来作何筹办之处，前折语涉两歧，故批令伊等再定。所以如此者，亦不过苟延时日，冀得捷音耳。今所望既虚，朕看伊等以及军士皆不无畏难之念，则今岁断不能成功矣！其应添兵再举，或应缓期待衅，此时或另经筹有长策，可画一定议，速行具奏。其马良柱已经降旨令其即赴军前，以副、参等员酌量委用，效力赎罪，一并传谕大学士知之。"

又会同川陕总督张广泗奏复："马良柱驻兵曾达时，粮运不继，常有缺二三日及四五日不等，迨大雪拥途，竟有缺至七八日并十余日者，兵丁尚有食物充饥，此路山险，未带马匹，焉有鞍韂，皮铠则军中更未携带。所称煮食，乃其支饰之词。且其撤营，并非因缺粮，实缘畏贼遑遽。至原拟刈麦时进攻之处，缘五月间阴雨连旬，未能前进蹂躏。近据番民供称：'官兵已到之处，麦禾俱不得收，余又被田鼠所伤，收成大减。'精壮贼人实不过二三千众，甚虑乏食，望抚甚急。若再攻击数月，势将内溃。至上年各路迟误军粮之大小各员，合开列附陈，请敕部议。"

得旨："有旨谕部。"

（高宗朝卷三二一·页二四下～三四上）

○乾隆十三年（戊辰）闰七月辛巳（1748.9.21）

经略大学士公讷亲、川陕总督张广泗奏："查腊岭山梁石城一座为贼径总隘，贼并力拒守。腊岭之下，卡撒之右，共山梁四道。其头道已为我据，惟双碉未克。双碉旁有水卡碉房二座，亦经夺据，日用大炮攻击双碉。但双碉旁有三层碉房一座，下又有小碉石卡，虽围不能严密，拟先发兵夺其三层碉、小石卡，则双碉不难攻取。俟双碉一克，将腊岭官兵一面留攻石城，一面酌分与卡撒右梁官兵，合攻二道山梁地名喇底，夺据后即由三道山梁直捣色儿力贼卡，路更近捷。复查军前各省官兵伤病者多，陆续遣回内地调养。征兵缺额过多，就近续调川兵二千补额，已报到数百名。又，甲索、乃当二路兵日久未能寸进，已将副将刘顺、高雄檄调归并卡撒，止留王世泰带川兵千余、土兵数百，势觉孤悬。现岳钟琪屡以兵单为词，因将王世泰所领官兵，就近归并党坝。约计调撤刘顺、高雄之兵共二千余名，与川省未到补额兵千余名，本月半间可抵卡撒军营。即当遣往卡撒左山梁地名普瞻，有贼碉数座，一面督兵攻击，一面分兵直从左山梁压下，与右山梁官兵合围。则色底左右各碉皆在围内，谅贼亦难踞守。"

得旨："此次所奏撤无用之兵，并力攻剿，实合机宜。虽目下尚无大捷，而调度有方，用是稍慰。"

又遵旨议奏应否调拨满洲索伦兵："查军营地势不便骑兵，弓矢亦无所用。至破碉攻卡，满洲索伦兵实胜绿旗。但攻碉须奋勇兵一二百名在前，数百名为后继，并两面埋伏兵数百名。从前皆因前队已进，后无应援贻误。今若令满兵前进，而以绿旗、土兵为后继，恐依旧不前，前进者未免受伤，如此一二次，即骁勇亦不免退缩。如全用满洲，须得数千之众，费用既繁，亦难得如许骁勇。详思形势，实甚不可调用。至如何攻取破贼之处，臣已详加筹画，另折具奏。"

得旨："数千满兵之费用，又多于数万汉兵之费用乎？至所谓甚不可者，则已知彼处地方形势矣，朕亦难以强行。所详加筹画者，亦不甚为得计。"

（高宗朝卷三二一·页四三上～四五上）

○乾隆十三年（戊辰）八月戊子（1748.9.28）

经略大学士讷亲奏："党坝一路，据岳钟琪咨报，于闰七月初十日夜，派兵由两旁抄夺，火烧山梁之后，击死贼番十余人。贼拒守甚坚，见我师环攻，颇为惶惧。伊等百姓咸愿归正求生，而家口为贼酋拘系，恐见诛戮，恳将土司、头人一并招安。臣等谕以百姓胁从，投诚可准，莎罗奔罪大恶极，必须亲来乞命，方可代请。随有右山梁喇底寨番民二户，挈眷来投，并擒番妇二口来献。又有左山梁格拉布东寨番民五户，挈眷来投，并遗火焚碉。俱经厚赏安插。据供该处并无贮食，不过两三月后多要受饿，民情急欲投诚。至川省补额兵丁及甲索撤赴卡撒之兵，数日内可到。当令前赴左山梁攻击合围色底各寨。"

得旨："览奏，兵威似稍振，而贼气似稍挫矣！机不可失，勉力成功可也。"

又会同川陕总督张广泗奏复："奖赏将士之处，遵旨施行。蹂躏贼田，各路多有，马奈、甲索等处地居高岭，未得践踏。至建碉一事，尚在举行。"

得旨："览奏俱悉。"

又奏复："御史王显绪所奏以番攻番之法，查贼巢地险碉坚，不独官兵难于速捣，即土兵亦莫能遽破。且土目所攻，必各取其地界相联之小寨以图占据，紧要隘口反为舍置。事平之后，以其地分授各土司子弟，亦非得计。现调大兵，而转借土兵之力，亦属损威。况土兵原属葸懦，非给地悬赏便可望其速捷。王显绪所奏，应毋庸议。至贼境山形高耸，碎而多断，横行不过里许，便须直下深沟，沟内箐密蔽路。从此陟彼，越沟复上，近者十数里，远者二三十里，稍有行径，贼皆设碉。彼山田禾，可望而不可践。且多阴雨，难以焚烧。"

得旨："览奏俱悉。"

（高宗朝卷三二二·页一三上～一五上）

○乾隆十三年（戊辰）八月己丑（1748.9.29）

谕："大金川之用兵，原起自纪山。朕因彼处事务伊一人不能办竣，是以将张广泗调补川省，协同办理。乃纪山与张广泗不能和衷，致生嫌疑，属员罔所遵循。朕尝谕臣工有不和衷者，必非一人之过。但今张广泗现在军前，则纪山应忘一人之私嫌，曲成国家之公事，而芥蒂未化，此即辜负朕恩之处。且运米一事，纪山又为属员朦混，重价冒销，在伊虽无从中侵蚀之弊，而属员之侵蚀冒销，种种弊窦势所必有。既为属员朦混，即系伊之罪愆。若不将伊治罪，无以服众。是以降旨将纪山革职，发往军营效力。但纪山虽短于才识，而满大臣中尚属有血性者。一闻此旨，伊必奋勇直前，以赎己罪。朕思纪山之父额伦特曾经阵亡，今纪山若再不自顾恤，倘有疏虞，不但无父子均没于行阵之理，亦非朕爱惜世臣之至意，朕心深为不忍。伊之罪愆即使有甚于此，亦不过令其来京治罪而已，断不令其捐躯于行阵也。著公讷亲将此旨详晰传谕张广泗、纪山知之。"

经略大学士公讷亲奏："贼除拒守外，无力侵犯，颇惧我兵深入。今调遣至卡撒之兵月内全到。倘能痛惩一次，或可秋间成功。近日兵丁经臣选择骁勇，量加鼓励，稍改怠忽旧习。至攻取贼巢，多在黑夜，臣于昏暗中望见官兵放枪之火光，惟令护军统领乌尔登等督战，不敢自轻妄动。又，遵查草坡改运情由，缘张广泗于夏日过班拦山，身衣重裘，尚觉寒冷，谓冬月必不能堪，即交道、府等改于南路章谷添买骡马运米。后因遇雪倒毙，仍改归草坡，并未与纪山商办。"报闻。

（高宗朝卷三二二·一五上～一七上）

○乾隆十三年（戊辰）八月庚寅（1748.9.30）

四川提督岳钟琪奏："党坝为逆酋门户，凡路径可通贼皆严备。查党坝东西横亘一岭，蜿蜒三十余里。其间汉、土官兵营盘二十五座，放卡一百五处。中有木耳金冈，左有陟物党噶，右有康八达，由党坝分脉并列三岭，迤逦而南，皆属贼番战碉要卡，即今进攻之处。岭北即杂谷土司仓旺所属。凡我运道，皆贼番出没之所，在在需兵。营兵名为万余，除守营、放卡、伤病，及分防粮台塘站实止七千有余，其杂谷土兵原系挨门拨派，中多老弱，且随征年余，疲猾难用。唐古忒土兵，但长驰射，不宜涉险。汉兵实不满一千。臣虽攻夺水泉、营卡，插入贼地，总患兵单。咨请督臣增兵三千，督臣复称：'分派已定，无兵可拨。土兵怯懦，在在皆然。'臣又以腊岭、卡撒进攻，中阻刮耳崖。即使果克刮耳崖，尚距勒乌围贼巢百余里。其间道路险阻，必致耽延时日。不若将四路所撤之兵，以正地之兵分归腊岭，卡撒、甲索之兵归并党坝，首尾夹攻。且党坝至勒乌围不过五六十里，只须康八达一破，便可直捣巢穴。咨商督臣，督臣又云：'不便更易。'窃思始而增兵拨遣，已定十路，以党坝、美卧、甲索、乃当、正地五路攻勒乌围贼巢，以卡撒、腊岭、纳喇沟、纳贝山、马奈五路攻刮耳崖。今则止留臣所领党坝一路，单攻勒乌围，其续调川兵二千亦归卡撒，不知督臣是何意见，不肯分兵给党坝，反将各路兵调归卡撒、腊岭，以攻刮耳崖？纵使破刮耳崖，而莎罗奔远逃，咎将谁委？况督臣既知土兵怯懦，理应奏闻，增调汉兵，裁减土兵，以收实效。而缄默不言，臣所未解也。又，唐古忒土兵千五百名，实属无益，莫若遣回。所遗粮饷，在军前附近各处，另募新兵，不无裨益。"

得旨："此奏若令张广泗知之，汝等同办事之人，必有掣肘之虞。有密旨令讷亲速夺。至张广泗向在苗疆，甚有经济，此番不知何故，每致差谬。讷亲亦以为言，汝所奏颇合也。"

又奏："征剿逆酋，年余未克，虽地险碉坚，亦由派调汉、土官兵未能慎选于始，以致迟误。查各路新、旧土兵二万，惟革布什咱、沃日两处实与金川有仇，惜其兵少。杂谷土兵虽多，因该土司待下刻薄，人不用命。瓦寺、木坪、巴旺、里塘等处土兵俱属怯懦。绰斯甲土兵不惟无用，且须防范。至小金川土兵尚属勇往，督臣乃令土司泽旺之弟良尔吉领兵。良尔吉从前勾结莎罗奔，袭取小金川，生擒其兄泽旺。泽旺之妻阿扣乃莎罗奔之侄女，素通良尔吉。莎罗奔即以阿扣配良尔吉为夫妇，并将小金川土司印信交良尔吉掌管，土民甚为不服。去岁马良柱应援沃日，良尔吉辄敢率领小金川之众，助贼烧毁沃日各寨，迎敌官兵。及官兵败贼，金酋遁回，良尔吉始降。督臣至小金川，将土司印信仍归泽旺管理，其时应将良尔吉、阿扣并助恶之头人暨汉奸王秋即行正法，以绝内患，计不出此，转令良尔吉领兵。兵俱怀疑，不惟不肯用力，且恐良尔吉暗通金酋，更生他变。臣已密呈经略，商之督臣矣。查土兵共万一千四百余名，多属无用。莫若减撤一万，于湖广调拨官兵。抑臣更有请者，兵之道有正有奇，今刮耳崖虽系逆酋要地，但地险碉多，攻取不易。非若勒乌围贼巢，路径甚多，如卡里山、固噶沟二处，路不甚险，可出奇兵，直捣勒乌围。勒乌围一破，四路自溃，曾咨商督臣未允，恳敕交讷亲筹画。"

奏入，谕军机大臣等曰："据提督岳钟琪具奏征剿大金川汉、土官兵情形及恭报军营情形二折，朕细加披阅，伊所指陈诸事，尚属近理。虽岳钟琪以废弃之员，经朕加恩擢用，领兵日久，未有成绩，虑恐难于掩饰。或借称兵少，不敷调遣，以为文过之计，亦未可定。但伊久历行阵，所见未必悉属虚谬。即所奏张广泗种种行径亦颇与大学士讷亲之言相合。著将此二折并朱批抄寄讷亲，令其密看。其所请添调楚兵一节，酌度情形，如实属应行，即宜速行筹画，一面办理，一面奏请。其余事由，据奏俱已咨呈讷亲、张广泗。将来查办时，即可照咨酌定，不必泄露岳钟琪此奏。伊以提督领兵，与总督共事，若因此致有嫌疑，反多未便。用兵之事，颇关重大，不可不慎也。"

（高宗朝卷三二二・一八下～二三上）

○乾隆十三年（戊辰）八月庚子（1748.10.10）

经略大学士公讷亲、川陕总督张广泗奏："党坝一路，于闰七月二十三日进攻康八达，烧耳碉一座、平房八间，枪毙贼番百余人。卡撒一路，因右梁双碉屡攻未克，改攻喇底二道山梁，于闰七月二十七日夜分左右二路发兵。讵料右梁与二道山梁相隔深沟峭壁，其左路稍低，已夺据碉卡数处，右路不能往上以断外援，统领之副将、游击等但至沟口而止。忽闻贼番数十人从山梁呐喊压下应援，三千余众拥挤奔回，多有伤损。张广泗亲往督战，始将双碉下贼卡及周围旁碉于二十九日全克。当令将双碉环攻，讵左旁官兵所安堆卡不严，贼于三十日夜潜遁。"

奏入，谕曰："行兵最重纪律，若宽严不当，则无以一众心而鼓士气。今据奏进攻喇底二道山梁，统领之副将、游击等员但督至沟口而止，带兵之备弁又复落后，忽闻贼番数十人呐喊应援，三千余众遂俱奔遁等语，凡为将弁，理当身先士卒，乃畏缩不前，转致落后，无怪士卒之不能摧锋陷阵。即从后督战，亦无见险而止，身驻沟口，但令士卒前进之理，又无怪其令之不从矣！即不能一以当十，亦何至以三千之众不能敌贼番数十人，而至闻声远遁，自相蹂躏？此事实出情理之外，闻之殊为骇听！朕前旨谓办理不宜过严者，原指寻常督师攻剿而言，若胜败在呼吸之间，而将备不能用命，即重惩以徇，亦何足惜！今奏称：'统俟事竣，核其功罪。'是又过于姑息矣！至双碉下石卡围困之贼，又以堆卡不密致令脱逃，种种疏懈，不知纪律何在！论用兵之道，即经略讷亲、总督张广泗身临行阵亦当亲督将弁，但以国体所关，不可冒险乘危，以持重为得体。若将弁人怀畏怯，大功何由而成！军前大兵现有四万，据奏其中土兵怯懦者多，即当简退其疲羸，而另补精壮，何得但取充数？至党坝一路，有焚碉歼贼之报，在诸路差为振作。而岳钟琪前奏兵势单弱，请调楚兵，朕已降旨令讷亲酌量。看此情形，更不容缓。经略膺调遣大权，似此应汰者既不即汰，应调者又不速调，而于数千里外为此泛泛之空谈，此事将作何完局？况前后折奏皆称贼番仅数千人，乃我兵所到，路路皆能抵御，何我兵以四万之众尚联络不严，致有疏漏，而二三千人反能广为分布？观此，则数千人之语，似非确实。卿等在彼日久，岂彼中情事竟不能得其虚实耶？川兵行山是其所长，而一临矢石辄复败遁，所长何在？前次折到，虽未有捷音，而措置得宜，尚为惬意，深冀乘机奋勇，可奏肤功。今览奏，又失所望。将来此事兵力何所倚仗？运筹作何调度？日复一日，师愈老而气愈怯，岂能久顿坚碉之下坐待成功？卿等尚宜熟思应作何筹办，如果无法可施，万难竣事，亦当据实奏闻，毋得含糊两可，以增朕西顾之忧。"

谕军机大臣等："朕前命大学士讷亲赴川经略，盖因新、旧调兵已至数万，张广泗料理日久，必有成谋，且命满大臣及侍卫等前往相助，经略至彼不过资众力以督率，即可迅奏肤功。孰知大兵云集，竟为贼碉所阻，迁延数月，迄无成效。度其事体，要非一年半载所能扫穴犁庭者矣！而大学士以亲近重臣亦无久驻于外之理，是以前次即将此旨传谕讷亲，令其于岁暮或明春回京。所以迟迟者，诚虑经略之名颇重，虚此往返，恐于颜面有关。故待以时日，或于此际有捷音之至，此亦无聊之思耳！今观讷亲等奏报军营情形，仍难摧锋前进，且筹其局势，尤非年内所克竣事。况有讷亲在彼，张广泗转得有所推卸，置身事外，自不若仍如前谕召还讷亲。然日内所以不即降旨者，意欲稍迟时日，或得一闻捷音，即讷亲还京，亦可借以报命，庶为得体。乃军营情事，至今犹昔。讷亲即久驻师中，亦无旦夕可奏之绩。且伊身体平素虚弱，当此水土恶薄、风霜严寒之际，调卫一有失宜，关系国体不小。待至九月，若再无捷音，朕即当明降谕旨，召伊回阁办事矣！其经略印务，俟伊遵旨复奏到日另行酌定，著传谕知之。"

又谕："据大学士公讷亲等奏报，口外一带土司番夷地方，于闰七月初六、七等日地觉微动，各军营并无损伤，惟打箭炉城内，于初七日至次日止共动七次，震塌碉房四间，墙壁倒塌者六户等语。地方有此等事，该抚等何以迟久不奏？可传谕班第，令其将地动轻重情形，并内地州、县有无地动之处及现在如何抚恤办理，即速查奏。其从前该抚何以不行奏报，一并查明奏闻。"

寻奏："查闰七月初六、七两日，美诺、吉地、章谷三处或微震，或大震，并无倾损，惟打箭炉两日共动七次，震塌碉房四间，倒墙壁六户，人畜无损。又，明正司上八义地方碉房摇倒七十二座，压死喇嘛一名、男妇四名口，俱经抚恤。内地州、县汉州、什邡、雅安、荥经、名山、天全、芦山、长宁、屏山、德阳、眉州、彭山两日地微动一、二、三次不等，并无伤损。再，八月十七日炉城地微动一次，二十日省城成、华两县及新都、崇宁、新繁、灌县、双流、简州、崇庆、彭县、郫县、温江、德阳、眉州、彭山、丹棱、邛州、绵竹、罗江等州、县地微动，并无倒塌房屋。是日，口外逼近卡撒军营之泽尔角崇台站地震，道路间有塌损。又，美诺是日地亦微震。九月初七日新繁县地震即止。十四日省城地微动。"报闻。

（高宗朝卷三二三·页二上～七下）

○乾隆十三年（戊辰）八月辛丑（1748.10.11）

谕军机大臣等："昨据大学士讷亲复奏郭万里一折，内称：查郭万里情词，其以亲往招降为上策之故，因见贼酋连日遣人来营乞降，希冀乘机前往可以幸功等语。又，前次奏报，大金川逆酋频遣头人赴军营投诚，据称伊等百姓咸愿归正求生，无如家口拘系，恐只身来投，妻子被害，恳将土司、头人一并招安等情。朕思彼处情形，若可允降，即应开诚布公，令其面缚请罪，因而允降，以了此局亦可。若逆酋矫诈，不可轻信，则伊差来乞降之人，必系彼处头人，平素狡黠为贼酋助逆之魁，若乘其诈降即为擒获，正可剪其羽翼，以褫群丑之魄。若果能诱其出降，或于其赴营投顺乞命之际，就其谲计即行扣留，亦制贼之一策。何以此等谋略，一无所闻乎？虽古有敌人往来通使，不斩行人，或以杀降为非义，此皆为与国而言。今莎罗奔乃逆贼也，既为逆贼，则凡系党羽，于法则当诛，于情则不宥，岂可复纵之使还乎？可传谕大学士公讷亲等，令其详悉此意，随机办理，庶贼人之奸谋日绌，而丑类之诡诈者亦得以渐次殄灭。再，朕前降旨令大学士讷亲酌量来京，将经略印或交与傅尔丹，或即交与张广泗，令其奏到，再降谕旨。今又思讷亲独回，恐于差往颜面攸关，而在彼亦终无制胜之策。贼众守险，目下渐逼严寒，恐扫除巢穴，荡涤幺麽，又须俟之来岁。莫若令大学士讷亲与傅尔丹、张广泗三人同时入觐，于朕前将贼番情形，并剿除剪灭之良策一一陈奏，候朕酌夺。其时降旨令讷亲留京，庶为得体。伊等起程时，著岳钟琪署理川陕总督印务，酌量留兵，随时防御，相机征剿，以挫贼锋。朕意如此，可即传谕讷亲。彼意以为何如，速奏。"

（高宗朝卷三二三·页八下～一〇下）

○乾隆十三年（戊辰）八月丁未（1748.10.17）

又谕："朕阅部复纪山自请议处本内有冒昧陈请进兵等语，殊为失议。夫纪山之革职治罪，原因其浮议运价，回护前非，所委属员又多贻误军糈，派累侵冒，失于觉察，自应严加处分，非因其首请用兵之故也。我朝自定鼎以来，综理政务，乾纲独揽，从未有用兵大事，臣下得以专主者。……虽缘纪山奏报，而用兵则出之自朕。若谓此举非是，亦朕之过耳，于纪山何与？此等军国重务，断无诿咎臣下之理。且国家安能保永无兵革之事？督、抚重臣，封疆之内，凡有关系，正欲其力能肩任。若不知大义，误以纪山因请用兵而获罪，以为车戒，则将畏首畏尾，习为因循了事，贻误不小矣！现在纪山已经革职，此事不过注册，无足重轻。但该部措词非是，不可不明示朕意，俾共知之。"

经略大学士公讷亲、川陕总督张广泗奏："调撤甲索兵二千余名，并续调补额川兵二千余名，俱已齐集卡撒。于初九日攻克普瞻左膀新碉水卡、双树石卡及尾碉，杀贼数十，生擒九名。用大炮、火球轰焚单碉，贼弃碉奔窜。其双碉内贼众及碉下石卡之贼亦皆潜遁。左梁已经扫清，正拟合围色底并卡撒双碉，贼已畏惧潜遁，随拨官兵驻守，大获全胜，现在筹攻巴朗寨。又，党坝一路，据岳钟琪报，击死贼番，刈获践踏贼地麦、豆、圆根。"

得旨："汝等一奋勇而即夺碉，可知坐守一载，不早扫清左右山梁，皆有受其咎者耳。"

又奏复："逆酋能久抗王师者，实地险异常，寸步皆山，下临深沟，冈阜皆有战碉，四顾瞭望。我兵攀援僻径，数日方到，贼一望而知。裹毡缒险之法亦无所施，彼寡易守，我众难攻。不特分布需兵，即克一处，必须留兵驻守，非多兵不能有济。然进攻不可暂辍者，缘大金川侵虐邻封，窥犯炉地，诸土司皆仇恨逆酋，大兵声讨，皆恭顺效命，若一撤，则复从迫胁结好。各土司见天朝力不能制，群起相附，诸番地尽险隘，势益滋蔓。且瓦寺、杂谷、明正司等处皆近内地，窃恐不待数年，番民狡焉启衅，边患愈无已时，且何以震慑远塞！此大金川必不可不灭，而兵实不可不添也。拟于冬底，请加调精兵三万，于明岁四五月间到齐，山雪全消，分道并进。凡遇坚碉，力能克则取之，不能即围之。而前进直抵贼巢，不过三五月，必可成功。此臣等确有所见必不可已之举。所有贼巢粮食不继之处，缘屡据逃出并弋获番民所供，然实未确悉。至逆酋佯请投诚，经臣等晓谕，并来归番民赏赉安插，亦只可借离党羽，未能遽令溃散。"

得旨："另有旨谕。"

讷亲又奏复："金酋原非必不可剿灭，而不敢谓即能奏功，总缘兵分力单，怯懦顿阻。今令臣还京，得将军情、贼势详陈，少赎臣愆。至署理经略岳钟琪，颇有布置，能明纪律。但督、提不睦，难以署理。张广泗现为统帅，名位尚称，不若令傅尔丹署理，可以匡其不逮。臣恩隆任重，较傅尔丹呼应为灵，且于贼番及我兵情形亦经稔悉，恳于命臣进京之旨内，将来岁仍令臣经略之处一并颁发。至傅尔丹在营，凡一切防范及派遣攻取，意见所及，必与臣及督臣详酌。岳钟琪惟以添兵为请，别无筹策。班第先经督兵攻击石城，后有攻扑木卡五座，现亦屡请增兵。乌尔登前在马奈夺贼四卡，调赴卡撒右梁，连克水碉、三层碉、双碉等处。萨音图前在甲索未久，调至卡撒，攻击双碉二座山梁，亦与乌尔登同办。以上腊岭、卡撒所得碉卡，若非班第、乌尔登等筹画调度，则绿旗将弁必不能如此措置。若非侍卫拜唐阿等临阵督战，退缩者击以刃背，败回者持械拦阻，则兵丁亦不能如此用力进攻。"

得旨："览。"

谕军机大臣等："朕览此次大学士公讷亲所奏近日军情，虽小有取胜，未足以言大捷。看来讷亲办理经略事务，其初至之时，根源即已错误。大抵先存意见，是以处置每有未当，陈奏多未允协。即如朕前以侍卫等在军前未见出力，而岳钟琪、傅尔丹、班第等不发一谋、不建一策降旨询问，傅尔丹等皆系大臣，岂不可自行复奏，而必待讷亲代为陈词？批阅之下，不知其为讷亲之说乎？抑傅尔丹等之言乎？朕明知所由，大抵从前西、北两路用兵，大臣等习气惟争进折奏，彼此倾轧，转置军务为缓图。其时讷亲已办理军机，亲见其事，以此为戒，故今不欲众人纷纷陈说。此亦不无所见。但不欲众人之争是非，是也；而不使之出力，以集思广益，则不可也！又如伊前奏满兵不可任用，而此番临阵督战，使绿旗不敢退缩者，满兵也，尚欲用虚縻粮饷、柔懦无能之绿旗，此又何说？朕前降旨，令讷亲凡有进止，当因时度势，郑重筹办，又念伊气体素弱，令随时调卫，此欲其加意谨慎耳。伊未会朕意，遂坐守数月，竟不知前进，迄无成功。虽各兵懦怯成习，若讷亲于甫莅军营之际，申明军纪，使之壁垒一新，时则将士方惮其声威，新调之兵气方果锐，乘此驱率雄师，直捣巢穴，或可早奏肤功。顾惟事稽迟，终无良策，但诿之以师徒怯弱，山谷严峻，不则以兵少力单为词。不知坐筹愈久，兵气愈加柔靡。古名将不择兵而用，顾方略何如耳！即如此次攻克左梁，犹是颓惰之兵，一经讷亲亲临督师，何以较前独加奋勇？盖缘奉朕严旨后，统兵大臣始加淬厉振作，遂已小著功绩。若早知如此，何患大功不成乎？现在诸将未能努力攻克，而争以添兵为请，讷亲亦共持此议。据云夺取战碉，即应分兵踞守，其数日减。夫夺无用之碉，而分有用之卒，甚属无谓。既得碉楼，自应亟毁。一以开通路径，一以永断贼窟，一以减省守兵，何计不出此，而得一碉，守一碉？据奏碉如林立，则千万之兵亦不足守碉，既退复为贼有，是为贼守碉也。现今兵已四万，又请于来岁添兵三万，或意在撤其疲弱，易以精锐犹可。若顿欲添兵三万，岂有幺麼小丑，逞其螳臂，而用兵至六七万人之理？即云其地甚险，隘口甚多，攻剿之处不一，从前用十路进兵，今止三四路矣。如锐意攻取，即一路直前，已抵贼窟，逆酋授首，则群丑丧胆逃窜。即讷亲奏称，既克一碉，而其他守碉之贼即弃碉潜逃，则知贼众亦甚怯懦，非实在凶悍可知。由此观之，即归并一路，亦无不可。如谓贼一夫守险，千夫莫当，则即添至数万，而统帅不能指示方略以鼓励戎行，虽多何益？今据讷亲等奏报，左膀山梁已全行攻克，则进剿渐有制胜之机。若乘此穷幽凿险，所向克捷，正可望其一举成功。朕前欲于九月内降旨，令讷亲等还朝，面议进止，但目前大势如可速胜，而令伊等来京，恐止留岳钟琪一人控制，断不能慑服军情。且机势在呼吸之间，倘功欲垂成，一时中止，又非胜算。若冬月势必不能克捷，自应令讷亲偕傅尔丹、张广泗一同来京，撤疲软之兵卒，择精锐一二万人暂令岳钟琪管领，俟明岁调集大兵再为必克之举。著讷亲度于九月二十五前后折奏至京为约，将此次折奏之后攻取战碉若干，或仍照旧，其势今冬万不能成功之处，逐一据实陈明速奏。候朕再降谕旨，令伊等来京。至朕屡次传谕讷亲之处，复奏未免拮据。今伊又称接到上谕，令看塞楞额、盛安治罪之旨，缘贼番碉卡正在克获，乘时前进，容续折奏等语。观讷亲此奏，盖以朕询问之事过多，逐一登答恐于办理军情有误耳！但伊初到军营几及两月，朕原无一旨下问，后因功迟不成，一无措置，且伊所办之事多未妥协，始降旨询问。若果能即时奏捷，又何俟朕之絮语也！可传谕讷亲，令其勿存意见，从长商榷，务使军势大振，得制胜之良策，以慰朕西顾之忧。再，军前汉、土官兵已四万有余，而每处争战不过数千，其余皆用之何处？而惟知仍请添兵。著将现在实数，因何不足之处，详悉查明具奏。"

（高宗朝卷三二三·页二一下～三〇下）

○乾隆十三年（戊辰）八月辛亥（1748.10.21）

兵部尚书班第以暂署四川巡抚奏谢。得旨："览奏俱悉。金川一事，汝意以为何时可得成功？一切情形，何不据实陈奏。"

（高宗朝卷三二三·页四九下）

○乾隆十三年（戊辰）九月壬子（1748.10.22）

谕军机大臣等："朕前曾两次谕令大学士讷亲同傅尔丹、张广泗来京，经略事务交岳钟琪暂管，尚未据讷亲复奏。朕意冬月乃撤兵之时，岳钟琪不过令其控制防范以备策应。但军务重大，虽其胜任无误，恐才力干略尚有不及。如伊一人不能肩兹重任，将来究应交何人管理，或目下可以乘胜克捷，不必速于来京，或尚须撤兵再举，讷亲等三人可以同来，著讷亲妥酌具奏。至前次奏报已得左梁，此后乘胜进取，及右梁曾否攻克，并近来情形如何，俱著传谕讷亲速行奏闻。再，朕览金川全图，由川省南路至泸定桥，此处有河可达番境。若从此绕至贼巢之后，似亦进攻之一径。但是否可以舟行，贼番有无守险难进之处，并传谕讷亲查明便折附奏。"

（高宗朝卷三二四·页一下～二下）

○乾隆十三年（戊辰）九月己未（1748.10.29）

谕军机大臣等："金川至今未灭，朕意欲派京师满兵二千名，东三省兵三千名前往。东三省至京辽远,若非预为备办,恐致临事周章。可传谕东三省将军,各于该管兵丁内择其人才壮健者,预派一千名候旨。其带领兵丁之大员,盛京著副都统哲库纳,黑龙江著派呼伦贝尔副都统榜图,船厂著交与永兴酌量。胡兰城守尉傅啰那曾否领兵?可用则用,否则另选曾经领兵之员。至京师时,朕另派人带往,一切应行备办之事,即行备办。"

又谕:"据讷亲奏报,近日军情,既不能分路并攻,又不能长驱深入,不过为得寸则寸、得尺则尺之计,皆由兵力单弱等语。金川之役用众至四万余人,不为少矣,何以屡次奏到皆以兵少为辞?岂有如此弹丸之地,四万众尚不敷调遣之理!将增几何而后可耶?其羸弱不堪,则当详加简汰,用其精壮,更调他兵,以资进取。何又姑容罢惫,糜饷老师,竟不能从长筹画耶?其傅尔丹、班第等非职任不可奏事者,前已降旨,令其自行奏闻。若事事皆须讷亲代为陈奏,则将置伊等于何地耶?至彼中天时地利,夏秋既多霪雨,动辄坐守竟日,而冬春之际,又复冰雪载涂,不能日事攻战,雨中火攻不可,雪里宜无不可也。或乘雪后开霁之时,可否就现在兵力奋勇前进?亦当详为筹酌,据实奏闻。且川兵一遇贼徒各鸟兽散,将领皆所不顾,习为固然,全无纪律。而张广泗所奏又有兵丁家属纠众哄闹之事。伊等身在军营,一闻此信,必加惶惑,势难望其历险攻坚。朕详悉熟筹,川兵必不可倚任,不若竟派满洲兵前往,乘其朝锐,一举犁巢,尚可冀其速捷。已降旨令东三省将军拣派满洲兵三千名,各令副都统率领来京听候,京师八旗拣派满洲兵二千名,俱于来春陆续进发,虽似乎险远劳费,然较绿旗羸卒委靡不前、望风奔遁者,必相悬绝。一并谕令大学士讷亲知之。"

又谕:"据张广泗奏,川北总兵陈其瑛与川北道鹿迈祖因兵丁之父朱绍文吵闹公署一案,不行和衷会审等情。此事系出师身故兵丁家属不遵法令,辄敢逞奸恣肆。现在军前各兵声息相闻,倘知不法之徒在家滋事,其不肖者或因此摇惑军心,所关非浅。而川省出兵之家甚多,不免闻此效尤,亦渐不可长。应即严拿一二人,从重究处,以儆刁风。……"

又谕:"现在金川用兵,北路军营无事,侍卫穆克登额、萨布喀善著赏给副都统衔,前往军营。伊等虽未经事,尚可学习,著传谕额驸策凌留心教导。塔尔玛善、努三不必俟穆克登额等到彼,即于接奉谕旨之日速行起程来京，请训后前赴金川办事。"

经略大学士公讷亲、川陕总督张广泗奏报："攻克阿利山梁贼碉并党坝一路，进攻火烧梁，践平土木卡二处。又外委马如麟带兵进攻河东，连日将申札、申达、包登一带地方全行攻克，夺获碉寨六十余处。"

得旨："马如麟以外委微员乃能率众先登，摧锋临阵，数日之间，将三处贼境悉行克获，甚属可嘉。应即拔擢，以劝戎行。可传谕讷亲等宣旨将马如麟授为千总，并令众兵共知，以示鼓励。"

（高宗朝卷三二四·页一一下～一五下）

○乾隆十三年（戊辰）九月辛酉（1748.10.31）

又谕："张广泗久任苗疆，熟于军律，因大金川用兵，特调为川陕总督，令其提师进剿。伊初亦勇往任事，奏称两月之期即可殄灭。而逾期未能奏绩，因循观望，遂致副将张兴失事，屡挫军锋，毫无成绩。乃奏称兵力单少，请增兵深入，誓俾纤芥不留。朕允其所请，调遣万人，以振军威。所望迅扫贼氛，宁谧边圉。但地方形势未能遥度，今春特命大学士讷亲前往经略。计其时日，大兵云集，奏凯当已有期，讷亲抵军即可筹办善后事理，此朕命往本意也。乃张广泗既久未成功，复因讷亲至彼，诸事推诿；而讷亲在军数月，近因朕旨督饬，虽小有克捷，总未能远抒胜算。是以迟延至今，功尚未竣。其前后奏到情形，非面陈不能洞悉。讷亲、张广泗俱著驰驿来京，面议机宜。川陕总督印务著傅尔丹暂行护理，所有进讨事宜，会同岳钟琪相机调度，以副委任。"

谕军机大臣等："朕因大金川军营情形有须面询之处，故召还讷亲、张广泗。其总督印务，著傅尔丹护理。伊久驻军前，进取机宜，皆所熟悉，地方事务，张广泗向在军营查办，自有成规，原可循照料理。其军中之事，今冬虽遇有雨雪，或开霁之时可以进取，即当相机筹酌，鼓励将士奋勇直前，以期克捷，不得徒为坐守之计。其有应行奏闻者，即随时据实奏闻。至陕西地方事务，朕前已有旨，令黄廷桂兼理；四川事务已传谕班第留心查办，均可不必分心顾虑。惟应专一留意军务，与岳钟琪和衷共济，副朕委任。"

又谕："金川之役，办理日久，未克迅奏肤功，总因绿旗兵丁羸弱成习所致。朕意欲添调满洲兵始有攻取实效，并传谕傅尔丹知之，令以己意妥酌，并将彼处实在情形及伊等从到彼处以来所为何事，一一据实具奏。"

寻奏："臣自奉命来营，每次临阵督战俱经大学士讷亲奏明。至我兵攻剿年余，贼所存精壮不过二千余人，惟因地险碉坚，骤难取胜。臣拟请于云南、贵州、湖南三省及川、陕二省调汉兵二三万；其奉天、宁古塔、黑龙江三处满兵惯于登山捷走，可调四五千人；再于京师八旗内调一二千名。俱于明岁四月内到营，臣等分派将弁统领。五月间乘势进剿，夏秋之间，可冀犁庭扫穴。"报闻。

又谕："讷亲久驻军前，朕已降旨，令同张广泗一同来京，傅尔丹暂行护理川陕总督印务。军务关系紧要，傅尔丹自能办理军中事宜，其川省官民钱谷、刑名等事，皆该署抚专责。且傅尔丹自不能如张广泗之久经外任、熟练地方事务，该署抚益当加意留心。可传谕尚书班第，务当绥辑兵民，整饬吏治，宁固边防，以副委寄。"

（高宗朝卷三二四·页二一下～二四下）

○ 乾隆十三年（戊辰）九月甲子（1748.11.3）

谕军机大臣等："讷亲、张广泗调取来京，已令傅尔丹护理总督印务。军中一切机宜，督、提二臣自应商同办理。但傅尔丹、岳钟琪皆系弃瑕起用之人，今膺此重任，恐其各存意见，于军务甚有关系。且总督任内政务本繁，傅尔丹一人或有不能兼顾之处，尚书班第原系命赴军前办事之员，于川省情形已熟，可即传谕，令其即赴军营同办军务。务当留心调剂，令军营大臣等协力同心，和衷任事。凡已有所见，于军机有裨者，竭力赞襄，不可稍分彼此。其巡抚事务，亦即带至军前办理。惟查审案件，听其酌委司、道代理。粮运事宜亦可就近与兆惠一同调度。其内大臣班第等及侍卫人员，已降旨悉听傅尔丹节制调遣。可再传谕伊等，俾知师克在和，众心齐一，则大功易就。如班第等少有参差，即深负朕特派满洲大臣前往本意。所当共体朕怀，相度机宜，乘时奋勇。如能捣巢获丑，即可协同筹办善后事宜，周详妥协，以图久远宁谧。一并传谕知之。"

（高宗朝卷三二四·页三一上～三二上）

○乾隆十三年（戊辰）九月庚午（1748.11.9）

谕："据大学士讷亲、总督张广泗奏报军前情形，披阅之下，见其失当之处颇多。如马奈一路，于八月二十四日四更时，有贼二三十人，于杂谷营卡假装革布什咱之土兵，值汉、土官兵俱皆熟睡，守备王良弼、外委马如麟漫无稽查，以致贼入营垒，杀伤兵丁，抢去炮位，王良弼亦腿带枪伤，所得营卡尽失。夫立营警夜，严更鼓慎巡防，乃军法所最要。今有贼入营，而兵将皆酣眠不觉，且以二三十人，遂至伤兵失械，营卡不守，则其平日毫无纪律，视同儿戏可知。大金川自用事以来，大约失之严迫者少，失之懈弛者多。总由军纪不明，以致无一人合宜。殊非朕本意所及料也。又，是日有投顺番民五十名，参将永柱即向粮务移取银二百两、米五石赏给安插，并岳钟琪所报党噶及木耳金冈逃出投顺之众番民每户赏银五十两、大银牌一面、布二匹。此等番民，从贼日久，得之即应正法，今因其投诚，待以不死足矣，何庸加以重赏？即云借此招徕贼党，以孤其势，不知彼中人民颇众，纵令尽出投诚，亦安有如许银、布以浪掷之！且大金川番民，若果能缚献莎罗奔，即优加赏赉，亦不为过。乃以泛泛投顺之人，用赏如此，是以利购也。即尽得其众，仅余一莎罗奔取而戮之，究竟大金川之地仍不过安插此等番民。是始而费我兵力，中而利以诱之，终而投顺之番仍得居其旧处，岂有以数千百万之帑项，为此无益之举耶！再，军营进攻年余，所得碉寨原不为多。乃岳钟琪又称，每打一碉一寨，大者官兵带伤不下数百名，小者不下百数十名。现今带伤官兵，每百名中竟有数十，且有身带四五处伤不等者。兵丁临阵带伤，自系奋勇向前之人，既已受伤，又至四五处，即应加以体恤，令其调治，或遣之回营，另调补额，然后妥洽。岂有受伤之兵悉行留于军前虚糜粮饷，又不另调精壮之兵，迁就苟安，一无筹办，何怪朕功之不克奏耶！凡此种种失当之处，皆行军所宜戒。讷亲、张广泗将起程来京，可传谕傅尔丹、班第、岳钟琪等，令其留心，以此为鉴。申明纪律，详酌机宜，善为调度，以副委任。"

军机大臣议复："四川提督岳钟琪奏称，金川逆酋不法，请用兵三万五千：以一万由党坝水陆并进，直捣勒乌围；以一万由甲索进攻，先夺马牙冈、乃党两沟，直抵河边，会党坝兵，并力攻破勒乌围；至刮耳崖，乃莎罗奔之侄郎卡所居，应于卡撒留兵八千堵御，俟夺获勒乌围，以得胜兵从后夹攻，堵御兵从前进击，郎卡亦不难擒；复于党坝留兵二千，防护粮运；正地留兵一千，防护打箭炉隘口；余兵四千，护运各路军粮；均选精壮汉、土各兵，专责臣办理，一年内可成功等语。查岳钟琪注意巢穴，似有成竹在胸，是以一力肩任。唯是由党坝一路是否可以直达，不致又如腊岭之难攻。泸河一道是否可以径过，先据上游，俾贼番不能两岸阻截。并甲索进攻马牙冈等处是否易于夺据，可以会合河边党坝之师，逆酋不致逃遁。及卡撒留兵八千是否足敷防御，更能夹攻刮耳崖以擒郎卡。一年之内，果否可以成功，其中机要，尚须审度周详，方可决策。应将所奏交与傅尔丹、班第，令将党坝、甲索两路及卡撒、马奈等处一一细审形势，如何进兵运饷，并需用军械、舟楫等事，逐一熟筹定议。"从之。

谕军机大臣等："岳钟琪自愿以三万五千人由党坝一路进攻，再由泸河水陆并进，尽一年之力，勒乌围可破，逆首可擒等语。计此时讷亲、张广泗尚未起程，著会同傅尔丹、班第、岳钟琪等，将各情形逐一详悉定议具奏。至岳钟琪所需只三万五千人即可奏功，今军前现有兵四万余众，何以旷日持久，尚未克捷？屡称兵力单弱，不敷调遣。此中情节，著一并据实奏闻。再，讷亲奏称党坝、卡撒两处现俱进兵，伊与岳钟琪未暇觌面，俟今冬不能攻剿之时，再往党坝面商等语。讷亲既经召还，党坝情形傅尔丹亦须谙悉。正可乘隆冬雨雪不能进攻之时，前往面会岳钟琪，详议一切事宜，较之文移往来，更为妥便。一并传谕傅尔丹知之。"

经略大学士公讷亲复奏："党坝一路，驻兵万余，土兵居其大半。前岳钟琪所奏土兵无用、汉兵不敷之处，俱属实情。至称进攻贼巢之路。卡撒不如党坝，臣思党坝为进攻勒乌围之要路，卡撒为进攻刮耳崖之要路，刮耳崖既破，固应进兵勒乌围，即勒乌围既破，亦仍应进攻刮耳崖。两路皆逆酋巢穴，未便因地险碉多，置而不问。又岳钟琪添调楚兵之请，无非为兵力不敷起见。但楚省遥远，调兵又多，按程须四五月之久。已届寒冬，不能进剿，况以官兵易土兵需粮尤多，更须纯用本色。以难运之粮供坐守之兵，殊为非计。至所请召募新兵、减撤土兵之处，已会商督臣咨复准行。又，所奏良尔吉应行正法之处，查良尔吉之罪，原应伏诛。但张广泗既已宽之于前，又投顺随征已及年余，此时忽加诛戮，反出无名，是以未经办理。"

奏入，谕军机大臣等："览诸折所奏，办理不能惬当之处，不一而足。即如良尔吉，本一奸匪土舍，且为逆酋姻党，王秋亦系汉奸，在寻常尚须治罪，况为良尔吉亲信党羽。经略至军营，既知张广泗堕其术中，实与庆复误信汪结无异，当时即应早为剪除。及该土舍于紧要处所全不用命，该督有意徇庇，经略亦应申明军律，按法加诛。乃因该督攻围太近，情有可原一语，遂至失刑。至逆酋求降之时，该土舍泄漏军情，领兵大臣既所亲闻，罪状昭著如此，尚称暗传消息，无迹可据，诛戮反出无名，是何语耶？王秋托病告归美诺，张广泗始终回护。经略何以亦听其远扬，倘至兔脱，则将来贻害更大。此旨一到，著将讷亲奏折与张广泗看，令其明白回奏。即令张广泗亲提良尔吉、王秋二人，随同尔等牢固解至京师，明正其罪。自入秋以来，即屡有欲召卿回京之谕，卿亦自请来京。而折中尚称：'俟今冬不能进攻之时，再往党坝与该提面商。'斯言果出中心之诚然耶？抑何前后矛盾若此？殊所不解。可一并传谕知之。"

（高宗朝卷三二五·页六上～一二下）

○乾隆十三年（戊辰）九月癸酉（1748.11.12）

又谕内大臣傅尔丹、四川提督岳钟琪："川省自瞻对用兵而后，继以金川之役，庆复疏纵于前，张广泗怠弛于后，旷日持久，师老无功。朕特起尔等于废弃之中，委以军机重任。今讷亲、张广泗俱已召取回京，军中事务一听汝二人办理。事权归一，当合两人为一人，合两心为一心。汝二人自思曩受皇考异数殊恩，历膺重寄，其后干犯重辟者何事，即释罪家居，而败辱之名终身不能澣洗，今弃瑕录用，予以自新之路，当如何感激奋勉，如何竭力报称。如果能克捷，速奏荡平，岂但收之桑榆，前耻可雪，皇考厚恩向所未能报效者，亦足仰酬万一。显爵厚赏，朕何吝焉，是惟汝二人之福。如其彼此各存意见，不能鼓舞军心，以致公事不能就绪，不独军法难逭，将并前罪一体追问。非庆复、张广泗等可比，盖伊等本无罪愆，但以办理不善，不称任使，尚当绳以军律，不容假贷，何况汝二人罪弃之余？若更不能奏绩，其罪更当何如？汝二人当日同获重罪，今又同在一方，胜则同其功，负则同其咎，勿稍有参差，互相推诿，勿因循而怠事，勿粉饰以邀功，勿口为大言而防范不密，勿急于督责而别滋事端，务期协力和衷，同心筹画，迅奏肤功，以称委任。"

（高宗朝卷三二五·页一五上～一六下）

○乾隆十三年（戊辰）九月乙亥（1748.11.14）

谕："金川用兵以来，将领参劾者接踵，而题补者无人，殊失鼓励戎行之道。前曾传谕讷亲、张广泗等，而伊等仍未办理，因命军机大臣等查明情节。据今年五月张广泗原奏：'川陕副将以至千总遇有缺出，即于此次立功人员内题补。'特传谕该部议准，并令同讷亲拣选。至八月初讷亲奏到，则称将弁获过者多，立功者少，尚未拣选题补等语。夫行军纪律，全在赏罚得当，鼓舞人心。今将士有罚无赏，自必志气隳颓，何由使之感激奋勉，踊跃用命！是以前批讷亲奏折有'此番办理军务，似觉过严'之谕，正谓张广泗委过于下，偏裨动辄得咎，实为过刻，而非军律严明之谓也。若以驭军而论，此番正失之于宽，岂有刁斗森严如马奈军营，贼人黄夜潜入，将卒酣寝，漫无知觉之理？又岂有队伍整齐、冲坚犯阵而如讷亲所奏'麾之不前，侍卫等从后用刀背驱迫'之理？观此，则将弁之怠玩、士卒之疲懦，直如儿戏！何怪其久无成绩，屡有失事也！至谓'将弁立功者少，无可拣选'，此语亦谬。同一戴罪图功其中岂无一二鼓勇先登之士？就其临阵奋往，即可定为优等，借以激励众心。赏一人而得千百人之力，其机端在于此。不待建立殊勋，方可奖拔也。讷亲等从前办理未妥，可即传谕。计信到日，伊尚未起程，令其传谕班第、傅尔丹、岳钟琪等当以此为戒，务从公赏拔，为戎行作气，使出力者知所劝勉。并不得误会此番办理过严之旨，一意从宽，则军律益致懈弛，失之更远。此于军务大有关系，即传谕知之。"

（高宗朝卷三二五·页一七下～一九上）

○乾隆十三年（戊辰）九月丁丑（1748.11.16）

谕："大金川用兵一事，两易寒暑，尚无成绩。贼酋僻处穷山，本属幺麽小丑，但即命名观之，莎罗奔者，番语为诸酋之长，是其意虽未显称名号，而夜郎自大，抗拒天朝，并吞番众，蓄志已非一日。前春侵扰霍耳、章古、毛牛等处，切近炉地，纪山仓猝发兵，逆酋虽归巢畏伏，而未经惩创，势复鸱张，因命兴师致讨。该督庆复办理瞻对一役，草率了事，所奏班滚烧毙之处，朕洞悉其疏谬，当为批示，岂可复诿以军务！因思张广泗从前经理苗疆，熟于戎旅，调为总统，伊又先经奏请从戎。初到军营，亦有急公任事之意。但以二万余人，派定十路进攻，势分力薄，即已非计。又奏称冬月可以克捷，届期罔效，则易为次年春夏，再易为次年秋冬。迨至副将张兴阵亡，失机难掩，则又称兵力单少，朕复允调滇、黔、陕、甘劲卒万人，意谓一举而朕功可奏。惟善后事宜，所关更重，因命大学士讷亲前往经略。讵料张广泗漫无成功，又因讷亲至彼，辄怀观望。即先是凡所陈奏，亦悉浮游闪烁，于张兴、马良柱之事，动辄诿过于下，朕已微窥其意。及讷亲奏至，与朕所见相符。又称其偏徇黔省将弁高宗瑾，袒庇失律千总，信用贼酋姻党良尔吉、汉奸王秋，贼辄先得。一闻讷亲奉朕旨有按法当诛良尔吉之言，而张广泗代剖甚力。后于腊岭贼番喊降时，在军营大臣曾闻良尔吉有怨望实情，称：'不知己之下落何如，焉能顾汝！'而王秋亦复称病避归美诺。则是张广泗始终回护，情节显然，且密露军机于贼党矣！张广泗从前奏称，庆复误信土目汪结，堕其术中。而伊之任用良尔吉、王秋，如出一辙，何以明知而故蹈之耶？且伊于二人，若止用人之误犹为可恕，至以军情相告，觖法而曲庇之，其居心如此，又安望有犁庭扫穴之期耶！至讷亲素未莅师，摧锋陷阵之事实非所长，但张广泗调集大兵，布置经年，当有成算。计经略抵营之日，正当告捷之时，便可筹办善后事宜，并物色班滚致之阙下。此朕命往本意，在讷亲自所优为。初不料讷亲至军营，于彼处情形既未谙悉，将吏人等方且心怀观望，群待经略之指挥，而伊并无奇谋异算以悚动众心。且身图安逸，并未亲临行阵，士气因以懈弛。不思廷臣中平日受恩深重者，孰如讷亲？其应感激图报者，孰如讷亲？虽朕因伊身素羸弱，屡次降旨令伊随时将息，此在朕体恤之道则然。然以满洲大臣，当此戎马倥偬之际，孰不同仇共愤，剪此朝食，而讷亲因有此旨，辄安坐帐中，不亲临行阵。朕犹待之数月，及见所奏，动称兵士向碉放枪，伊自帐中望见火光，是从未督军奋勇矣！于理可乎？即谓大臣动关国体，恐有意外之虞，纵不可亲冒矢石，独不可临阵指挥使士心踊跃乎？况意外之虞，又未然之事，抑何示怯若此耶？及经朕严加饬谕，始前往督战，果夺碉据险。设早能如是，其克捷又岂仅此乎！且自古岂有开关延敌坐获全胜之理！可见前此实由伊等顿兵不进，不能勇往出力，而非坚碉之必不可克也！讷亲既旷日持久，了无成绩，朕不得已，欲召之回京，又恐于命往颜面攸关，屡次传谕询问，且宽其期以待捷音。诚使得朕此旨而奋不顾身，则自闰七月以至于今，尚可有所剿洗以盖此羞也！且独不思将在外君命有所不受，今命伊前往者何意，办理者何事，回京将何以报命，而乃一闻召入之旨，如获更生，并不请命留驻以待事竣，惟以入觐得以将实在情形陈奏明岁再往军营为词。不知军营有何必面奏之情形？又有何朕尚未悉之事宜？仆仆来往，有是政体乎！大臣躬膺重寄，岂宜若是乎？满洲大臣身当军旅，又岂曾有是乎？至傅尔丹、班第等同在军中，自列名请安而外，军中事宜从无一事奏及。因降旨询问，而讷亲即以傅尔丹等复奏之词叙入折内。批阅之下，不知孰为傅尔丹之言，孰为讷亲之言。朕思西、北两路用兵，大臣等习气惟以折奏相倾轧，讷亲亲见其事，以此为戒，故不令傅尔丹等纷纷陈奏。后降旨询问，而讷亲并未复奏，傅尔丹等至今亦始终默无一语。岂讷亲竟未向伊等传谕此旨耶？夫不使众人之鼓舌摇唇可也，而同事之人，漫不集思广益，不使陈一谋建一议，而己又无奇谋异策可以服众，此何心也？若恐他人揭其所短，制之使不入告，此在他人或虑及此，在讷亲则不必也。伊在军中，有何事畏人攻讦，而必不使人陈奏乎？且军务非比其他，能制胜则虽欲暴其短而不能，不胜则人人指摘，欲掩之亦不得也。廷臣中孰有能于朕前萋斐他人者乎？自朕临御至今，又孰有受人摇惑者乎？此在大臣等皆不可存此心，而讷亲尤不可存此心。若谓朕历次饬谕，或由军机大臣中有与讷亲不相能者，且有觊觎而倾陷之者，于朕前有所浸润，则是伊等能排挤讷亲，安知将来又无人能排挤伊者乎？即讷亲自思数年以来曾有为讷亲所排挤，而朕不能觉察者乎？且朕于讷亲到军时，亦至两月之久，见其漫无建立，始降旨督饬。而前后陈奏自相矛盾之处，不可枚举。在讷亲平日，岂非办事勤敏，为国家竭力宣猷之大臣！即朕命往之始，实欲委以筹善后，而非属之统兵进剿。即不以张广泗之老师糜饷，移其责于讷亲，而讷亲以第一受恩之人，诚不料其舛谬若此！今若按法以绳，人将谓讷亲平时宣力如此，尚不能免，何以示劝？若委曲含容，人又将谓前此庆复之草率朦混，后此张广泗之迟延错谬，朕则知之，而于讷亲则不知，何以示惩？二者朕必居一于此。然朕诚不能辞过，朕亦实为抱惭。今观金川穷寇，以国家全胜之力，何患不捷！今年不捷，不妨待之来年。即班滚亦釜底游魂，不足介意。惟是大臣如讷亲，其受恩非他人比，乃此次奉命经略，诸事错误一至于此，殊出意外，实难于措置，是以特召庄亲王、来保、史贻直、阿克敦、舒赫德及军机大臣等面降此旨，著讷亲、张广泗明白回奏。大金川军务朕已谕班第、傅尔丹、岳钟琪协心办理。经略印信，讷亲即行缴还。"

谕军机大臣等："据大学士讷亲等奏报进攻阿利山左首一碉情形：'拣派扑碉之兵三百四十人，内有四十名首先奋勇，俱已扑至碉楼，有跃上碉楼者，有进入碉内者。因贼人守御甚严，枪石交加而退。'朕思我兵既已扑入碉内，正有可乘之机，只缘后兵不能接应，以致未经克获。但从前瞻对攻碉，有用地雷、火罐之类，亦曾见效，乃内大臣班第所亲见。纵金川贼酋鉴于前事业有堤备，而既身入碉内，则火罐等器自亦可用，何以不行施放？又奏称，马奈一路，夺获江边之木札寨，现拨官兵据守，其申达一带正路，俱已疏通等语。彼地情形，朕未能深悉。第已夺获要寨，是贼酋南路之咽喉，现为我兵控扼，其势自当震动。则由此进攻，或不似前次之阻格，亦未可知。可传谕班第、傅尔丹、岳钟琪令其留心，将来兵丁奋勇有能扑上贼碉者，可否兼用火器助攻？其申达路径既已疏通，即当熟筹良策，激励将士鼓勇前进，以收犁庭扫穴之功。并将作何筹办之处，具折奏闻。"

寻奏："地雷、火罐诸器，各路俱经预备。缘贼知我兵习于上碉，预于碉顶穿小孔，我兵跃上，贼即从孔内施枪，各兵不能站足，不及挖投火器，死伤甚多；后兵不敢复上。至马奈一路，夺获木札寨，申达正道得以疏通者，缘未获木札以前，运粮申达须绕道数十里，今木札既通，可省纡途。其前抵刮耳崖贼巢尚有曾达等处阻格，必须克取，乃能绕出。现攻木须巴郎之前，仍归卡撒一路，非此路可直通刮耳崖也。"报闻。

（高宗朝卷三二五·页二〇下~二八下）

○乾隆十三年（戊辰）九月庚辰（1748.11.19）

谕（军机大臣等）曰："张广泗自受任金川以来，措置乖方，陈奏闪烁，赏罚不当，喜怒任性，诿过偏裨，致人人解体。又复观望推诿，老师坐困，縻饷不赀。且信用贼党良尔吉、王秋，泄露机密，曲法庇护，玩兵养寇,贻误军机,法所不宥。著革职拿交刑部治罪,令侍卫富成押解来京。讷亲为大学士,付以经略重任,前驻军营,漫无胜算,且身图安适,并不亲临督阵,鼓励众心,转以建碉株守为长策。及传谕欲召取回京,伊并不计军情紧要,非克捷无以报命,而以面奏情形为词,亟思回京自逸。朕以国体攸关,宽期以待,伊复无敌忾之志,惟是迁延时日,以俟归期。至陈奏之事,矛盾舛错,不可枚举,与伊寻常之办事精详,急公黾勉,竟似出于两人。夫大臣谊均休戚,平时之眷待优殊,正欲其缓急足恃,能胜艰巨之任,为国分忧耳。若仅以任职勤敏为能,则朕假之事权,凭借威柄,苟非庸劣,皆可优为。即以操守而论,伊系勋封世禄,且数年以来,朕时加赏赉,非他人可比。纵贿赂馈遗,岂足动其心,是苞苴不入,亦不得谓之洁清,惟于重大紧要之关键,方足以见报称之实心。今讷亲乃至于此,在伊即不自顾惜,独不为朕用人颜面计乎?从前年羹尧、隆科多等在皇考时恣肆妄行,事发之时,皆即按法治罪。朕临御以来,以恩礼驭下,然即大学士鄂尔泰、张廷玉亦未尝不时加戒饬,使不敢纵。正所以保全大臣。至讷亲之受朕殊恩,廷臣无出其右,乃中外所共知者。十三年以来所以教训保全,幸免陨越者,以其尚能承受朕恩耳,今伊福薄灾生,于此等紧要关键处而乖张舛谬一至于此,朕反复思之,实无以自解。论其负恩之罪,理应拿交刑部问罪,但观其退缩偷安之意,即就狱亦非所深耻,然在朕十余年加恩眷旧,始终不忍令其拘系囹圄。讷亲著革职,赴北路军营,自备鞍马,效力赎罪。著派侍卫鄂实、德山赍朕此旨,于途次传谕。奉到谕旨之处,德山押讷亲即行前往军营。所有前奏尚有面陈情形,即著伊缮折,交与富成赍奏呈览。其经略印信,交鄂实驰驿赍赴金川军营。候协办大学士暂管川陕总督傅恒到日接受,即授为经略,统领一切军务。"

谕军机大臣等:"大金川一案,张广泗办理错谬,糜费帑金,且伊在川支动公费银,例应追还归款。及查伊在京家产,一无所有。伊历任封疆,居官日久,不应囊橐空虚。近来外任官员,颇有似此巧于藏寄之事。张广泗任所必有寄顿隐匿。可传谕班第,令其详悉访察,严行查办,勿致稍有遗漏。"

(高宗朝卷三二五·页三四上~三六下)

○乾隆十三年（戊辰）十月壬午（1748.11.21）

又谕："朕自御极以来，大臣中第一受恩者莫如讷亲。金川虽云小丑，而老师糜饷，克捷无期，凡在臣子皆有同仇敌忾之念。讷亲身为大学士，从前在京时不过于军机奏到随常办理，从未向朕奏及逆酋猖獗如此，将来作何了局，欲请身往视师。彼时傅恒即曾陈奏愿效前驱，朕以封疆大吏自能办理，不必特遣大臣，即应派往，傅恒亦不可居讷亲之先，未经俞允。及经略需人，因以付之讷亲。朕意以伊平日受朕如许厚恩，自知奋勉，乃起程之时，全不踊跃。彼其意以为军前调集大兵，指期克捷，胜则引为己功，即不胜亦可奉身而退。至朕用人颜面所关，国家军旅之重皆所不计，其隐衷已不可问。及至军营，张广泗方观望不前，而伊复茫无成算，措置乖方。朕待之两月之久，而所奏到，乃请建碉与贼共险。不思以士卒攻讨之力转使建碉资寇，是其第一谋画，既已贻笑众人矣！自是始有申饬之旨，然犹日夜望其成功。而乃身图安逸，并未亲履戎行，竟敢奏称军士夤夜向碉放枪，伊在营中望见火光等语。经朕督饬，始行前进。而近所奏阿利山之役，我兵屡次退回，因伊等在彼，未至大奔，及伊等回营，我兵数十人即各鸟兽散，将领不复相顾。观此情形，是众未奔，而伊等辄已先退，又何怪士卒之望风溃散。以受恩之满洲大臣，经略重务，偾事至此，尚何地可以自容乎！至前后折奏，于所奉谕旨紧要情节，概不切实明白回奏，惟以浮词架空了事，竟有全未复奏者。即同事之军前大臣等，经朕再三传谕，终不令其陈奏一字。朕因其久无就绪，不得已传谕询问，示以欲召回京。本欲激之使知愧奋，或有奏功之日，正以召之者促之。乃伊一得此旨，如获更生，即置军务于度外，托言有面奏情形，亟欲回京。试思有何不能言之情形而必待面奏乎？此不过思家耳。以讷亲平日之心思智虑，且事朕十有三年，若谓任其经略无方，辄行退避，竟不重治其罪，将视朕为何如主？伊非不虑及此，而敢于遽请回京者，众人能知其故乎？伊之意中明知不称任使，朕必重治其罪。然治罪亦不过如庆复之革职家居，转得优游自逸。为嗣续计，向来赏赉丰厚，尽足自娱。而金川之役，傅恒必自请督师，朕亦必以此任相属，而彼地险碉林立，攻取维艰，即傅恒亦未必遽能奏绩，不过与伊相等。即能成功，亦傅恒之福命所有，与伊无所加损。如其不成，朕又必重治傅恒之罪，而眷念旧臣，伊必且复用。是治罪之条，乃伊所预料，即奉到前旨，亦无所悔惧。惟此旨洞鉴其肺腑，伊当俯首无辞，始悔其蓄谋之大谬耳！……今讷亲负国负恩一至于此，实非朕意所及料，亦岂国宪所可容！若以向日加恩之故，徇法曲宥，将来何以用人？是以降旨将伊革职，发往北路军营效力赎罪。此伊自作之孽，而非朕以喜怒为赏罚，即皇祖、皇考在天之灵皆所默鉴。今诸王、文武大臣合词奏请将讷亲交部治罪，于法本无可逭，但须俟伊回奏到日，再行酌夺降旨。至傅恒念切休戚，力图获丑，蓄志有素，甚可嘉尚！观其锐往直前、破釜沉舟之志，即可克期奏凯，然军旅之事原难遥度，倘傅恒亦仍蹈故辙，纵使粉饰入告，自不能掩众人耳目，又何能逃朕洞鉴！即或进攻稍稽时日，及实有难于克捷情形，众人自有公论，朕亦自有筹酌。……今尚书达勒当阿以伊弟讷亲获罪，请赴军营效力，著照所请，命随傅恒前往。……傅恒惟当服膺朕旨，实力实心，仔肩重寄，迅奏肤功，以副委任。著将此旨宣谕诸王、满汉文武大臣知之。"

和硕庄亲王允禄暨满汉文武大臣等奏："革职大学士讷亲，以勋旧世臣叠荷殊恩，位冠百僚，备极荣宠，即令捐糜顶踵，犹难仰酬高厚。乃金酋肆虐诸番，逼近内地，讷亲始则不出一言，坐视罔顾，及命以经略重任，全无踊跃效命之意。身图暇逸，安坐帐中，从不亲临战阵。屡奉训饬，措辞舛错，掩饰支吾。不令傅尔丹等陈奏一事，希图蒙蔽。且进攻阿利山，身先退缩，兵众从而奔溃。一闻召还之旨，如获更生，即思退息。种种乖谬，罪无可逭。虽蒙皇上如天好生，但令革职效力军营，实不足以蔽辜。请明正刑章，以为负恩误国者戒。"

得旨："这所奏知道了。仍遵前旨行。"

（高宗朝卷三二六·页二下～一一下）

○乾隆十三年（戊辰）十月乙未（1748.12.4）

谕曰："……今讷亲深负朕恩，革职治罪，所有特加之一等公应行销去，仍以伊先世军功之二等公著策楞承袭。庆复既经获罪，其公爵承袭之处著停止。朕办理此事，大公至正，深望世禄勋臣黾勉策励，同休共戚，以保禄位。著吏、兵二部载之方策，永为定制。"

（高宗朝卷三二六·页三七下～三八下）

○乾隆十三年（戊辰）十月丙午（1748.12.15）

谕曰："讷亲办理金川军务畏缩乖张，种种舛谬，朕前降旨令其明白回奏。今据奏至，更复浮混无耻，且皆诿过于张广泗。讷亲以经略重臣，军中调度皆听指挥，功过无可旁贷。乃一切推卸，在张广泗此番罪谴本无可宽，但出之他人尚为有辞，讷亲则无可诿过。如折内所称各情节，讷亲身为经略，果实见其非，何难据实参奏？即一面参奏，一面提问，亦无不可。观其迟回不断，并非伊见不及此，盖以一参张广泗，则军中之事皆伊所仔肩，其责愈重，惟留以为卸过之地，将来即或无功而归，亦尚借张广泗为之代任其责。居心若此，是岂受恩深重、实心任事之大臣所为乎？况伊折内所称，自任举失事，即顿兵二十余日不敢前进，是其怯懦委靡，全无愧愤激励之意，咎无可辞。至所询伊并不亲身督战，惟在帐中坐观诸事，亦据一一俯认不讳，因奏请将伊交部严加议处。夫迟误军机、畏缩观望，设令讷亲处分他人罪状，有不问以斩决者乎？而自乃仅请交部议处，此岂降革所能了局者耶！且伊兄策楞昨奏称讷亲于国家军旅大事如此负恩，为国法所不容，请拿交刑部严加治罪等语。是伊兄尚知其获罪重大，国法难容，而伊乃如此陈奏，则是伊全不以军务之轻重介意。非天夺其魄，丧心病狂，则目无国法，不畏三尺，辜恩负国，莫此为甚。此折著交部存记，尚有续降谕旨究问之事，俟伊复奏到日，并案请旨。该部知道。"

（高宗朝卷三二七·页一八下～二○上）

○乾隆十三年（戊辰）十月己酉（1748.12.18）

护川陕总督傅尔丹、署四川巡抚班第奏抽调官兵分防安卡情形。得旨："看汝等之志，总重于自守而无进剿之心。非所望也。"

（高宗朝卷三二七·页三四上）

○乾隆十三年（戊辰）十一月壬子（1748.12.21）

署四川巡抚班第复奏："臣前论奏张广泗折内未将讷亲过失述及，蒙降旨训谕，惶悚无地。查讷亲抵营时，各路官兵俱已调齐，正可进攻，而张广泗迟回不进，犹驻美诺，经讷亲再四勒催，始来军营。但讷亲不能细察形势，督催过激，以致布置疏虞，任举、买国良相继阵亡。自此，一切军务俱不敢主持,仍听张广泗调度。而张广泗遂无论事之大小,动云'面奉经略指示',其实皆出张广泗之意,而讷亲不知也。张广泗之居心委卸,举动乖张,讷亲未尝不知,臣亦尝与言及,总因讷亲以军旅之事素未谙练,倚仗张广泗希图成功,是以明知其非,曲为徇隐。此讷亲之咎,臣不敢稍为隐饰。"

得旨:"军机大臣会同该部严审定拟具奏。"

(高宗朝卷三二八·页八上~下)

○乾隆十三年(戊辰)十一月戊午(1748.12.27)

经略大学士傅恒奏:"接到傅尔丹奏折报匣,遵旨开看。内有小金川土司泽旺番禀一件,系告张广泗家人、通事与汉奸王秋勒取泽旺财物,不胜骇异。细按情节,张广泗纵无耻丧心,未必至于勒索泽旺财物。但观其平日袒护良尔吉、阿扣、王秋等,则家人、通事因此勾通王秋肆行不法,亦所不免。此事关系军中耳目、番蛮听闻,不可不实力严究。臣于途次遇张广泗,即先询问实情具奏。其良尔吉、王秋二犯,如拿解已近京师,即解京审理。若尚未拿获,及已拿解而去京尚远,臣即将二犯带回成都,与张广泗家人薛二、通事焦修德等严审定拟。良尔吉、王秋本应于军前显戮示众,但沿途解送恐有疏脱,请即于成都正法。去军营不远,亦可使番众闻知。至金川起事,原因泽旺愚懦,伊妻阿扣淫悍,加以良尔吉等助恶,酿成悖逆。现在小金川虽已投顺,尚不无首鼠两端,皆缘张广泗蔽护奸恶,无以服番众之心。臣以为阿扣断不可姑容,臣至军营,应生致阿扣并其同恶之犯,立行正法。其土司印务,仍令泽旺管理,使努力报效,庶小金川实为我用。"

得旨:"诸凡妥协详明,有何可谕!一如卿议行。"

(高宗朝卷三二八·页二七下~二九上)

○乾隆十三年(戊辰)十一月戊寅(1749.1.16)

谕(军机大臣等)曰:"讷亲从前奉命经略金川军务,退缩偷安,乖张贻误,已经降旨革职。因伊闻召令回京之旨,托言有面奏情形,故降旨令其将何事必须面陈,一一据实明白缮折,交富成转奏,不得仅以认罪泛辞塞责。伊接到前后所降谕旨，稍有人心，回思十三年来受恩如此深重，今于军旅要务舛谬至此，自必中怀愧悔，惭赧无地，或恐惧失措，不能置对，尚不至于天良尽泯。乃朕阅伊回奏之折，哓哓万言，皆不过掇拾历来军营奏报情形，并非必须回京面奏之事。且称：'兵气之所以挫，贼志之所以逞，皆因去年张广泗并未深悉贼情，进退失宜所致。'而又称：'张广泗并无推诿，尚可资其策力，恳请令与岳钟琪分路进剿。'措词矛盾乖张，至此极矣！不思伊身为经略，张广泗既进退失宜，挫损兵气，自应即行参处。乃称臣既不谙军旅，而又奉旨以戎行责成张广泗。夫讷亲身为经略，不任戎行，则所经略者何事？岂不大成笑柄耶！其余朕所指出安坐帐中，自示懦怯，师徒奔溃，先已回营，种种情节，皆自承不讳。而犹思留金川效力，俟军务告竣，始往北路军营，且妄思觐朕一面。窥其隐衷，因朕不即治其罪，暂停发往北路，降旨询问，是以转生希冀之念，犹欲迁延时日，觊望格外之恩，是不复知人间有羞耻事矣！君臣之际，相临以分，相接以情，人孰无过，苟其事在可恕，情犹未绝，或量示薄谴，弃瑕录用，亦所常有。至于关系军国重务，赏罚不容少假，朕亦断不肯为姑息之主。今讷亲所犯如此，更何晚盖之可图，何桑榆之可收，即伊亦何颜再与朕相见耶。至伊所陈金川善后一折，尤为可嗤！伊在军前毫无寸进，以退缩失误军机，获罪罢斥，贼尚未平，何暇计及善后。其与古人所谓何不食肉糜者又奚异乎？即其所云善后事宜亦掇拾朕前此谕及之事。此不过偶尔谈及，将来或应否如此，尚在未定。军机大臣等皆共知之，而乃自以为献善后之计。吁！其可怪矣。讷亲受朕殊遇，位至大学士，如此辜恩负国，罪状难逭，内省略无动念，此奏更出朕意想之外。伊既自出于顽钝无耻，朕亦不得复以待大臣之体待之。著富成即将伊拿问，于所在地方拘禁。俟经略大学士傅恒奉旨审询各款复奏到日，另遣大臣前往，会同经略大学士严审定拟。将此旨并讷亲原折发出，众共知之。"

又谕："仓德前在藩司任内，办理金川粮务，种种失宜，现经部议降调。著革职，交与班第、兆惠，令其自备资斧，于军粮处差委效力赎罪。"

（高宗朝卷三二九·页四〇上～四二下）

○乾隆十三年（戊辰）十一月己卯（1749.1.17）

又谕（军机大臣等）曰："张广泗明白回奏一折，情词闪烁狡狯，极为可恶。至所奏小金川土舍良尔吉一事，叙入叔嫂乱伦等语。良尔吉之罪，在于佯为投顺，实与莎罗奔暗通消息，泄漏军机。乃贼酋奸细，法所不容，是以降旨令其拿解，并不因乱伦，绳以礼法也。而张广泗反复千言，为之开脱，明系回护己短。其奏讷亲到营后，派攻腊岭一城，良尔吉兄弟三人带领土兵往即克取，讷亲大悦，赏银一千两。此语尚近情理，或实有其事。而前此县丞任振功所云'讷亲初抵军营，是夜贼乘雨放枪，良尔吉力为抵御，次日讷亲赏银千两'之语，谅系讹传。至此外讷亲种种背谬乖张，实出朕意想之外。诚不料伊十三年来，受朕如许厚恩，忍心背负，诸凡措置，与向日在朕前承办诸事光景判若两人。朕虽欲曲加宽宥，亦无辞可为解免。当金川起事之初，朕调用张广泗，方自谓得人，在督、抚中娴习军旅无出张广泗之右者。继因其久无成功，复令讷亲前往。朕向所倚任，亦无出讷亲之右者。今皆身名决裂若此。……著将此旨存记，俟张广泗案审拟完结后，宣谕中外知之。"

（高宗朝卷三二九·页五二上～五四上）

○乾隆十三年（戊辰）十二月壬午（1749.1.20）

谕（军机大臣等）曰："讷亲办理金川军务，乖张退缩，老师糜饷。经诸王、满汉大臣等参奏，朕谕令侍卫富成将伊于奉到谕旨处拿问拘禁。其举动言语，并令富成逐一据实陈奏。今据富成奏称：'讷亲云，番蛮之事如此难办，后来切不可轻举妄动。这句话，我如何敢上纸笔入奏。'此语实为巧诈之尤。伊受朕殊恩一十三年，推心置腹，何事不可陈奏？如果贼径十分险峻，伊曾身同士卒尽力进攻，屡冒锋刃，犹不能克，再调劲兵更番前往，仍不能深入其阻，而供亿浩繁，徒縻帑项，则当以实在情形奏闻，请旨停兵。况金川之事自因其与泽旺构衅，骚及边圉，纪山不得不发兵致讨，朕实非利其土地、人民轻启兵端。前后所降谕旨，皆讷亲同办之事。迨伊与张广泗久无成功，朕又屡次传谕，令其详细斟酌。倘断有不能殄灭之故，何不明言其所以然，直请班师，毋得含糊两可。且于伊奏折内批示：'岂有军机重务，身为经略而持此两议，令朕遥度之理？如能保明年破贼，添兵费饷，朕所不惜；若终不能成功，不妨明云臣力已竭，早图归计，以全终始。'讷亲以亲信近臣膺阃外重寄，经朕如此谆切指示，亦当遵旨据实复奏，朕岂有不加以裁酌，允其所请之理？且伊果肯侃侃直陈，则此局早已可竣，何用糜费如许物力？是今岁之稽迟，皆讷亲之贻误，更何可辞？……讷亲所称'后来不可轻举妄动'之语，军机大臣等能窥见其隐衷乎？伊之意自知身名决裂，且无子嗣，万分难免，辄思以不愿用兵之言博天下读书迂愚无识者之称誉，而以穷兵黩武之名归之于朕。此其心怀狡诈，实出意想之外。朕实不料十三年来隆恩渥泽，而讷亲之忍心害理竟至于此。或上天以此示朕，俾知用人之难耶！又云：'皇上只想我胆子大，我如何当得起？'讷亲退缩偷安，不敢冲锋夺险，实乃毫无胆量。朕方责其过于畏葸，过于胆小，何尝虑其胆大？……又云讷亲闻云梯兵过，云：'这都是我罪，若我今年办得好，何致圣心烦躁，又令这些满洲出来，受此苦累！'此言尤为可骇。满洲官兵有勇知方，一闻调遣，无不鼓舞忭跃，志切同仇，皆众人所亲见。朕方深为嘉悦，而讷亲乃以为受此苦累。伊亲从军营来，为此浮言，摇惑军心，俾众人闻之，不知贼境如何险阻，如何艰难。此惟经略大学士傅恒忠勇奋发，金石同坚，不为所惑耳。兵丁一闻此言，勇往之气，有不略为消阻者耶！明系伊自不能成功，而转忌他人之成功，故为此语。巧于离间众心，而不顾国家之大事，此其罪可胜言耶！讷亲一案，俟朕另遣大臣前往审讯，著将此旨晓谕中外知之。"

（高宗朝卷三三〇·页二上～五上）

○乾隆十三年（戊辰）十二月戊子（1749.1.26）

谕："金川用兵以来，张广泗贻误于前，讷亲贻误于后，两人之罪状虽一，而其处心积虑各有不同。至于自遂其私，罔恤国事，则实皆小人之尤矣！朕昨御瀛台亲鞫张广泗，其狡诈欺饰紧要情节，俱经一一供认不讳。而其茹刑强辩，毫无畏苦之状，左右大臣皆以为目所未见。即此一节，与市井无赖何异！又今日接到富成所奏讷亲明白回奏一折，其乖张舛谬之处，凡朕所指出者，悉无可置辩，惟思求见朕面。不知伊尚有何颜见朕！且求赴军营效力，伊曾为大学士，将欲如士卒奔走，犹觊升骁骑校耶？其顽钝无耻实甚。观此，则张广泗乃刚愎之小人，讷亲乃阴柔之小人，自当偾事一至于此矣！当张广泗初抵军营，以为金川贼酋亦如黔苗之易办，屡次妄为大言，可以克日奏功。既而久无成效，时复失机，则又诿过属弁，借口兵单。及闻讷亲前往，伊复持两端，怀观望。讷亲能办此事，伊固可依附而邀次等之功；事不成，则咎在讷亲，伊乃一切推诿，使陷于败，仍可复据其任。是以于讷亲之种种乖方，并无一语入告。其后见讷亲之必败，乃向属员讪笑诽议，备极险忮情态。盖恐此时据实奏闻犹或致谴责，不若含混诡随，坐观其决裂之为得计也。此其心辗转数变，狡狯叵测，经朕详悉推勘，洞见肺肝，始将实情吐露。讷亲且在其术中而不觉矣！至讷亲身膺重寄，退怯无能，早为张广泗窥。任举败后，遂至一筹莫展，且恐固原兵丁生事，曲加重赏，转嘱张广泗弹压。而于张广泗之挟诈误公，又不据实陈奏，意欲留以为卸过之地。伊两人互相推诿，其过恶之刚柔异，而其心则皆不可问也！夫讷亲、张广泗在大臣中皆练达政事之员，使其不遇此等重务，则讷亲、张广泗均可拥高爵而历亨衢，优游终老，何至败露若此！……今朕明正其罪，以彰国宪，乃朕赏罚无私、大公至正之道。张广泗现交军机大臣会同该部按律定拟；讷亲著尚书舒赫德驰驿前往，带赴军营，会同经略大学士傅恒、尚书达勒当阿严审定拟具奏。讷亲折并发。"

（高宗朝卷三三〇·页一四下～一八上）

○乾隆十三年（戊辰）十二月辛卯（1749.1.29）

又谕（军机大臣等）："……讷亲现交舒赫德会同经略大学士傅恒及尚书达勒当阿审拟。张广泗现据军机大臣会同刑部按律拟斩立决。朕非谓惟辟作威，欲将此两人置之重典，令群臣知所儆畏，亦并不谓处置公当，赏罚分明。伊两人独非朕所任用者乎！今两人偾事至此，用人之误实深为抱愧，若不按法治罪，则朕为饰非，为怙过，祖宗法度具在，朕何敢以意为轻重耶！讷亲、张广泗皆系大臣，生杀予夺，朕不敢私，著传集诸王、满汉文武大臣，将讷亲、张广泗二案口供、奏折并朕此旨及庆复一案谕旨，令其公同阅看。朕将伊三人分别处置是否允协，俾众议佥同，以服其心，并令中外臣工共知朕用人之苦心也。"

（高宗朝卷三三〇·页二六下～二九下）

○乾隆十三年（戊辰）十二月壬辰（1749.1.30）

军机大臣等奏："张广泗受恩深重，历任封疆，皇上因其尚谙军旅，特命以进剿金川。乃自抵军营以来，毫无成算，始则分兵十路，调度失宜，继又措置乖方，以致张兴失机陷没。他如遗弃军装、炮位、失火轰碾，焚毙官兵，率皆委过于下。惟以克日成功屡行妄奏，迁延岁月，糜费不赀。及闻讷亲前往，即诸事推诿，漠不关心。且信用贼酋姻党，袒庇黔省劣员。身为总统，布散流言，煽惑众听。其乖张欺罔，罪状非一。臣等按律拟议，张广泗失误军机，漏泄军情，煽惑人心，守备不设，为贼所掩袭，因而失陷城寨，毁弃军器，罪皆应斩，加以种种负恩，有心误国，实刑章所莫逭。应将张广泗拟斩立决。"

得旨："张广泗著即处斩，著得保、勒尔森前往监视行刑。"

谕军机大臣等曰："军机大臣等会同刑部审拟张广泗一案，奏内引临军征讨逗留观望因而失误军机者斩之律，而声明张广泗情罪重大，斩候不足蔽辜，请拟斩立决。是张广泗之罪尚可不至于此，而大臣等加入立决矣。夫逗留观望，失误军机，乃许应虎之罪。张广泗狡诈欺妄，有心误国，情罪重大，立决乃所应得。即伊自供，亦以为法当立决。若果应监候，则朕又何事亲御瀛台降旨审问耶？从前年羹尧之案所引斩律多条，今张广泗种种罪状擢发难数，而军机大臣多人共办一案，乃至潦草错误，不合事理。又来保所写神保住宽免之旨总不明晰，假令经略大学士傅恒在此承办，此等案件自必斟酌妥协，何至烦劳朕心若是。朕益不得不望经略大学士之早奏朕功，迅速还朝矣！著传谕经略大学士知之。"

（高宗朝卷三三〇·页三一下～三三下）

○乾隆十三年（戊辰）十二月丁酉（1749.2.4）

又谕（军机大臣等）："金川用兵一事，朕并非利其土地、人民，亦并非因御极十三年来从未用兵，欲振扬威武，成此殊功，夸耀史册也。第以贼酋私放夹坝，又骚动番境，逼近炉地，虽已驱逐回巢，未经惩创，怙恶如故。巡抚纪山奏请致讨，一面出师。朕因张广泗娴于军旅调任总督，委以进剿之事。而张广泗初不以实在情形入告，惟妄为大言，自秋涉春师期屡易。班第料理粮运，见伊措置乖方，迄无成效，奏请特遣重臣前往。

班第职任本兵，又系军机大臣，岂不当身任其事？所奏自属巧于卸责。但军务重大，原应另遣大臣。而十三年来，受恩深重者孰如讷亲？伊在皇考时已在军机处行走数年，办事原属勤干。维时大学士傅恒适遇孝贤皇后大事，未便释服即戎，且亦老练不及讷亲，此遣讷亲前往之由也。孰意其福浅孽深，临事乖戾，迥异平日。一至西安，将军、巡抚迎见，讷亲傲慢睥睨，仰面不顾，于地方情形全不置问。秦蜀接壤，军营动静亦概弗咨询。而其沿途，肩舆自适，驺卒动遭鞭扑，流血浃背，或至颠踣，为人马践踏，转在轿中视而笑之。此岂复有人心者耶！及至军营，安坐帐中，从不亲身督战。每日至巳午间方起，属员概不接见，遂致诸务歧误。而张广泗当讷亲初到，曲意逢迎，欲得其欢心，及见伊漫无成算，则转诐佞为诽议，为讪笑。又见伊大局将败，则复转轻慢为倾害，布散流言，摇惑士众，欲挤之死而攘其职。而于其种种贻误，并无一语参奏。此小人之尤。经朕于瀛台亲鞫，具得实情，是以立置重典。至蜀地民力之凋敝，贼境进取之险阻，士马刍粮跋涉输挽之艰难，从未见伊两人据实敷陈。而讷亲获罪后始私对富成云："番蛮难办，以后不可轻举。我岂敢形之笔墨，必俟面陈。"不思伊在朕前何事不可折奏。伊向日奉命出差，屡有密封，此等军国重务，何不便折奏之有？可见人心善变，靡有常形。此正圣人所谓'君子上达，小人下达'。讷亲之变而乖谬，实非意计所及。而经略大学士傅恒平日固属明敏周详，朕亦不料其此番诸务练达，识见高远，妥协能至于此也！经略大学士傅恒昨奏川省马匹应付拮据及成都添设堆拨诸事。大学士自请督师，仔肩重务，必不肯于进取之时为畏难之语。但所陈奏川省可虑情形，以朕度之，尚不过十言其五耳！然即此而观，则用兵一事，断不可过朕面谕四月望前之期，更不必游移矣！川省民番杂糅，加之啯噜流匪遇事逞凶，所赖年来秋成丰稔，小民尚有乐生之心，得以少安无事。今烽燧连年，人苦劳役，设有奸徒，从而煽诱，以易动之民，当困惫之际，内地少有疏虞，诸事深为可虑。即如官兵经过西安，督标匪卒以牵马伺候小忿，辄持刀恣斫，伤及三人。川民疲于供亿，背负军装，徒步陟险，宁不较此更甚。在成都省会可添堆拨，而关外长途纡折，出入重箐之中，安能在在周防耶？朕若早知如此，并此番调遣皆可不必。此皆讷亲、张广泗贻误，不据实入告之咎也！目下既有为山九仞之势，则一篑之劳难于中止。今满兵陆续前进，初拟二月初可以取齐，兹观大局，须至二月中旬。然自到齐以至四月初五，已五十日。以此为期，大功何难速就。倘过此以往，则暑雨时行，馈饷难继，此际几用至千万，岂可更滋繁费耶！目今若能直捣勒乌围，擒其渠首，固为快惬，或鼓勇摧锋，屡有克捷，贼酋穷迫乞命，因而开三面之网，俯准纳降，亦可绥靖边徼。经略大学士即当于三五日内振旅凯还，舒赫德亦相随返旆。其善后事宜，即交策楞办理。朕思贼巢踞此绝险，攻剿费如许物力，若仍以付之番酋，取彼予此，是殄一寇复增一寇，实多未便。应于勒乌围驻一副将，卡撒、党坝列营防御，而打箭炉驻一总兵，可以外控诸番，内卫疆圉，声势庶为联络。如四月初十间，莎罗奔、郎卡尚稽天讨，未遽殄灭，则于要害地设弁置守，打箭炉镇以总兵，是在策楞、岳钟琪详悉筹办。满兵分队撤回，沿途督、抚善为接应，班第、兆惠以次在后徐行。其会审讷亲一事，计舒赫德抵川与策楞相去不过数日，军前无鞫讯之暇，应听大学士傅恒酌定。至班滚一节，竟不必办。庆复之罪已定，得班滚亦无可加。而一经搜捕，至速亦须旬日，以日费万金计之，何必过耗帑项，购一逃蛮之首耶！策楞因伊弟身罹重遣惭愤极为诚切。夫父子罪不相及，何况兄弟，策楞自属可用。但伊倘以讷亲退缩为前车，或至冒险不顾。伊乃国家大臣，自宜善为持重，不可任其一往，致有意外。一并传谕经略大学士，令其留心。"

（高宗朝卷三三一·页八下～一三下）

○乾隆十三年（戊辰）十二月壬寅（1749.2.9）

又谕（军机大臣等）曰："讷亲自办理金川军务以来，行事乖张，心怀畏缩，视士卒死伤从不动念，惟安逸是图，娱乐是耽。而于道路之险阻、兵民之疲惫，一切艰难困瘁之状，从未据实入告。朕因军旅重大，不容久误，特命大学士傅恒前往经略，调遣满、汉官兵，飞刍挽粟，筹画多方。设令讷亲、张广泗早行奏闻，朕必加以裁酌，不至多此一番劳费矣！今朕于此事，颇为追悔。但办理已成，无中止之势。即此而论，讷亲、张广泗误国之罪，可胜诛耶？讷亲、张广泗二人乃军前之劳人、愆卒所共切齿。张广泗虽经伏法，而士众尚未亲睹；讷亲若在成都审明待报，未免往返稽迟，著舒赫德将讷亲带往军前，会同经略大学士傅恒，一面讯明，一面即将伊祖遏必隆之刀于营门正法，令军前将弁士卒共见之。此旨著侍卫鄂实赍往，交经略大学士傅恒、尚书舒赫德遵照办理。"

（高宗朝卷三三一·页三五下～三六下）

○乾隆十四年（己巳）正月甲子（1749.3.3）

又谕（军机大臣等）："前命侍卫鄂实赍旨交尚书舒赫德，将讷亲带往军前，会同经略大学士傅恒审明，于军门正法。续据福成奏称，讷亲不进饮食，卧床不起。舒赫德过宁羌时，已交法保押赴川省等语。讷亲负恩误国，宜正典刑。今心知情罪重大，欲求自毙，不得听其幸免。著传谕鄂实，如讷亲尚在中途，鄂实即暂留成都，催令讷亲到日，会同该署抚藩臬及副都统等宣布此旨，于该处将讷亲正法。鄂实仍赴军营，留住一二日即行回京。若已过成都，著速行押赴军营，遵照前旨办理。鄂实亦于一二日后回京。"

（高宗朝卷三三二·页五〇上～下）

○乾隆十四年（己巳）正月戊辰（1749.3.7）

又谕（军机大臣等）："朕前降旨，将讷亲于军前正法。后经传谕鄂实带往成都，会同地方官办理，如讷亲已过成都，即催赴军营，照前旨办理。今大兵既撤，不必前往军营。著于此旨所到之地，如系府、县，仍即会同该地方官将讷亲正法。倘无官员之处，鄂实即系钦差，竟行宣旨正法后，告知经略大学士忠勇公傅恒、尚书舒赫德可也。"

（高宗朝卷三三三·页一九上～下）

○乾隆十四年（己巳）二月辛巳（1749.3.20）

又谕（军机大臣等）："经略大学士忠勇公傅恒奏称审讯汉奸王秋、张广泗家人薛二，供出张广泗婪得小金川土司泽旺及已正法之贼党良尔吉、阿扣等金银一案。张广泗以封疆大员身膺军旅重寄，需索内地属员尚为不可，乃借端诈骗番夷金银多赃，贪污黩法，玷辱班行，贻笑蛮服，莫此为甚。且伊既赃私累累，而查出资产无几，必有巧于隐匿寄顿之处。著将伊子张极等拿交刑部，并伊家人薛二亦著该督策楞锁解来京，军机大臣等会同该部严审追究定拟。并传谕各省督、抚将张广泗资财家产一体严查，毋得徇纵遗漏。经略大学士傅恒原折及所录供单示稿，发交王大臣等阅看。"

（高宗朝卷三三四·页四上～五上）

○ **乾隆十四年（己巳）二月丁亥（1749.3.26）**

敕封疆大吏奉公尽职谕："金川用兵一事，今允降班师，大局已定。皆由经略大学士忠勇公傅恒忠诚任事，有以倡率诸臣，故能肃军纪而靖边徼，迅奏肤功。朕思督、抚身任封疆，关系綦重。从前瞻对之役，庆复若实心办理，金川不致复生反侧。即金川之役，张广泗若实心办理，军务必不致久延。乃张广泗措置乖方，有心贻误。而纳［讷］亲以信任之大臣衔命前往，一味高傲偷安，其于军前实在情形及张广泗种种劣迹，概不据实入告。伊素性刻核、遇事吹求，张广泗之劣迹，岂漫无知觉？盖恐张广泗发其阴私，故含忍朦混，而公事之败坏，至于不可收拾。是以费上年如许筹办，赖有经略大学士傅恒殚竭丹衷，不辞艰瘁，奏报悉归确实，行事恰合机宜，贼酋闻风震慑，哀吁投诚，朕得以洞悉情形，俯准纳款，决策罢兵。而偕行宣力诸臣如舒赫德、策楞、尹继善等，咸能知所效法，勇往急公。固由经略大学士傅恒有以感动激发，而实皆诸臣职分内应尽之事也。夫拊育黎元，澄清吏治，绥靖边方，皆封疆大吏专责。食其禄者忠其事，人人各有应尽之职。督、抚受朕简任，若必待唱而后和，安所得如许公忠体国之大臣？驰驱尽瘁为之标准，且已独非大臣乎，其平日所为靖共尔位者何事？如或地方猝遇重大之事，廷臣中一时不得可遣之人，而守土大员又不自知奋勉，将必朕亲行而后可乎？朕非忍薄视诸督、抚，谓皆庆复、张广泗之流。而庆复、张广泗固督、抚中人，且在督、抚中众所推为尚能办事之人也。今见其身罹重辟，则从而指摘之，非议之，试平心而论，前此不尝称誉之，推重之耶？庆复、张广泗在云、贵、川、广、陕、甘颇著能名，而终于败露，可见平日苟且涂饰，其居心欺诈，为天理之所不容，必致偾事丧身，无可解免。此诸臣亟当猛省，早图易辙，勿谓远省之事，可以藏垢匿瑕，幸逃法网也。至于军旅为国家重务，诘戎禁暴，督、抚最当留心。而军律以赏罚明当为先，鼓励人心，振作士气，其权全在于此。有如张广泗于马良柱之摧锋克敌、威著群蛮者，则捏款劾之，许应虎之失机陷贼、苟活幸免者，则奏请令其回任。经朕降旨严饬，始拿送治罪。其颠倒任情，一至于此！而赃私狼藉，婪及叛番，贻笑外裔，更为无状！则张广泗之立行正法，实属伊之侥幸，使此二事早明，则当处以凌迟重辟。任督、抚者宁可不以是为炯戒，而勉效公忠耶！此番命将出师，飞刍挽粟，太府金钱不无耗费。然负恩误国之人，由此发露底里，朕得按法惩创，申国宪以儆官邪。而忠纯报国者，试之艰巨，验其谋勇，亦得训导裁成，端表率而风有位，此于世道人心深有裨益。乃国家亿万年无疆之休，非一时一事近功浅效之所可同日语也！惟愿诸臣有则改之，无则加勉，以副谆切训诫之至意。"

（高宗朝卷三三四·页一三下～一六下）

○乾隆十四年（己巳）二月庚寅（1749.3.29）

侍卫鄂实奏："正月二十九日行至班拦山，接奉谕旨，将讷亲正法讫。"报闻。

（高宗朝卷三三四·页二二下）

○乾隆十四年（己巳）三月己未（1749.4.27）

谕曰："讷亲从前于金川军务支用过养廉、赏赉及建碉银两，经户部题明，作十倍赔补。续又据尚书舒赫德查出讷亲滥用银两、米石及一切冒支之项，均应照前例，著落伊兄弟名下倍追。前据策楞具奏，每年愿同爱必达、阿里衮共还银二万两。朕以策楞办理诸务能实心实力，坦白自将，毫无观望，加恩免其还缴，令爱必达、阿里衮按年交清。今思巡抚虽有养廉，而应办公事亦多，设措赔项未免拮据。朕念伊等祖父曾与国家效力，况弟兄罪不相及，爱必达、阿里衮应赔银两，著一体宽免。此朕格外之恩，伊二人更当殚心职业，力图报称。如稍有疑虑因循，不克勉矢真诚之处，不能逃朕洞鉴，是伊等无福承受恩典矣。该部、旗知道。"

（高宗朝卷三三六·页二七下～二八下）

傅恒奉命督剿，增调官兵，"尚难必克"；允降班师，优叙奖赏

○乾隆十三年（戊辰）九月己卯（1748.11.18）

谕："大金川用兵一事，前因张广泗布置经年应有成算，是以命讷亲前往经略，筹办善后事宜。不意讷亲至彼，张广泗既漫无成功，诸事推诿，而讷亲以羸弱之躯，复不能躬历行阵，惟图安逸，经朕督饬，究不能大有克捷。即折奏一事，亦前后矛盾，于情形并不明晰。较之向日在京办事之勤敏精详竟似两人，实出朕意料之外。若非伊福薄，难胜斯任，何至于此？朕实为之惭愧！自御极以来，第一受恩者，无过讷亲，其次莫如傅恒。今讷亲既旷日持久，有忝重寄，则所为奋身致力者，将惟傅恒是属。傅恒年方壮盛，且系勋旧世臣，义同休戚。际此戎马未息之时，惟是出入禁闼，不及援枹鼓勇，谅亦心所不安。况军旅之事，乃国家所不能无，满洲大臣必历练有素，斯缓急足备任使。傅恒著暂管川陕总督印务，即前往军营。一切机宜，悉心调度，会同班第、傅尔丹、岳钟琪等妥协办理。务期犁庭扫穴，迅奏肤功，以副委任。"

又谕："金川逆酋不法，虽出师征剿，因无满兵，尚未奏凯。若不早为筹画，不但兵丁久驻塞外甚属劳苦，亦且虚糜国帑。朕思我朝满兵素称勇敢，身临行阵，唯有捐躯效命，奋勇先登，从无退缩。若选派满兵数千前往，必能速奏肤功。现今虽于八旗前锋护军内挑兵一千名操演云梯，但为数尚少。著再择汉仗好者一千名，合为二千之数。从前已降旨令东三省各选骁勇兵一千名以备调用，云梯兵丁应如何料理起程，东三省兵如何量其道路远近，令分起于何时自彼处起程，明岁几月抵京，作何料理令赴军营之处，著军机大臣会同督理操演云梯大臣庄亲王、恂郡王、阿克敦、丰安详悉妥议具奏。其京城兵丁，即著派出之王大臣等会同挑选。"

寻议奏："自京至西安计程二千六百余里，分为八站，每站备马八百匹、车三百辆。自西安至军营，交该督、抚等按照自京至西安分设站数，酌量道路险易详加筹画。如遇不可行车之处，照车数备马。倘驿马不敷，即于各该省绿旗马内通融；如仍不敷，即雇骡应用。马有倒毙，动项买补。车辆均令雇觅。至现在操演云梯，先令三百名起程，其余京城及东三省共兵四千七百名，每起酌定三百名，共为十六起，每隔五日一起。京兵

自十一月初五日始先行起程。盛京兵于本年十一月、船厂及黑龙江兵于十二月陆续俱可抵京，即备行装，自十二月初五日始随京兵次第起程。派往官员，俱分别等次赏银。东三省兵丁，沿途俱给口粮。再，查云梯兵一千，已属敷用。其添派一千名，不必再行操演；令该管官操演枪箭，熟习步伐。仍令大臣时加查察。"从之。

（高宗朝卷三二五·页三○下～三三上）

○乾隆十三年（戊辰）九月庚辰（1748.11.19）

又谕护川陕总督傅尔丹、署四川巡抚班第、四川提督岳钟琪："朕前谕军营事务令傅尔丹、班第、岳钟琪会商妥办，日来不知该处情形若何？虽天寒多雪，开霁之时尚可用力，曾否有奋勇前进攻克之处？今朕已降旨，命傅恒前往，所有现在应办攻剿事宜，尔等务须乘机度势，可进则进，毋致后时。从前张广泗闻有讷亲经略之命，辄心怀观望，诸事推诿。军营大臣等皆不免此习。今当以此为戒，不得仍前因循怠玩，坐待傅恒之至，转致稽迟有误机会。现在各路进攻，如有可以克获情形著即具奏。至营中堪用之兵，实数若干？伤病回营者，缺额曾否募补？京中所运冲天炮位，于何时送到？用之可能应手？一并详悉奏闻。"

寻傅尔丹、班第奏："现在卡撒一路，虽得色底双碉、左右山梁等处，而前抵刮耳崖贼巢，尚隔山梁三道。两旁碉寨层密，贼备甚严。目下天气严寒，士无斗志。且今岁力战数次，伤亡及遣回者数千，调遣不敷，兵气积馁。党坝一路，前虽攻克跟杂等寨，据岳钟琪札称，欲抵勒乌围贼巢，尚有得什溪、恶尔溪、喇嘛寺间阻，目下未能进取。惟有严加守护，俟来岁大兵会齐，同时并进，自能一举成功。再贼番日在卡外乞降，虽诡谲难信，如果情急求生，或可相机筹办，以省兵力。至实在各路军营及分防附近卡汛可更番攻战者，共计汉、土兵二万五千一百余名。至于缺额之兵，俟明年添兵到日，一并檄调补足，庶不徒费粮饷。冲天炮位约此时可到成都，到时试用，再行奏闻。"

得旨："看此，汝等明有推诿观望之心矣！朕亦不加督责，大学士傅恒不日即到，看汝等何颜对朕耳？"

（高宗朝卷三二五·页三六下～三八上）

○乾隆十三年（戊辰）十月壬午（1748.11.21）

谕："大金川所调满洲兵五千名，自京起程前赴军营。经王大臣等定议，请于所过省分预备车辆、马匹，按照分定程站逐程料理前进。但沿途须有大员督办，始为妥协。……该部即速传谕知之。"

谕军机大臣等："大金川所调满洲兵五千名，朕已经降旨令总督那苏图、巡抚硕色、将军博第、布政使武柱预备车马，按照程站逐起料理前进。伊等既不获亲赴行间效力，而于官兵经过料理应付之处，犹复经理不善，于心何安？宁不有愧耶？可传谕各督、抚、将军等，将来兵丁经过该省地方，务须躬亲料理，前往分站处所，督率属员详慎筹办，俾其迅速遄行，始为妥协。如伊等业已尽心经理，事事合宜，而兵丁少有滋事，则以满洲大臣弹压满洲兵丁亦属分谊所当然。其各实力遵办，毋得忽视。"

军机大臣等议复大兵进剿金川办理起程事宜："查从前遣往北路军营，满洲官兵皆给马。今大金川路远险狭，牧放不便。臣等酌量，由京至西安二千六百余里，请设台站八处，每台备马八百匹、车三百辆。由西安至军营，多系山路，应交该督、抚酌量平险远近，应设几站。如遇不能行车处，核照车三百辆之数预备马骡。如驿马不敷，即将绿营马拨用。如尚不敷，则雇骡应用。马有倒毙，即动项买补。车辆皆令雇用。现在云梯兵三百名业已起程，其余京兵及东三省兵共计四千七百名，应分十六起，每起三百名，隔五日一次起程。沿途宿处或屋不敷，应预备帐房或凉棚，俱交该督、抚备办。京兵于十一月初五日始先行起程。盛京兵于十一月内，船厂兵于十二月十五日，黑龙江兵于十二月内，尽数抵京，即备行装。自十二月初五日始，随京兵后次第起程。派往大臣每人赏银四百两，章京官员一百五十两，什长等八十两，前锋护军等五十两。东三省官弁亦照此赏给。再，查操演云梯兵一千名已属敷用，所添派一千名仍令操演枪箭、步伐。"从之。

又奏："棉甲于军中有益，初次起程之云梯兵三百名，已各给一件。库存尚五千余件，应将次第进发之满兵四千七百名，各给一件。又，续派云梯兵一千名，已操演鸟枪，应每人各给鸟枪一。"报闻。

（高宗朝卷三二六·页二上～一一上）

○乾隆十三年（戊辰）十月乙酉（1748.11.24）

又谕（军机大臣等）："朕从前将班第、乌尔登、萨音图、法酬等派往金川军营，原以伊等皆系满洲大臣，曾经行阵，一至军营必有奋勇先登，督兵破贼。不意伊等既到军营，并未奋勉，而临战时，反觅可以藏身之处，在彼监视。夫战阵之时有觅地藏身之理乎？伊等既觅可以藏避之处以保身，则并不能目睹兵士之战斗，而又何以督率鼓励，使之皆舍身奋勇乎？本应治罪，但念伊等皆系听从讷亲指使，是以加恩宽免。著传旨严行申饬。今朕已命傅恒经略军务，傅恒断不似讷亲之畏怯退缩。伊等亦宜痛改前非，竭力奋勉，以图赎罪。若仍不悛改，亦断不能逃朕洞鉴，至时虽悔无及矣。"

（高宗朝卷三二六·页一四下～一五下）

○乾隆十三年（戊辰）十月庚寅（1748.11.29）

谕（军机大臣等）曰："大学士傅恒奉命经略金川军务，朕念金川用兵几及二载，尚未成功，固由士卒不能鼓勇先登，摧锋陷阵，然此非独士卒之过也。讷亲、张广泗等措置乖方，毫无谋略，不身亲督阵，畏缩不前，且号令不明，赏罚不当。将弁因而效尤，至临阵时，亦择可以障蔽之地，为自全计，惟令士卒冒险受伤。士卒独非身命乎？冰雪沍寒、瘴疠暑毒之区，荷戈擐甲，昼夜勿息，暴露于悬崖峭岭间。每念及此，朕心为之恻然。讷亲、张广泗既重治其罪，其士卒两年以来重罹锋镝饥寒之苦，虽在军律，兵不用命，法所不容，但士卒实为主将所误。咎归主将，则伊等罪为可宽，而情为可悯。现在经略大学士傅恒赍往内帑银两，著将汉、土军士分别赏赉，以示投醪实惠，鼓励士心。务令踊跃前驱，锐师深入，迅奏肤功。至将弁等既久未成功，虚縻廪禄，均属有罪之人，非惟赏不当加，伊等亦何颜受赏？但亦因讷亲、张广泗老师欺蔽所波及，朕故不罪。今经略视师在彼，一应满、汉将弁，俱著宽其既往，以励将来。尚其各知奋勉，思盖前愆，使壁垒一新，旌旗生色，共成伟绩，伫待策勋。布告军营，咸使知悉。"

（高宗朝卷三二六·页二三下～二五上）

○乾隆十三年（戊辰）十月辛卯（1748.11.30）

又谕（军机大臣等）曰："参将永柱统领马奈一路官兵进攻，尚属奋勇。所有以前革职之案，著该部准其开复。"

四川提督岳钟琪奏："九月十二日，同护军统领法丑派侍卫京皎、丹泰、钟秋等，协同副将铁景祐等，领兵攻康八达山梁，大败贼番。是夜，参将乌德纳等领兵暗击康八达山下河边跟达等处，夺毁大战碉二座、小战碉三座、平房四十间、木石各卡十座、石洞二座，焚贼粮十二仓。十四日，又攻取石洞一座，计得跟杂一带地方，南北约四十余里，东西约二十余里。是夜，贼番来犯营卡，遇伏伤败。十八日夜，守备张汉等领兵由沿河一带克取葛布基大碉八间、小平房六间、木城一座、石卡四处，斫破大皮船四只，前后杀贼甚众。查看彼处，左倚山险，右近大河，前有恶尔溪大战碉六座，周围俱有石城，贼番甚众，又有日旁山贼及康八达山上贼众救应。我兵攻战一夜，未免疲乏，后无接应，因暂收兵。"

奏入，谕军机大臣等："据军营奏报党坝一路官兵九月内斩获贼番、烧克战碉、夺取仓舍等情形，较之别路大有起色。良由岳钟琪调度得宜，是以有此克获。金川军务，从前因讷亲、张广泗乖张迟误，深负朕恩，今已重治其罪，特命大学士傅恒前往经略。大学士矢志笃诚，必能使壁垒一新，功成迅速，不似讷亲等之偷安自逸，致馁士气。但军机惟在呼吸之间，岳钟琪现在军中身膺重寄，乘此破竹之势，如有应行奋往取效当前者，即相机董率将士鼓勇先登。纵未能犁庭扫穴，而多克坚碉，擒剿丑类，长驱深入，亦足以壮先声而褫贼魄。即经略到后，诸事虽属同功一体，尚不若经略未至之先，岳钟琪自行出力奏捷，足以见伊感激图报之实心，仰副朕弃瑕录用之本意，岂不更于颜面有光耶！其目下进取光景若何？著一并具折速行奏闻。可传谕知之。"

又谕："此次岳钟琪所报攻克跟杂、葛布基等处，看来似距贼巢不远，但此处图中未经注明。著将军机处奏片并金川舆图寄与傅尔丹、岳钟琪，令其将现在攻克地名，并各路官兵某人所领已至某处、某人所领尚驻某处，计离贼巢道里若干，逐一粘签，即速驰奏。"

护川陕总督傅尔丹奏谢。得旨："讷亲等辜恩负国，已有处分，卿今护理总督，董兵临敌，岂可坐视。且朕今命大学士傅恒前往经略，卿岂可待大学士之至而后告成功耶！此际宜勉之，可进则进耳。此旨到，将近日情形，卿何以鼓励布置，何以进取攻夺，一一据实速奏，以慰朕望。不可仍似讷亲、张广泗之流也。"

（高宗朝卷三二六·页二五下～二八下）

○乾隆十三年（戊辰）十月壬辰（1748.12.1）

谕军机大臣等："现据傅尔丹奏请添调满、汉官兵二三万，朕已命军机大臣酌量分派调往。计其陆续到营，当需时日。从前岳钟琪减撤土兵，召募新兵千有余人，颇称精锐。昨奏到党坝进攻情形，屡有克捷，固由岳钟琪调度有方，而新募士卒之奋勇得力已著明效。现在所有缺额，自应尽数召募充补。其各路军营，据报现存二万五千余人，此内老弱伤病不堪临阵者，著于经略大学士傅恒未至之先，即行实力裁汰，就近召募骁勇，以实军伍。务期士皆果锐，饷不虚糜。如机有可乘，即宜鼓勇深入，不必坐候经略之至。前降谕旨甚明。再，前据讷亲奏报，哈攀龙在军前尚有劳绩，而后此并未见伊出力之处。哈尚德向负勇名，董芳等亦经朕特遣，诸人现在进剿何地？有无奋往行走？著傅尔丹传谕询问，令其各行具折，交傅尔丹由驿站速奏。"

寻护川陕总督傅尔丹、署四川巡抚班第、四川提督岳钟琪复奏："现在军营缺额及老弱伤病等，遵旨召募、裁汰。查定例，阵伤、亡故兵丁应于军务事竣后，查明伊属眷口养赡无资者，准给半饷。但出师日久，必俟事竣查办，家口待哺堪怜。前任督臣张广泗令各营阵亡者如系守兵，悉停募补，以其粮给故兵家属；系战兵，则令守兵充补，以所遗守粮给故兵家属，以致兵额愈缺。请现在阵伤、亡故兵丁即行文本营，查明如有亲老丁单别无子弟顶补者，即给半饷养赡，不必俟事竣。其遗缺，即行募补。"

经军机大臣议准行。

（高宗朝卷三二六·页三〇下～三二上）

○乾隆十三年（戊辰）十月癸巳（1748.12.2）

谕军机大臣等："金川小丑尚未荡平，朕已专命大学士傅恒前往经略，克期奏功。除前经派调东三省及京兵共五千外，现在军营兵数尚觉未足。

经军机大臣议，于陕、甘二省调拨汉兵一万五千名，云南调拨汉兵二千名，贵州调拨汉兵二千名，湖北、湖南各调汉兵四千名，西安调拨满洲驻防兵二千名，四川调拨满洲驻防兵一千名，朕已允行。著该督、抚、将军、副都统等详加选择，务期汉仗雄壮、技勇熟练，方准入选。定期来年三月内全抵军营，毋得贻误。至西安与四川相近，令该将军会同该抚作速料理，约俟经略到营之时，即令抵营。四川近在本地，更宜即速办理。此等兵丁，俱不得以老弱疲怯之人冒滥充数。现在军营因从前挑选不慎，饬令严行裁汰。此次各省兵丁到营之时，经略自必据实奏闻，倘有前项疲弱充数之弊，朕惟各该督、抚、将军、副都统等是问。"

军机大臣等议复："护川陕总督傅尔丹酌陈添调满、汉兵丁事宜，奏称：现存战兵各路止二万四千九百余名，应请于云、贵、湖南三省及川、陕二省调汉兵二三万名；其满洲兵，请于奉天、宁古塔、黑龙江三处调取四五千名，京师八旗内调取一二千名，定于明年四月内齐集至营；其调取汉兵之内，云南可派广南府土官侬振裔、二官侬振冈领精壮沙兵二千名，内带板蚌习水性者三百名；又，临安府纳娄司土官普天明、土千总李必胜领精壮黑猓猡一千名，元江府土守备施诺利、土千总施尼勒、方国臣共领精壮黑猓猡一千名；再，贵州长寨营、定番州二处派带狼毒药箭土兵五百名；以上各兵，皆勇悍惯战，为金川所畏等语。除满洲兵已于东三省及京师八旗内派出五千名，无庸置议外，查陕、甘二省兵数约及十万，原拨止一万余名，应请再调一万五千名；云南共兵四万八千余名，已调二千名，应再调二千名；贵州共兵三万七千余名，已调三千名，应再调二千名；湖南共兵二万四千余名，应调四千名；湖北与湖南接壤，从前岳钟琪亦曾请用楚兵，应亦调四千名。以上共有二万七千名。再请于西安驻防旗兵内调二千名，四川驻防旗兵内调一千名，以足三万之数。陕、甘二省应派总兵二员、副将二员、参将四员统领，湖南、湖北各派总兵一员、副将二员、参将二员统领，云南、贵州各派总兵一员、副将一员、参将一员统领，西安应派副都统一员、协领一员统领，四川应派协领一员统领，务于来年三月内齐集金川军营。其所奏调遣云、贵沙兵之处，傅尔丹不过得之访闻，其是否有用，俟臣傅恒到营之日筹酌。"

得旨："依议速行。"

相机攻剿，毋得怠日玩时，老师坐守。其良尔吉、王秋二人，前降旨令张广泗亲带来京。今据讷亲折中有'遵旨明正其罪'之语，而于何时何地正法并未奏明。可传谕傅尔丹、岳钟琪等，如二人已经正法，或张广泗已经亲带来京，著查明奏闻。如尚未办理，著俟经略大学士傅恒到日查办。"

（高宗朝卷三二七·页一三上～一四上）

○乾隆十三年（戊辰）十月丙午（1748.12.15）

经略大学士傅恒奏："臣等原议京兵一千七百名，船厂、黑龙江兵三千名，分为十六起起程，每起兵三百名。今遵旨酌量每起兵五百名，应将京兵一千七百名分为四起，头起兵五百名，余俱四百名，船厂、黑龙江兵每起俱五百名。应行文直隶、河南、西安、四川各督、抚、将军等，令将驿站所需车马，作速添备。"

得旨："依议速行。"

（高宗朝卷三二七·页二〇上～下）

○乾隆十三年（戊辰）十月己酉（1748.12.18）

直隶总督那苏图奏："满兵进剿金川经由直隶，商民聚集，用钱必多，钱价未免高昂。查司库现存宝直局鼓铸余钱二万六千六百余串，今酌于良乡、清苑、正定、临洺关分站处所，每处发制钱八百串，委员经理，以平市价，使纹银一两，易制钱八百文。再，清苑附在省会，人居稠密，官兵经过，粮价不无滋长。查保定府新建仓内贮漕米易谷四万石，今酌动碾米，预备平粜。"

得旨："甚妥。知道了。"

又奏："满兵赴川，原议分十六起，每起三百名，隔五日一次启行。臣已令各站预备车马应付。今军机处咨，以五百名为一起，令料理添备。伏思军机处所议，以五百名为一起，隔五日一次启行，自十一月初五至二十日，京兵俱可起程。以臣愚见，若仍以三百名为一起，隔三日一次起行，计算自十一月初五至二十日，京兵亦可全数起程。"

得旨："军行迅速则成功亦速，汝不可为此奏也。即多费些须，何妨？速行办理，莫误军机。"

（高宗朝卷三二七·页二五下～二六下）

○乾隆十三年（戊辰）十一月壬子（1748.12.21）

谕军机大臣等："哈攀龙、冶大雄、哈尚德三人年力正强，尚属骁勇，可备驱策，特发往金川军营，令及时自效。乃伊等到营，并未闻有克获建功之处，所领兵丁作何布置，作何攻取，亦未有一折奏闻，仅于此次傅尔丹折奏中具名请安。不知伊等在彼所办何事？武弁身临行阵而坐守经年，不能攻坚陷阵，能无愧乎？可传旨询问，令伊等明白回奏。"

寻署松潘镇总兵哈攀龙复奏抵营后防战情形。得旨："览。汝尚在可嘉。有旨谕部。"

昭通镇总兵冶大雄复奏。得旨："览奏俱悉。罪皆讷亲、张广泗之所致。汝等能改过奋勇，仍论功行赏。勉之！"

古州镇总兵哈尚德复奏。得旨："汝此番颇不满朕意，竟不似汝从前之奋勇，以后勉之。"

护川陕总督傅尔丹奏："臣前在北路军营见满兵俱用丝棉长甲抵御枪子，颇觉有益。又，解送到营之糌粑拉鸟枪，食药三钱，铅子五钱，质轻形短，既能致远，又于山林密箐背负为便，请敕令制造备用。"

下军机大臣等议行。

（高宗朝卷三二八·页四上～八上）

○乾隆十三年（戊辰）十一月癸丑（1748.12.22）

经略大学士傅恒出师，上亲诣堂子行祭告礼，经略大学士及诸王、大臣、官员等俱随行礼。上亲祭吉尔丹纛、八旗护军纛于堂子大门外。经略大学士及出征大臣、官员等俱随行礼。上还，至东长安门外幄次，亲赐经略大学士傅恒酒，命于御幄前上马。上还宫，经略大学士傅恒出阜成门，上命皇子及大学士来保等送至良乡，视经略大学士傅恒饭罢，乃还。

谕曰："武维藩著赏银一百两，驰驿。即于明日起身，随大学士傅恒前往金川。至彼处，将邵正文换回。"

（高宗朝卷三二八·页八下～九下）

○乾隆十三年（戊辰）十一月甲寅（1748.12.23）

谕军机大臣等："大兵奏捷，向有告祭陵庙之典。明岁经略大学士傅恒捷音一到，朕当亲诣泰陵祭告，仰慰皇考在天之灵，便道巡行畿辅，前往展礼五台。所有应行经历之处，恐临期预备，匆忙不及，著传谕那苏图、阿里衮密行预为留心。俟临期一二十日之前另颁谕旨。"

又谕："八旗护军之纛既经致祭，自应带往军前。著于京师四拨兵丁起程时，分令带往。俟到军营后，著经略大学士酌量分给现在军前满大臣傅尔丹等，以壮军威。将此传谕大学士傅恒知之。"

又谕："京师满兵于本月二十日即可全行起程，应令船厂、黑龙江兵接续前往方是。可速传谕永兴等，将彼二省所派兵丁作速催趱起程。伊等即由京师驰驿前往，则行装俱可从简，惟令轻骑来京可耳。"

（高宗朝卷三二八·页一一下～一二下）

○乾隆十三年（戊辰）十一月丙辰（1748.12.25）

又谕（军机大臣等）："据贵州提督丁士杰奏称，接准哈尚德来文，需用火药、火绳、铅弹等物，现在星速制办，委员押送等语。金川现在用兵，所需火药、铅弹等项甚多，军营难以制造，自应令各该营制就运往为便。但火药、铅弹等项为攻击所需，关系紧要，必须立法稽查，使之均归实用。军前各营所有火药、铅弹，在本营领兵大员或偶一检点，即傅尔丹亦未必悉行综核，其中倘有不肖弁员兵丁，因见解来数多，贪利营私，偷取货卖，转以接济逆番，不可不密为防范。经略大学士傅恒亦曾言及此。到营之日，自必留心。其应作何查察之处，随时加意办理，毋令弁兵等有私行透漏等弊，庶于军务有裨。今因丁士杰有此奏，思及此，故随便寄去。"

又谕："据傅尔丹、班第等奏报军营情形，内称目下冬寒雪大，不能攻击，卡撒、木冈、木达沟、申札、正地等处俱修有碉房，足资固守，饬令深沟高垒，昼夜防范等语。朕命班第前往军营，原以冬雪开霁之时，或机有可乘，即应协同傅尔丹等鼓勇前进，不得坐候经略之至，屡次所降谕旨甚明。今乃筑碉为固守计，此讷亲故智，不过自留地步，偷安旦夕，以艰巨之任推卸于经略耳。金川用兵本因逆酋负恃险阻，意欲并吞诸番。若不急为剪除，则番众必为之煽动，其罪实不可容，是以振旅兴师，期于犁庭扫穴。夫堂堂天朝，不能歼灭小丑，何以服群蛮而消奸慝。倘效尤蜂起，其得置之不问乎！从前营伍懈弛，士气委靡，不能克期奏绩者，皆苟且自全之念误之也。任军事者，当知以进剿为重，有战无守。如折中所称护卫粮运，夫粮运不过行军之一事，况战胜，则运道自无阻碍，且可因粮于敌，不得因护粮而误进剿。至险隘之区，当攻夺而不当戍守。如以守而已矣，何不专守打箭炉一路，令彼不敢侵轶，岂不省饷息兵！何事经年动众，兴此大役乎？傅尔丹起久废之余，年齿已老，尚未必为偷安自保之计。班第素性善于推诿，此所奏必多出于班第主见。其退缩畏葸，实乃讷亲之续。在平时办理寻常事件，或可姑容，军旅大事，岂容轻恕。前此降为侍郎，尚属轻典，著传旨严行申饬。伊等既有此情形，即勉强前进，亦未必有济。著傅尔丹、班第且暂行驻守，候经略到营，布置严密，奋勇长驱，以图大捷。班第等不得因有此旨，于第一起满兵到日，辄先为尝试，轻用其锋。并冲天炮亦候经略到后施放。计经略大学士傅恒到川，为期不远。但自成都前至军营，道路险阻迂曲，士马刍粮均须料理周备，以养其锐气。军营有傅尔丹在彼坐镇，一人已足。班第或至前途迎会经略，或回成都一路查办。如经理得宜，使大兵迤行续进，功过尚可相准，倘军行稍有阻滞，必按贻误军机之律，通前罪一并从重究处。伊自思平日之受恩何如讷亲，讷亲朕已重治其罪，案虽未定，伊独未之闻乎？再者，军营消息须时刻相通，不必顾惜邮传劳顿，以致稽迟。前已屡经传谕，今傅尔丹等奏报，尚复如此稀疏，即寄往舆图，令其签贴地名，并非难办之事，及今又将经月，均未复奏，甚属迟缓。一并传谕知之。"

（高宗朝卷三二八·页一四下～一八下）

○ 乾隆十三年（戊辰）十一月戊午（1748.12.27）

又谕（军机大臣等）："据傅尔丹奏称：从前进攻阿利山左首一碉，贼知我兵习于上碉，预于碉顶挖穿小孔，俟我兵跃上，贼于孔内施枪，各兵鞋袜底皆穿，不能站足，所带火炮，不及挖投，上碉四十人悉被伤损，是以后兵不敢复上等语。我兵攻剿，原以夺碉据险为最要，今贼番用计抵御，致损官兵，虽因后无接应，而先登之众挫折可悯，逆番凶狡殊甚！日前操演云梯兵丁，预备攻碉之用，观此情形，则薄险前进之时，更当相机持重。倘势有可虞，或别筹良策，不可轻用其锋。著传谕经略大学士傅恒，令其留心。再，班第参奏运粮贻误营私之保宁府降调知府周岐、汶川县降调知县刘士缙，舞弊作奸，种种劣迹，已令该督等严审究拟，并谕军机大臣传谕，查伊原籍家产。此等劣员，非寻常斐赃可比，审明时即于军前正法，亦罪所应得。但经略以军务为重，此等案件无暇兼顾，实亦不必分心。即遵另谕，酌量交傅尔丹或班第等办理。又，傅尔丹等奏称，伊等近于美诺会商调兵运饷诸事，明系观望迁延，以待经略之至。其岳钟琪，从前尚有奋往之意，今亦不免迟回，业经传谕申饬。大学士计日可抵军前，一切进攻事宜，当另有筹办，亦无须伊等之竭蹶矣！至张广泗贻误军机，罪已莫逭，今乃有需索番目财物等事，更出意料之外。大学士所奏甚为详确，即照大学士所奏办理。朕将来办理此事，亦惟有赏罚分明，不肯稍为姑息耳。将此一并传谕知之。"

又谕曰："傅尔丹等具奏美诺会商军务一折。据称现在定议调兵确数、运粮事宜并需用器械等事。观此情形，诸事一无就绪，明系借端支吾时日，坐待经略之至。在傅尔丹起于久废之余，且未经外任，于调度绿旗兵丁非所谙悉，甫署督篆未能厌服众心，此自实情。然其不奋勉，则属愚老而可悯笑矣！班第则情殊可恶，伊生平以推诿为能。若在寻常供职部院尚可自全，至军国重事，亦务为偷安保守之计，为大臣者岂宜如此！至岳钟琪日前进攻申达等处，据险夺碉，军威稍振，深冀其奋勇奏功，今伊亦敛军坚壁，毫无寸进，与傅尔丹、班第等何异！著一并传旨，严行申饬，目今经略大学士抵营在迩，伊等惟有驻守防御，毋得稍致疏虞。统俟经略到日，从长筹办可耳。"

（高宗朝卷三二八·页二四下～二七上）

○乾隆十三年（戊辰）十一月辛酉（1748.12.30）

军机大臣等奏："派往金川之船厂、黑龙江兵到京，奏谕旨皇上亲赐筵宴。此二省官兵三千名，计共六起，若每次俱蒙皇上亲临赐宴，伊等心必不安。请皇上不必亲临，容臣来保同办理筵宴之大臣等俟各兵等到京次日，至丰泽园赐宴颁赏，即令于次日起程。皇上出宫，或于瀛台，或于永安寺回跸之时，臣等率领官兵等道旁排跪，俾得瞻仰谢恩。"

得旨："朕所御蒙古帐房，照常预备。朕若在瀛台回跸时，令官兵在路旁瞻仰。"

（高宗朝卷三二八·页三八上～下）

○乾隆十三年（戊辰）十一月癸亥（1749.1.1）

谕军机大臣等："初七日所发经略大学士事件，计程应于十二日午间复到，乃逾一日未到，或俟下次应奏之事一并奏复，抑或途中接得军营奏报，有应行查办之处，以致稍迟，可寄字经略大学士于便中复奏。……军旅固关紧要，第金川不过一隅，视机务孰为重大？且朕躬岂宜过劳！经略大学士到彼，荡平勒乌围、刮耳崖，即应遵照前旨，飞报大捷。其莎罗奔、郎卡擒获献俘，固善，纵或兔脱潜逃，只须留兵搜捕。一切应办事宜，或交傅尔丹，或交岳钟琪。若策楞到彼，或交策楞、班第等。经略大学士酌量分布妥协，于奏捷后四五日内，即当驰赴阙庭，赞襄左右，不必待奏到奉有谕旨方行旋旆矣。此旨必应遵。大学士到彼，即将此旨传示傅尔丹、达勒当阿等。至经略大学士在京时，曾面奏金川殄灭之后，乘我兵威，搜讨班滚。朕思金川告捷，大局已为完美。若再办班滚，未免过求万全。夫班滚之所以必期弋获者，惟以折服庆复之心耳。然班滚现在，人所共知，固可以服庆复之心也。即班滚辗转遁逃，虽生犹死，竟可置之不问。若更劳师动众，转生葛藤，譬之漏网之鱼，何必为一鱼而重施罾罟。天下事亦不可求太称意，无一毫欠缺。况持盈戒满，古训昭然。若既灭金川，又平班滚，则为太称意矣！即朕所身历者言之，深信太称意之不可期，而知足常乐，信而有征。经略大学士应善体朕心，金川军务一竣，迅速还朝，以副朕望。"

（高宗朝卷三二八·页四二下～四五上）

○乾隆十三年（戊辰）十一月甲子（1749.1.2）

谕军机大臣等："黑龙江副都统黑雅图奏称：'打牲、索伦等处兵丁人甚壮健，枪箭敏捷，惯走山林，颇耐劳苦。但一时乏粮，每有窃取牛羊以食用之事。性好饮酒，不知礼节，约束稍觉费心。若能服其心，临战甚属得力。且伊等行路甚属简便，旷野之地插木为栅，随便即可栖止。'黑雅图所奏，深知彼地兵丁情性，可传谕经略大学士知之。"

经略大学士傅恒奏："将军博第所奏：西安兵二千，分二起于十一月初三、初五日起程。查京兵每起五百名，办理驿马已属拮据。若二千兵为二起，驿马断不能给。即使各骑驻防之马，然途次尖宿，计当与京兵相值，亦多未便。臣已行文该将军、巡抚，令其酌量与京兵或前或后，总期不至壅挤。又，奉上谕西安、成都兵三千名并京兵二千名，计算可冀速奏肤功。据罗卜藏奏称，进兵应稍待黑龙江兵丁为妥。伊系经事之人，此处亦当知之。臣思行兵贵乎神速，若有可进取之机，未便因兵未到齐，坐失机宜。容臣抵军营后审度情形，乘机办理。总之，不可欲速，亦不可必俟兵齐方进。"

得旨："甚是。实惬朕意。"

（高宗朝卷三二八·页四五上～四六下）

○乾隆十三年（戊辰）十一月丙寅（1749.1.4）

谕军机大臣等："旺札勒著于本日起程，查看一路驿站，前赴金川军营。伊抵营应在经略大学士傅恒抵营后四五日，其时一切布置，大局已定。其碉卡、路径，著带领旺札勒随便阅看。或于此际满兵有交锋克捷之事，亦令伊目睹一二次，伊回京面奏，自能明晰。其经略大学士到营，宣布恩谕，赏赉众兵，军心如何感激鼓舞，士卒将弁不用命者，经经略大学士整顿责罚，军心如何奋勉自新，经略大学士到后，傅尔丹等情形何似，旺札勒还朝俱可一一面陈。统计伊往返程途，及在营留住十许日，明岁二月初间即可到京，朕得备悉军营大概。将此传谕经略大学士知之。"

（高宗朝卷三二九·页一上～二上）

○乾隆十三年（戊辰）十一月丁卯（1749.1.5）

谕："统领盛京兵一千名，著仍派副都统哲库诺。黑龙江前起兵一千名，仍著博洛纳统领；后起一千名，著副都统黑雅图统领。"

谕军机大臣等："据湖广总督新柱奏称，现在调拨南、北两省官兵，酌派将弁统领，于十二月起程赴川。又一折奏称，该省兵丁弓箭架势虽有可观，而弓力率多虚报，如报八力之弓实止六七力，其马匹，系就近购买川、黔所产并各驿赴口买回挑剩之马等语。观此情形，则楚省兵力又属寻常。从前傅尔丹等请调楚兵，盖因军中纪律废弛，士气委靡，不得已而为此请。如贫家窘迫之时，冀得锱铢，聊以壮观一时，无暇更求实际耳。今满兵既已调集九千余人，骁勇敢战，一足当百，而云、贵官兵似较楚兵为胜，即此已可用以奏功。若徒以疲弱充数，虚縻粮饷，究何裨益？新柱所奏现交军机大臣，议令照数预备，勿遽启程，候经略大学士到川，酌量应否需用，以定行止。如尚须调遣，于文到日，即令星驰前往；如可不用，即一面行文停止。至原派将弁，皆系记名可用之人，现在军前各弁戴罪者多，且日久疲玩，不能振作，楚省暨陕省兵丁即无庸调遣，其将弁仍应令前赴军营，以备驱策。再，楚省所运炮位业经抵川，自可留为攻击之用，著将奏折议稿一并抄寄。……"

又谕曰："盛京副都统哲库诺来京奏称，伊起程来京时，据盛京兵丁等泣诉：'我等已奉派出师，今若不令前往，实觉羞愤！'奉派兵丁一千名，至今尚未散回，恭候谕旨。朕心实为轸念欣悦！可见我满洲心诚气壮，勇往向前，必能使朕功速奏，较之绿旗兵丁不啻天壤。若不准前往，伊等实怀羞愤。且伊等起程所费无几，不过将云、贵等处绿旗兵丁酌减万余可耳。是以行令阿兰泰，将此项兵丁一千名作速令其起程，于十二月初五六间到京，可令经略大学士知之。"

又谕："盛京兵丁已仍行派往，从前曾降旨令将伊等马匹协济船厂、黑龙江兵丁，今则恐有不敷矣。已令军机大臣等定议，如伊等骑用之外，尚有余剩马匹情愿协济两省兵丁，则准其协济，以尽伊等报效之心。如属不敷，则科尔沁、大凌河、山海关俱已预备马匹，即著停其协济。其盛京兵丁到大凌河、山海关时，所骑马匹如有疲乏，并交与哈达哈、那木札勒，令其酌量换给。换下马匹歇息喂养，以备别起兵丁补换之用。并传谕旺扎勒，若途中遇见努三、四十八，即催令速抵军营，京城未起程兵丁已交各领兵大臣，令其迅速前行，一并传与经略大学士知之。"

军机大臣等议复："署湖广总督新柱奏料理官兵起程事宜。查湖南、湖北共派兵八千名，据奏马、步守兵均派，合计湖北马兵四百名、步守兵三千六百名，分五起前往，甚属妥协。其湖南，应移提臣史载贤画一办理。至所奏于十二月内起程，应令俟经略大学士文到，次日起程。又，该抚请于十一月内往宜昌调度，及军装器械由水路运至宜昌，由陆赴川等语，皆为妥协。又，另折请赴川官兵带子母炮四十位，先由水路送四川，亦如所请。"从之。

（高宗朝卷三二九·页三上～七上）

○乾隆十三年（戊辰）十一月戊辰（1749.1.6）

（军机大臣等）又议奏："京兵二千名分起进发，前经经略大学士傅恒妥办，交翼长、章京等约束，是以途次安静。今东三省兵四千名，虽俱有官弹压，但外省兵未经内地行走。该管官亦系本处人，不谙内地情形，倘管束稍忽，恐生事扰民。查兵分八起，除盛京二起兵及黑龙江续派二千名已奉旨交哲库诺、黑雅图统领，其余六起应请于侍卫前锋护军参领内，择谨慎晓事者各六人，每起派二人为翼长，同领兵大员悉照经略大学士所办成规加意约束。抵营后，经略大学士有欲留用者酌留，不欲者回京。"从之。

（高宗朝卷三二九·页九下～一〇上）

○乾隆十三年（戊辰）十一月己巳（1749.1.7）

经略大学士傅恒奏："接到傅尔丹、岳钟琪报匣，遵旨开看。内有傅尔丹、岳钟琪所奏愿以三万五千人由党坝进攻，再由泸河水陆并进，可破勒乌围一折。臣查岳钟琪原奏，并力党坝，而卡撒但用兵八千人防御，似为直捣心腹之计。但自卡撒直攻刮耳崖，与由党坝攻取勒乌围，仍须攻击刮耳崖，其事一例。今据傅尔丹奏称：'逐一履勘，山涧重叠，贼碉稠密，而泸河两岸亦须防贼阻截，则是由党坝直破勒乌围亦不甚易。且卡撒业已克取色底双碉，扫清左右头道山梁。若但守不攻，则贼不必分兵抵御，又将专力于党坝死拒。'是岳钟琪之议，犹属偏见，傅尔丹等意欲两路进兵，较为周备。今臣拟先至卡撒，详看情形，倘可进兵，即统大兵进剿。党坝一路，另派员添兵协助岳钟琪。若度卡撒情形尚应少待，即至党坝相度机宜。今傅尔丹所议近是。而其实在形势机要，必俟臣至军中熟筹具奏。又，岳钟琪复奏党坝一路，攻克跟杂后，尚未前进。现调杂谷土兵二千赴营协力。据云：'天气晴明，尚无积雪，则乘时进剿，正可使贼无休息。'又，傅尔丹等折内称：'卡撒仅堪驻守，党坝兵气较盛。而山广径歧，在在需兵分布。是现在不过防御，尚不能进剿。'其所称甲索既系绰斯甲巢穴，仅驻兵一千。而张广泗从前欲令撤归党坝，存粮六千石即交绰斯甲看守，是真所谓借寇兵而赍盗粮，幸而中止，否则未有不启贼觊觎者。至傅尔丹折内挑选新兵以补额缺一条，自应以惯于行山之人为上选。若简练有方，新兵自足制胜。从前张广泗将阵亡守兵，悉停募补，虽意在养赡故兵家口，而缺额不补，兵数日少，办理亦为失当。臣与张广泗从未相识，近于途次始见，初若语言慷慨，实则大言不惭，至谓与讷亲用事之员外郎阿桂交结勾通，一切蒙蔽，容臣抵营确访复奏。"

得旨："诸事精详，欣慰览之。"

（高宗朝卷三二九·页一三下～一五下）

○乾隆十三年（戊辰）十一月壬申（1749.1.10）

谕军机大臣等："经略大学士傅恒奏折，自十九日丑时到后，连日未接台报，深为盼望。此时甫在途次，不过相商此间机务，传谕知会，酌量复奏事件，尚非甚关紧要，然即已悬念矣！将来一抵军营，逐日事宜，关系尤重，必得声息时通，情形若睹，朕怀始得稍慰。但军营所办事件更多，且进取之际，调度机宜，悬于呼吸，若复料理折奏，诚有难于兼顾之势。然必将接到事件约略声明，并将现在筹办攻剿不暇即为驰奏缘由，先行陈明，则朕可得其梗概，庶不至于悬望。著传谕经略大学士知之。又，现据爱必达奏报，黔省所调兵丁二千人，俱已拣派预备调遣，计此时谅已抵川。经略大学士到彼，自应留用，以益军威，以图早奏肤功。至云南之兵，经略大学士一面办理酌量，一面奏闻。著将原折抄寄，令其一并知悉。"

（高宗朝卷三二九·页二〇上～二一上）

○乾隆十三年（戊辰）十一月癸酉（1749.1.11）

东三省官兵初队自京师启行。上幸丰泽园，赐将弁兵丁等宴，并颁赏棉甲，奖武金银牌有差。后每队皆如之。

谕军机大臣等："据经略大学士傅恒奏称，陕省所调督抚标兵一千名，雇觅驮载马骡，甚属拮据，请停止调拨，留其余力，以供应满兵等语，所奏甚为合宜。陈宏谋所云'已经奉旨，不敢不遵'非是。经略大学士系奉朕命经理一切军务之人，所区处自为允当，应从。此项兵丁应即停其调遣。至陕省绿旗兵丁调拨之数过多，朕已降旨令经略大学士再行酌量。著一并传谕博第、陈宏谋等知之。"

大学士等议复："江苏织造图拉奏称：'金川军需紧要，请将直省各关米豆税仍旧征。'查米豆税原系应征之项，乾隆七年奏旨豁免，期裕民食，乃近年米价未平，徒为奸商射利。应如所奏复旧。"

得旨："依议。……"

（高宗朝卷三二九·页二一上～二六下）

○乾隆十三年（戊辰）十一月甲戌（1749.1.12）

谕军机大臣等："陕甘督抚标兵一千名，已据经略大学士奏明，停其调遣。其陕甘所调各营兵一万三千余人，前旨虽令经略大学士酌量应否需用，以定行止，但昨览经略大学士折奏情形，陕兵当已陆续就道，黔省兵丁，据爱必达所奏，亦当起程，似未便更行撤回，应仍令前赴军营，以备各路攻剿及护粮守卡之用。其湖广兵丁，前曾谕令预备听候，尚未戒涂。滇兵路程较远，想未料理齐备。不若将此二项所调之兵竟行停止，以省糜费。经略大学士可就近酌定，一面办理，一面奏闻。至京城及东三省满兵并陕、黔绿旗兵，春初谅已先后云集。经略大学士抵川后，卡撒、党坝、马奈等紧要之处，定必躬亲巡历，周览情形，详悉布置如何进剿，如何堵御，通盘筹画，以图万全。先将调度机宜，约陈梗概，附便奏闻，以慰驰念。"

（高宗朝卷三二九·页二九下～三〇下）

○乾隆十三年（戊辰）十一月丁丑（1749.1.15）

谕军机大臣等："据傅尔丹等奏称前赴党坝与岳钟琪会商由卡撒、党坝两路夹攻一折，虽系遵旨会议，现在经略大学士傅恒已抵军营，一切机宜调度，自有成算，折内所有事宜，毋庸另行筹办。著抄寄经略大学士，听其酌量。至所称制造帐房二千顶，自系军营必需之物，经略大学士就便檄行该布政司调取，分派各营应用。又，傅尔丹等具奏罗于朝与革松结商通俄木丁诱致班滚一事。罗于朝、革松结果能将班滚擒获，则不惟可赎前愆，且应行优叙。但罗于朝系内地营弁，保无预知将伊拿解来京之信，借此迁延，未必实能办理。可传谕经略大学士当为留心。"

经略大学士傅恒复奏："接奉谕旨，以陕、甘兵不甚得力，令臣过陕时酌量停止，并楚兵亦一并酌量。臣前在西安，已奏明停调督抚标兵一千名。兹据陈宏谋言，虽云兵丁料理起身已一万四千名，但尚未为确据。今行文令查明实在起身兵数，或尚未起身者，即行停调。如果全起程，则将湖北之四千名停调。查此次调兵三万五千，今停调湖北兵，连前所停陕省标兵，共减五千，已为敷用。"

得旨："览。诸事精详，实堪嘉悦，然而甚劳精神矣。"

护川陕总督傅尔丹、署四川巡抚班第、四川提督岳钟琪会议复奏："臣傅尔丹、臣班第于十月二十三日自美诺起程，同臣岳钟琪赴党坝，即至康八达、革什戎冈、陡物党噶及新克跟杂等处履勘。地远山重，若节节攻坚，不惟旷日持久，且恐士卒多伤。兵法奇正兼行，虚实互用，是以臣岳钟琪有欲以万众水陆并进，直捣腹心之请也。臣傅尔丹等勘得康八达坡下，河身平阔，遍询土番，金称从此径达勒乌围不过四五十里，又可为甲索、党坝两路策应。但贼番能否阻截，尚须筹画。因查甲索与勒乌围止隔一河，若党坝、甲索两路联络，河道方能无阻。张广泗未审情形，止留兵千余防守，以致党坝势孤。今臣岳钟琪议以兵一万，由甲索进夺马牙冈、乃当两沟，直抵河边，会党坝兵前进。由水路突攻勒乌围，贼必惊扰，还兵自救，而我陆路兵掩杀，可冀全胜。逆酋除甲索一途，亦无后路可逸。臣等意见相同，似应如数给兵，以当一面。至卡撒一路，臣岳钟琪拟留兵八千堵御，俟夺踞勒乌围后，会击刮耳崖，意为节兵省饷起见。臣傅尔丹等以为勒乌围、刮耳崖两处贼巢，本为唇齿，我兵须犄角。勒乌围距刮耳崖八九十里，中多碉寨，道路亦险。从勒乌围攻至刮耳崖，与从刮耳崖攻至勒乌围，亦属相等，不如两路夹攻，可期速捷。然阿利山、巴朗各寨，并腊岭、石城、喇底等处，贼皆死守。向以兵单，纷纷抽拨，贼先预备，今已添兵三万，应分遣并进，将腊岭、喇底、二道、三道左右山梁各碉并力攻取。再派奇兵，直取奎角、干登及木冈等处，从上直压刮耳崖。贼本无多粮，火药渐罄，自无不破。若马奈一路，止可虚张声势，并防戎布寨之章谷一带。正地，本革布什咱旧境，自能保守，再留兵一千弹压，尽可无虞。臣等通筹全局，似有成竹可恃。至臣岳钟琪所制火器喷筒，已有成效，应就近多办，并于成都现制棉牌试用。又，臣岳钟琪已试造大船，制度坚稳，现陆续制用。惟帐房因日久雨多，尽皆破烂，请敕布政使制帐房二千顶分派。"

得旨："另有旨谕。"

又奏："军前有功把总马汉臣等九人，请逾格补用。"下部议准行。

又奏："请颁发药丸，并于成都等处募良医数人，疗治患病士卒。"得旨允行。

又复奏："细察地势军情，卡撒地方辽阔，分设营卡二百八十余处，官兵仅堪驻守，士气积馁，进辄遭伤。党坝兵气较盛，而山广径歧，在在皆须布置。甲索原系绰斯甲巢穴，仅副将王世泰带兵千余防守。该处存粮六千余石，恐启贼觊觎。美诺系小金川官寨，为我粮饷总汇，今止留兵一百名，不足弹压。现今各路并无可调之兵，因会商于川、陕二省，调取补额兵二千名，分防甲索、美诺。臣岳钟琪又传谕杂谷土司，令将伊驻守卡寨之番兵选调二千，协同招募之新兵，竭力进取。"

得旨："汝等实出无奈，尚非讷亲、张广泗误事者比。今经略大学士已抵军营，汝等和衷共襄，速图成功，以慰朕念。"

四川提督岳钟琪复奏："党坝招募新兵于九月内攻克跟杂一带，地方辽阔，系党坝至勒乌围大路，兼近泸河，距恶尔溪不远，防守不可不严。是以拨汉、土兵一千名驻守，以致官兵不敷调遣。臣访得杂谷土司尚有精健土兵自护本境，臣传齐土司苍旺等，宣谕恩威，令调遣土兵二千名赴营效力。苍旺等感激圣恩，即预备调齐。俟一到军营，臣即选拨新旧官兵督率前进。"报闻。

（高宗朝卷三二九·页三三下～四〇上）

○乾隆十三年（戊辰）十一月己卯（1749.1.17）

又谕（军机大臣等）："此番军兴供亿实为浩繁，视从前西、北两路军营费用较多数倍。彼时劳师远出，十有余年，所费不出六千万。今用兵仅二载耳，即以来岁春间奏凯言之，亦非千万不能。如运米脚价，北路经途数千里，曾减至十八两。今自成都至军前只数百里，而价亦如之。固属从前所定章程未为详妥，但由斯以观，经费实亦难乎为继矣！在金川小丑，朕本非利其土地、人民，亦非喜开边衅。第以逆酋跳梁不逞，置之不问，无以慑服诸番，宁谧疆圉。前此讷亲等措置乖方，以致老师糜饷。若不改弦更张，则人事尚为未尽。今满、汉官兵精锐毕集，兵力足矣。经略大学士傅恒，体国公勤，忠勇奋发，将略优矣，征刍挽粟，士饱马腾，物力充矣。以此摧锋前进，自蒙上天孚佑，可一举而迅奏肤功，诚为国家大庆，然此就人事言之耳。倘万分之一有出意料之外，或逆酋自恃天骄，如尉佗之处南粤，未遽扫穴犁庭。一过春期，经略大学士乃朕股肱左右之臣，岂可久劳于外？且入夏雨多，进取非便，而京兵不耐水土，又岂能暴露蛮荒，驻待秋晴攻剿？况以帑藏之脂膏，供不赀之糜费，尤为非计。我君臣如此办理，人事已尽，亦海内所共知。朕意此时且应亟力进剿，倘至明年三四月间，尚不能刻期奏绩，不若明下诏旨，息事宁人，专意休养，亦未始非两阶干羽之遗意。著将此旨密谕经略大学士知之。至王秋、良尔吉一事，张广泗力言不可轻动。虽属回护偏袒之词，且大兵云集，防御有余，即土酋狡诈叵测，岂有虑其生事，而姑息怀疑与之共事之理？但既有此情节，经略大学士前此所奏办理之处，宜更加周详慎重。"

军机大臣等议复："经略大学士傅恒奏称，沿途驿站递送事件缓急无定，京师同日发报，前后接到竟迟三日，请敕兵部设法稽查等语。军机事件紧要，岂容任意迟速。总缘川、陕距京辽远，驿务至今尚未齐备。应速行总督尹继善并各该抚等，令派贤能大吏，带领马匹会同坐台章京、笔帖式作速备办。其章京、笔帖式，或尚有未到汛者，速催前去。嗣后驰送事件，俱设排单，将月日时刻、报匣若干、封套若干逐一注明，沿途驿站查看排单，于何时接，何时发，逐站填注明白递送。如数目、时刻错误及擦损者，其下站即于排单内注明，一面驰送，一面挨查，仍报明军机处及兵部。倘漫不经心，隐匿不报，或被经略大学士查出，或被督、抚纠参，将章京、笔帖式等交部严加议处。"从之。

（高宗朝卷三二九·页五五上～五八上）

○**乾隆十三年（戊辰）十一月庚辰（1749.1.18）**

分设四川、陕甘总督。谕："川陕总督统辖四川、西安、甘肃，幅员甚为辽阔，在寻常无事之时，尚虞鞭长莫及，现今金川军务未竣，地方公事及筹办军需一切调度，督、抚驻扎西安，难于遥制，即将来平定亦经理需人。从前曾经分设总督，就近综理。尚书尹继善今现奉差在陕，著即授为陕西总督，策楞著授为四川总督管巡抚事。……其分设总督事宜，交该部查例定议具奏。"

四川提督岳钟琪复奏："党坝与贼逼近，其未尽克之木耳金冈、革什戎岗、陡物党噶、康八达等处，贼互援应，必官兵足敷分布，方可夺取。今招募新兵实属勇敢出力，但后无接应。臣已调杂谷土兵二千，俟到营即当进攻。至臣昔剿西藏、青海时，年力正壮，身先士卒，官兵无不共见。今年力已衰，进藏时染受寒湿，左手足麻木不仁，后虽痊愈，时时复发。金川山高路险，不可乘骑，是以向攻火烧梁、木耳金冈、革什戎岗、康八达贼卡、水泉共三十余处，臣俱策杖扶人，徒步督战。至于攻跟杂、葛布基系由山僻小径攀藤附葛滚崖而下，臣实未能亲临。"

得旨："览奏俱悉。以后应勉之。"

（高宗朝卷三二九·页五八上～六三下）

○乾隆十三年（戊辰）十二月丙戌（1749.1.24）

谕军机大臣等："据新柱、彭树葵会奏，湖广督标、抚标等处官兵，均已起程等语。前调湖北之兵四千名，业经降旨令其预备听候。并据经略大学士傅恒奏明，已行文停调，想该督、抚接到，所调官兵自已停止。现今川省马匹缺少，调拨湖北之马二千匹，解赴成都，迎接官兵。总督新柱前奏该省兵马悉会于宜昌起身，若接到拨马之文，即可就近由彼处取道入川，亦为妥便。著传谕该督、抚知之。"

军机大臣等奏："现今川省马少，大兵阻滞。臣等商酌，京城八旗马不下二万，未经起程兵尚有二千名，若将八旗马内拨三千匹，分为四起，按起骑至良乡，即留该处，将良乡之马骑至下站，亦留该处。照此逐站倒换，直至成都，不须一月，川境可添马三千匹。再，晋省台站并不供应大兵，马应有余。请行文晋抚，将该省马酌拨二千解陕，供应军行。其陕、川邻近，所有预备之马，令该督、抚就便解赴川境，由川、陕交界之神宣驿一路，沿途接应。至湖北兵四千名业经停调，预备之马骡已可不用，应行文该督、抚，令酌拨二千匹头，即交与奉旨派出领兵将弁解赴川省，于成都一带，沿途迎接官兵。事竣后，或应留用，或仍发回本省，交尹继善、策楞酌办。"从之。

（高宗朝卷三三〇·页一二下～一三下）

○乾隆十三年（戊辰）十二月丁亥（1749.1.25）

军机大臣等议："八旗官马拨三千匹往军营。其缺马应补额，请于商都达布逊淖尔骟马厂内挑三千匹作为官马，派马厂侍卫一员、该部司官一员，会同该处总管挑选。"从之。

（高宗朝卷三三〇·页一四上～下）

○乾隆十三年（戊辰）十二月戊子（1749.1.26）

甘肃巡抚瑚宝奏："护川陕督臣傅尔丹以兴汉、西宁、河州各营缺额兵一千名令臣按额拣选，委弁带赴军营。臣随知会提镇详选勇干之员星速带往。所有应需马匹、银两，照今春加调官兵之例。其西宁、河州兵由阶文直达松潘，兴汉兵由栈道赴川，饬沿途严加约束。"报闻。

补赏进剿瞻对三等功兵丁田士珍等二名、三等伤兵丁尹起旺等二名、五等伤兵丁戴仲得等二名，赏恤病故兵丁吕秀等四十二名，各如例。

（高宗朝卷三三〇·页一九下～二〇下）

○乾隆十三年（戊辰）十二月辛卯（1749.1.29）

谕："……（经略大学士傅恒）又奏称，布政使高越抵任甫经八日，其贻误供应马匹之处，情稍可原，罪犹可逭等语。经略大学士因川省贻误军行马匹具折参奏。朕以高越系地方大员，武宏绪专司驿传，有误军机，情罪重大，是以降旨将伊等革职，枷号示众。今据经略大学士所奏，则高越情在可原，但既系地方大员，即到任未久，亦当上紧赶办，乃至贻误军行，咎亦难辞。著赏给道员职衔，留于川省委用。其布政使印务，仍令纪山署理。至武宏绪身为驿道，罪无可逭，仍照前旨行。……"

四川提督岳钟琪奏："续调杂谷土司兵二千名，已到五百余名。臣查塔高山梁界在康八达、木耳金冈两山之中，各处总路。若克此梁，可断贼应援，并可攻取康八达要隘，但梁上有木城、石城、土卡三座，防范甚严，非用奇难以制胜。臣于十一月十八日派兵一千二百名攻木耳金冈，诱贼聚援，以便乘机攻夺塔高山梁。我兵贾勇直前，夺获土卡平房三处、水卡一座，毙贼一百余名。臣与法酬、董芳、中秋、瑚什等亲临督阵，见守备马化鳌、千总马汉臣等俱奋不顾身，各带枪、石等伤。贼势大挫，塔高之贼渐移木耳金冈为自守计。正可乘虚攻取，不意是日黄昏，降雪约深二寸，至二十日尚未晴霁。俟天气一晴，即督兵进取。"

得旨："欣悦览之，汝调度有方，实可嘉悦！总俟克成大勋，从优议叙。"

（高宗朝卷三三〇·页二三上～三一上）

○乾隆十三年（戊辰）十二月甲午（1749.2.1）

经略大学士傅恒奏："接到傅尔丹、班第报匦内奏折一件。系党坝头人乞降，贼势穷蹙，及郎卡病重，差员往验。臣细阅此折，办理殊未妥协。既云乞降，而逆酋并未到营，即郎卡果病重，莎罗奔何以亦不亲行？且差员到彼处，郎卡如何情景，出何语言，亦并未述及。贼人乞降，逆酋未至，但据头人虚辞，即差员往验，似属非体。即欲借此知其山川要隘、内溃情形，亦应令素有胆智之大员前往。杨自功等千、把微员，绿旗兵怯懦，倘入贼境，微露畏葸，岂不损军威而伤国体？且焉知非逆酋自揣势穷，姑为乞怜之状，伪作郎卡，使我兵识认，以为将来兔脱之地？或闻讷亲等前往党坝，傅尔丹等又至美诺会商，将从党坝直入，故令我军识其道路，将来从此取径，可以预为设伏。种种贼情，俱未可测，而岳钟琪等并未筹及。臣至军营，自当将此情节，一一告知傅尔丹等，以防贼诈。闻军中绿旗将士知臣来川，日夜盼望。而傅尔丹等闻臣将至，转生疑惧。臣至军营，当详悉开导，使之释然无疑。至傅尔丹年已六十六岁，精力就衰，惟熟于管领满兵，将来应令专办营盘一切事宜，其余不使分心，惟用兵之事，亦与随时商酌。臣至党坝，欲语岳钟琪云：'尔受皇上深恩，弃瑕录用，当一矢丹诚，竭力报效，不可稍存瞻顾。我奉命经略，调兵如此之多，即仰仗天威胜算，剪此妖魔亦本分事，何功之有！若尔攻取渐有进步，即尔之功。倘更能贾勇前进，扫穴犁庭，则其功益大。若尔不尽力，我克成功，不能掩尔过。若尔能尽力建功，我为经略，众人之功，即我之功，岂有丝毫畛域，惟在同心协力，相与有成，可以毫无观望。'如此谆切告语，并将此宣布军中将士，使傅尔丹、岳钟琪等疑惧尽释，庶臣得收指臂之效。"

又奏："奉谕旨，并阅新柱原折。楚兵情形已可概见。臣至军营，与傅尔丹等酌定，当即行文，将所调兵八千名全数停止。原议调兵三万五千，计前停陕省督抚标兵一千，今又停楚兵八千，尚存二万六千名。如尚可酌减，即于陕省、云、贵兵内议裁，总俟臣到卡撒酌定奏闻。"

又奏："傅尔丹、班第所奏湖广、云贵兵请拨给长夫之处，军兴以来，川省民力凋弊，除湖广兵已议停调外，其云、贵二省，若令长运直送金川，实为有益。"

奏入，谕军机大臣等："今日接到经略大学士傅恒所奏料敌情形一折，筹审精详，思虑周到，识见高远，实乃超出等伦。经略大学士随朕办事数年，平日深知其明敏练达，初不意竟能至此。即朕自为筹画，亦恐尚有未周，朕心深为嘉悦。经略大学士信为有福之大臣，观此，则大功必可告成也。至所奏各路官兵，除陕西督抚标兵一千名业经停调外，前据经略大学士奏称，湖北兵四千已行文停调，而现据新柱奏楚兵分为五起，前三起共兵二千三百五十名俱已起程，其湖南兵四千及湖北襄阳等镇兵一千六百名，现候文到起程等语。今经略大学士奏，俟至军营会商停调，恐到营后行文，此项官兵业经抵川，势难再行遣回。留资调遣未为不可，或于滇、黔路远营分未经起程兵丁内酌量照数减调。其楚省候文起程之兵，应调应止，速行知会，方不至于两歧。仍将如何办理之处，明晰速奏。再，川省军兴以来，民力未免疲惫，所有运夫一事，楚省已经抵川之兵，其由水路至者，尚须于重庆雇夫，惟陆路之兵，或可即用其夫长送至军。其云、贵兵丁，若不须调遣，自亦无庸筹办。如尚须调遣，应如所议，用长夫运送，庶可稍纾川民力役。又，运粮甚关紧要，班第应驻成都接应，其往来照料，则系兆惠专责，务期妥办，毋致贻误。经略大学士传令伊等知之。其都司沈瑞龙若果托病擅回，自应从严办理，以惩纵弛积习。"

寻奏："臣前奉旨停减兵丁，原令陕省将未起程者酌减，再将湖北之四千停止。后陕省查复未到，复奉旨湖广兵废弛，所派八千名勿令起程。臣飞即行文，将陕兵除督抚标一千名已停外，余概令飞催起程。湖广兵拟到营商停。后闻楚兵将入川境，臣思到者数尚无多，遣回之费与至军营之费所省十倍，是以决计行文迎阻，令全撤回。至滇、黔兵皆已起程，无庸减调。现在军前滇、黔兵伤病遣回者二千余名，臣令该省不必议补，是又减数千矣。至云、贵兵应用长夫，即行文班第遵旨办理。"报闻。

兆惠又奏："臣于十一月初七、初九等日赴卡撒左右山梁、色尔力等处，周观营垒及贼人碉卡、我兵情形。接见领兵提、镇将弁询以防守攻战机宜，觇其人才识见，详加体访。满洲大臣中，惟护军统领法酬远驻党坝，未能深悉。护军统领乌尔登，为人明白，临阵亦肯向前，初在马奈，后调卡撒，于指攻处有利则进，无利则退，颇能鼓励将士。护军统领萨音图，前驻甲索无功，后赴卡撒，亦无见长处，临阵不能奋力，又刻于待下。且常见其于寻常山径辄胆怯不敢乘骑，似难望身先士卒，为绿营表率。提、镇中如原任提督段起贤，到营后从未建功，且旧疾复作，扶掖须人。总兵哈尚德，人尚聪明，但未经攻战，不能悉其勇怯。总兵冶大雄、莽阿纳俱循分供职，未见格外奋勇。惟总兵哈攀龙前攻渴足岭，颇称勇往，继攻腊岭，虽未能破，亦能身冒枪石，巡防谨严，在诸镇中尚为可用。其副将以下各员，颇有人才平常、龙钟衰病者，拟俟经略抵营告知，听经略裁汰。臣又访闻各省派兵时，将备等多家丁冒充名粮及多占额兵役使者，系绿旗相沿积弊，亦拟告知经略酌办。"

得旨："俱属公论。告知经略大学士以备采择。"

护川陕总督傅尔丹、署四川巡抚班第等奏："臣在党坝，调兵未到，贼人日遣头人在卡喊降。臣等权谕该番，必须莎罗奔、郎卡面缚叩见，方准伊不死。臣等于十一月初七日回卡撒。十七日接提臣岳钟琪札称：初七日逆酋头人得什阿朗赴营哭禀，郎卡现在病重，求差官往验，随差千总杨自功、把总周郁于初八日赴勒乌围，十二日回，据称郎卡果系病重。勒乌围一带道路并山川形势，都已勘明。但莎罗奔不敢赴营投见，求于康八达叩见。随传谕得什阿朗，若莎罗奔、郎卡抗不赴营，嗣后无庸喊降。目今杂谷土兵陆续到营，不日汇齐，即图进取等语。再，连日据党坝、正地、卡撒等路将领报到投降番男妇共十余名。俱称刮耳崖现已无粮，勒乌围稍有些微，番民亦不能得食，人人思溃，贼酋于巴郎寨设卡紧守，不令逃出。又欲诱令同出投诚，故未遽散等语。看来贼势穷蹙，已可概见。"

得旨："另有旨谕矣。"

（高宗朝卷三三〇·页三六上～四四下）

○乾隆十三年（戊辰）十二月乙未（1749.2.2）

又谕（军机大臣等）："金川贼酋乞降，郎卡病重，请差官往验一事，昨阅经略大学士所奏，料敌情形甚为明确。此事岳钟琪既经札报傅尔丹等，傅尔丹、班第业已奏到，岳钟琪何以并未奏闻？再，伊所差千总杨自功等验看回营之后，郎卡果否病重，及有无窘迫光景，并贼番多寡、巢穴路径，杨自功等既经目击，岳钟琪亦应据词详悉奏闻。经略大学士现抵军营，可传谕岳钟琪，令其据实速行具奏。并传唤杨自功、周郁二人。面为询问，自可得其实情。并将党坝一路自攻夺塔高山梁后，近日情形若何，一并驰奏。经略大学士应由党坝进攻，将卡撒交傅尔丹等相机进剿。"

（经略大学士傅恒）又奏："接到岳钟琪等报匣，系报攻杀塔高山梁等处军情。查近日岳钟琪所奏，连有攻克，军势渐振。但党坝之士气稍扬，则卡撒之声势尤不可少懈。必宜乘机奋击，使贼酋两地兼顾，方易克捷。臣至卡撒，当鼓励军营，及时攻剿。倘此处地势不便，臣即往党坝查勘，从此直捣勒乌围。并飞速行文，令大兵不必复往卡撒，即于中途分道直趋党坝，军粮即行运往。现在莎罗奔与郎卡俱在勒乌围，一举而二贼可擒，是亦一策。至卡撒仍令大张声势，俟后起兵到，分拨夹攻，此时未便悬拟，俟臣到营商度。"

四川提督岳钟琪奏："十一月二十一日，天气稍晴，臣拨兵分五路夜攻塔高山梁。参将五德纳等焚木耳金冈贼碉二座、平房五间、贼卡二处，杀贼数十人。游击王三元焚康八达木卡，杀贼二十余人。游击阿尔占等直攻塔高山梁木石城，烧击死城外壕内贼番十数人，贼弃壕归城。官兵力扑过壕，围攻木城。城上矢石如雨，三等侍卫丹泰直扑城边，射死贼三人，矢尽力战，枪伤阵亡。贼番于城上泼水，水冻不能摇动，火不能焚。自三更至黎明，连攻八次，未能夺取。路险不能久驻，只得撤回。"

得旨："览奏俱悉。"

（高宗朝卷三三〇·页四五上～五一下）

○乾隆十三年（戊辰）十二月丙申（1749.2.3）

谕："据岳钟琪奏称，十一月二十一日，焚烧贼巢塔高山梁及木耳金冈地方碉楼，攻杀贼番之际，三等侍卫丹泰奋勇攻击，直逼城边，杀死贼番三人，矢尽力战，枪伤阵亡等语。朕闻之深为恻然。官兵鼓勇奋击，俱各安全，惟丹泰一人殚力杀贼，以致身亡，实属可悯。其如何施恩赏给官职之处，著该部查例具奏。"

谕军机大臣等："经略大学士傅恒奏称，黔省兵丁计已抵川，自应留用，至云南之兵，未便停止等语，朕观川省道路情形，马匹应付，实属艰难。日前经略大学士傅恒到彼，随带人数几何，即已不能承应，而努三所带第一起京兵，据称尚驻昭化，以待料理。将来京兵陆续抵川，台马往返更换，益加疲瘦，更难迅速前进。且兵多则粮费益广，虽据兆惠等奏称现在筹办，计亦甚费周章。而沿途山径崎岖，兵卒行装及一切军需在在须用人夫驼运。幸而蜀民淳良，虽劳不怨，即如西安刁徒，以牵马伺候官兵小忿，辄致逞凶。假令蜀民困惫过甚，保无奸棍煽诱，别滋事端耶？经略大学士前在成都添设堆拨，想亦虑及此。而征途绵远，亿兆繁庶，又安能处处防范？倘内地有意外之虞，而满兵隔越蛮徼，其何以应之？朕心甚为悬切。又，前据湖督新柱奏称，兵丁皆已成行，其已至者有不能赶回之势。在伊等奉调经理，自必克期星发。而川省种种情形，原亦未能备悉。自朕思之，滇兵到齐，计已在三四月间，彼时自当奏捷凯旋，或在纳降振旅之际，屯集多兵，徒费无益。经略大学士应速行详悉酌量，定限诸路官兵在二月以内可到者，速催前进；其路远有逾二月之期者，一面飞檄停止，一面奏闻。至经略大学士进兵，自应直由党坝一路为是。卡撒防御交与傅尔丹，足可胜任。昨览岳钟琪所奏党坝情形，深用嘉悦。党坝乃攻取勒乌围正路，而莎罗奔、郎卡现聚勒乌围，岂非上苍孚佑，拘此二酋？待经略大学士之至，成此大功耶！要之，此事总不可过四月望前，必应定局，更无疑虑。在经略大学士丹诚自矢，立志甚坚，亦须群力辐辏，共奏肤功。况外省形势向所未经，从来远近异致，内外异情，即如六部办事不如内廷，畿辅不如六部，他省又不如畿辅，此亦情理之必然。今以军旅重务而欲一一绳以内廷办事之道，虽经略大学士一人忠诚担承，而亦赖众力之佐，官员与兵丁岂能保其日久而不心变耶！经略大学士亦宜深体此意。至王秋、良尔吉，不过金川余波，张广泗业经正法，无庸置问，正可不必办理。总以急图于三月内成功。若过三月，便应许其求降，以省帑费，以惜人力。朕意已定。谅不出此。一并传谕经略大学士知之。"

（高宗朝卷三三一·页一下～四上）

○乾隆十三年（戊辰）十二月丁酉（1749.2.4）

谕："前经降旨，策楞授为四川总督管巡抚事，策楞今已来京，著即驰驿前往，沿途照料台站、军马事宜。策楞一入川境，尹继善即回陕甘总督之任。陕省一应军行诸务，皆尹继善专责。策楞尚有前赴军营会同经略大学士傅恒查办之事，经略大学士总统军机，督、抚皆听节制。其旧川陕总督关防，暂著策楞接受。策楞既在军前，于地方刑名、钱谷之事难于兼顾，班第著驻扎成都，专办巡抚衙门事务，兆惠仍专办粮运。如此，则各供厥职，事权得以归一。俟新印铸给到日，尹继善缴回钦差大臣关防，策楞缴回川陕总督关防，班第于凯旋之日再将巡抚关防带回缴部。"

又谕："前据岳钟琪奏报，三等侍卫丹泰进攻塔高山梁等处奋勇捐躯。朕已降旨，交部定议加恩。今思丹泰因力战身殁，甚属可悯。伊长子现在护军行走，著授为蓝翎侍卫，在打牲处行走。所遗护军之缺，即将伊次子补授，遇便传谕经略大学士傅恒，晓谕军营官兵知之。"

谕军机大臣等："据瑚宝奏：陕提延、河二镇及甘抚标河西各标营所派之兵共一万二千二百名，已于十一月初十、十二、十五、十六、十八等日俱经起程，约在明岁正月二十以外、二月十五以前可抵军营，如此，则攻剿可资矣，其兴汉镇兵一千八百名，据该镇呈报，亦于十一月二十并二十三等日起程。计兴汉官兵起程之际，正经略大学士经过之时，应否停止，听经略大学士酌夺等语。陕提延、河二镇及甘抚标河西各标营兵既久已陆续起程，于二月十五以前可以齐抵军营，应令其速行前进。其兴汉官兵，既据奏听经略大学士酌夺，此项官兵应停应调之处，想经略大学士已经酌定，应速奏闻。"

经略大学士傅恒奏："接到军机大臣议复所奏料理官兵起程一折。内称陕兵未启行者，令臣详酌。如可不用，即行文停止；倘尚需用，则速催抵营。臣思原派满、汉官兵三万五千名，现已停陕省督抚标一千名、湖广八千名，虽添满兵一千，计止二万七千名。若再减调，恐攻剿堵御派遣不敷，陕兵似未可遽停。臣于途次，见陕西、云南受伤遣回之兵，敝衣垢面，几无人色。问其在军营及打仗时亦服此衣，甚可怜悯！此等兵临阵数次已不得力，正可裁汰。臣至军营与傅尔丹等会商，若新兵不为过多，即俱行留用。如尚可减，宁将旧兵汰除，留用生兵较为有益。臣已行文瑚宝，令催官兵即日起程。"

得旨："催其速至军营可耳。"

（高宗朝卷三三一·页六上～一五下）

○ 乾隆十三年（戊辰）十二月己亥（1749.2.6）

谕："川省军务浩繁，藩司职任紧要。纪山从军前调回署理藩篆，而高越初虽迟误，经经略大学士傅恒参奏及经略大学士暂驻成都办理诸务，训饬指示，高越颇知黾勉。朕念其抵任未久，从宽给与道衔，令其料理夫马供应。今大兵云集，纪山一人恐照料难周，高越经手一切，渐觉熟谙，著协办布政使事，与纪山和衷协力，共襄公事。如稍存推诿之见，朕必重治其罪。"

谕军机大臣等："据爱必达等奏称，黔兵二千名分为四起，于十一月十五日陆续起程，计明岁正月内均可齐抵军营等语。昨据瑚宝所奏陕兵一万四千余人于十一月初十及二十等日陆续起程，计明岁二月十五以前可到。但此皆由各该处起程按日计算。其既入川境，虽据高越奏称马匹业已购觅敷用，但途次是否悉能如期抵营，则尚未可预定。若迟至二月以后始到，则缓不及事。至满兵现在业已全数起行，前拟二月初五以前俱可抵营，今观努三第一起京兵因马匹迟误留驻昭化者数日，则川省情形之难，已可概见。今经略大学士多方筹画，并令副都统卓鼐前来料理，尹继善亦由陕赴川协办，策楞已星驰抵任，而马匹又经调拨接济，将来自不致如前拮据。但满兵九千人，一可当百，须令迅赴军营，及锋而用，早到一日有一日之益。况五百人分为两起，较前更易措办，自当得进则进，不必拘三日一起之期。其由成都抵营，郫、灌等邑系经由总路，羊肠纡折，人必单行，马难并驾，若各路兵丁不期而会，恐难免于拥挤。自宜预为经理，无令绿旗各兵壅塞道途，转碍满兵前进之路。著传谕尚书舒赫德、总督尹继善、策楞等详悉筹办，总期于事有济。如何得办，即权宜办理。彼三人仍彼此通知，惟以善为设法，催令趱行，俾得鱼贯而前。无过二月初旬之期全数抵营，则满兵得展其趫捷之能，奋勇先登，肤功迅奏。舒赫德、尹继善、策楞其善体朕意，各宜勉遊。将此处所算旗兵路程各寄一单，问其能如所算抵军营否，速行奏闻。并令传谕经略大学士傅恒知之。"

（高宗朝卷三三一·页二〇上～二二下）

○乾隆十三年（戊辰）十二月辛丑（1749.2.8）

又谕（军机大臣等）："……再，顷接岳钟琪奏报现在党坝用炮攻击贼碉情形，看来此处兵势稍振。经略大学士前有由党坝进取之意，计抵卡撒后，定即赴党坝，周览形势，熟筹胜算，自当由此一路进兵为是。卡撒亦属紧要，傅尔丹年近衰老，一切堵御攻剿，尚须酌派强干大员协同办理，庶免疏虞。著一并传谕经略大学士，妥酌调遣。"

四川提督岳钟琪奏："十二月十三日，派兵一千名用布袋盛土及带札卡器具，逼近塔高山梁木石城札卡，从高发炮击贼。贼出御，两次杀贼数十人，又杀伤康八达来援贼四五十人，石城渐坍平。内棘围一周虽用大炮，止击穿一孔，不能打塌。"报闻。

（高宗朝卷三三一·页三一下～三三上）

○乾隆十三年（戊辰）十二月壬寅（1749.2.9）

谕军机大臣等："经略大学士傅恒奏称：初九日途经天赦山，路甚险阻，上下四十余里雪后冻滑，有马十数匹坠入山涧，官兵、马匹俱不能到，臣不忍独自乘骑，步行七十余里，并未勉强等语。蜀道之险峻如此，从前实所未知。今经略大学士跋履艰难，不惜劳瘁，固属忠勇奋发，然未免过甚矣！……朕命达勒当阿等随行，原为经略大学士一往直前，恐致太过，令其随事劝阻。今经略大学士竟日步行，如此劳瘁，达勒当阿等何以不力为劝止？行路尚尔，交锋之际，更复何如？朕辗转于心，不能暂释。已有旨传谕达勒当阿等，嗣后经略大学士当降心采纳，以慰朕怀。至党坝军声稍振，经略大学士此时想已到彼。相度形势，自必乘机进取。但现在满兵至者不过三数百人，尚不宜轻用其锋。当待陆续到齐，厚集其势，便可一举成功。计亦不出三月，未为过迟。连日所寄谕旨，俱已详悉，惟望如期告捷，露布奏凯耳。再，顷据傅尔丹等折奏，请补军营将弁遗缺，烦冗不止数千言。虽各该将弁均系应行题补之人，但军前筹办攻剿事宜至为紧要，何暇纷纭奏牍，为此支蔓之词！著传谕经略大学士，军前遇有将弁缺出，即于现在人员内拣选委署，即同实授。将此晓谕兵弁。俟凯旋时，再行补题，既足鼓励众心，亦稍省费精神。"

陕西总督尹继善奏："臣抵陕后，查陕省各站马骡虽属拮据，尚足敷用。惟川省马少，大兵现在广元、昭化一带停阻。臣与第五起领兵侍卫安泰商酌，令按站行走，每日仍行一百二三十里。续到者亦俱照此。又，廷议令晋省酌拨马二千匹解陕，陕省预备之马就便解川。臣思陕省解川之马，若俟晋马抵陕后拨解，未免缓不济急。应先将陕省各站营驿马抽出二千匹速解川省，陕省雇觅应用。"

得旨："甚是。此亦无法，不得不如此。但军营之至，必愈迟滞矣。若料理得马，即行催趱前进。仍将几时几起兵可到军营处约计奏闻。"又批："诸凡甚妥。有旨谕部，将汝革职留任处开复矣，更宜勉力料理一切。至于驿站，每每迟误，甚宜留心督催。"

（高宗朝卷三三一·页三七上～三九下）

○乾隆十三年（戊辰）十二月癸卯（1749.2.10）

谕军机大臣等："经略大学士傅恒奏称，此番必期成功，若不能殄灭丑类，臣实无颜以见众人等语。朕览之，深不以为然，辗转思之，竟至彻夜不寐，经略大学士沿途勤瘁，诸事精详，秉心之坚定，大概可见。此乃出于由中，非徒为大言者。然经略大学士此行为国事乎，抑为一身乎？如为国事，则当思于事有济，使徒执一己之见，而不计及国体，并不计及朕躬，是所谓知其一，不知其二者也！金川之事，朕若知征途险阻如此，川省疲惫如此，早于今秋降旨，以万人交岳钟琪料理，更不必调派满兵，特遣重臣，费如许物力矣！奈无一人具奏，朕实不知彼地情形，办理至此，筹画周矣，人事殚矣。若夫成功，则有天焉，或上苍不遽绝其种类，俾偷生窟穴，原属化外，于国家何关轻重，而强以人力抗天心，其将能乎？经略大学士非不明察事机、深悉理势者，现在酌拨帑项千万有奇，至动及各省留备银两，已属拮据。即使国家府藏充裕，而罄小民之脂膏，捐士卒之躯命，以供一人之必欲成功，天下其谓经略大学士何？是则朕必欲经略大学士之成功，而不惜小民之脂膏，不恤士卒之躯命矣！天下其又谓朕何？况经略大学士此番忠诚勇往，勤劳尽瘁，不惟将士人人感发，凡内外大小臣工孰不欣动，孰不钦服！即万一不能擒丑虏得巢穴，而既有斩获，亦得谓之成功，何不可见众人之有？倘必存过甚之见，直是专为一己，转无以见众人，即朕亦无以对众人矣！揆之事理，岳钟琪得土兵千人，尚能稍振声势，以经略大学士之壮猷，满兵之骁劲，何坚不摧！果能克取贼巢，擒获渠酋，固可全胜；否亦必歼其逆党，蹜其要地，夺其坚碉，彼必悃惧乞命，乘此机会因而抚纳，亦足以振军威而全国体。在蛮夷绝徼，控制之方，只应如此。若再有迁延，不思转计，究将作何了局？一至四月以后，暑雨毒雾，满兵必不能堪；绿旗兵丁于内地尚有凶斫殴官之案，而令其久役荒箐，暴露经年，人情之变，何所不有。经略大学士所领满兵几何，远隔穷山，宁无顾虑？且如经略大学士所见，坚确不移，于事有济乎，否乎？于理当乎，否乎？于幺麽小丑值乎，否乎？经略大学士必当遵朕四月初旬以前之旨，亟图远算，通盘筹画，速行具奏。朕必俟经略大学士奏到，始释悬切。如仍持前见，朕不待至四月，必降旨召经略大学士及舒赫德还朝，以军事付策楞承办。君臣之间自有情义，股肱心膂一体相关。经略大学士平日在朕前，休戚与共为何如者？以朕此时之悬切，知经略大学士必夙夜勤拳，思所以体朕心而慰远念。著详悉传谕知之。"

（高宗朝卷三三一·页三九下～四二下）

○ 乾隆十三年（戊辰）十二月甲辰（1749.2.11）

谕四川总督策楞、署四川巡抚班第曰："经略大学士傅恒，此次忠勇奋发，满兵骁果精锐，以此进取，贼不足平。将来若得勒乌围、刮耳崖，倾其巢穴，三两日内经略大学士即当凯旋，迅速还朝。一切善后事宜悉交策楞会同岳钟琪办理。策楞已授为四川总督，善后之事地方官尤为亲切。策楞陛辞时，曾奏称贼平之后，安辑番众，分布防御，绥靖封疆，事务甚繁，非经年不能就绪。伊欲先将番境经理完竣，然后回省筹办地方政务。必俟诸凡妥协，方请陛见。观伊此语，已得其要领，足可仔肩。经略大学士即留彼经画，亦非旬日所能周备，中朝机务重大，伫待赞襄。既有策楞可付，朕心无烦悬注也。……"

再谕云："哈攀龙所奏三折，据称俱已具禀经略大学士。其攻剿情形系已过之事，经略大学士到彼相机调度。其敬陈管见，使兵将相习，上下同心，所见颇是。经略大学士定已采择妥酌办理。其土目邪正乃所深知，想抵军自有斟酌。又，丁士杰所奏，苗兵不可派调，药箭不可弛禁，似亦有见。现在滇兵且当停调，何况黔省苗兵。著将原折抄寄，听经略大学士裁酌。"

经略大学士傅恒奏："臣于途次，乌尔登来见。臣询近日军营情形，据称此时尚未可进取。臣复问乌尔登，马奈一路现在巴底土目生革推病不前，尔请添兵防范，今尔来此，马奈止副将永柱一人，是否足资防守？据称：'现在土番俱畏服，可保无事。永柱熟悉番情，娴于军旅，攻克申达皆得其力，马奈尽可弹压。'臣令乌尔登仍回马奈，俟至军营酌商，或永柱可任则将乌尔登调至卡撒军营管领满兵。又，接阅傅尔丹折内投诚番民审渣甲朗结等供词，并安插赏赉。臣思此等番民，若果系强壮，准其投诚，犹可去贼胁从。如不过老弱，是转为贼省粮。况从逆本应诛戮，不过因其投诚，许以不死，若复加赏赉，是贼平时则敢于抗拒，力穷又可图赏恤。且其诚伪无凭，置之番地非策，请解送成都，令地方官收管稽查，事平另办。至大兵围困，力屈势穷然后乞降，则非投诚可比，自应即行正法。又，提标中营游击李中楷所制火药甚觉精良，已严谕一色妥办。但向来不无盗卖，已遵旨饬令高越、李中楷加意检察，臣至营更当严查。"

得旨："诸凡留心，实堪嘉悦。伫待捷音之至耳。"

刑部右侍郎兆惠、署四川巡抚班第复奏："现在通筹各军粮，计口预备。卡撒五万人，党坝三万余人，甲索一万余人，马奈、正地各五千余人，各有存积。"

得旨："览奏俱悉。"

署松潘总兵哈攀龙奏："卡撒山形峻短，右腊岭，左丹噶，左梁即丹噶山麓，丹噶高与腊岭等。左右山梁、正地、党坝皆贼人严防之地。以臣愚见，请加兵三万，以一万添党坝、乃当、马奈、正地四处；以一万添卡撒、左右山梁、色尔力等处；以五千潜从阿利山，连路为营，直抵丹噶，袭取曾达，会合马奈兵，直捣刮耳前门；以五千由腊岭中峰北面下山，连路为营，截断木冈后路，由纳喇沟直抵刮耳巢顶。正兵攻碉，奇兵裹粮越径捣巢，使贼八面受敌，必速溃散。"

得旨："经略大学士到彼，自然相机酌夺。此奏知道了。"

又奏："小金川土司泽旺之弟良尔吉、大朗素、小朗素虽同一投顺，但大朗素、小朗素系因见良尔吉霸嫂欺兄，卖主谋逆，心怀不愤，仰望输诚，良尔吉则见官兵已入美诺，始畏罪来投。小朗素随马良柱攻江卡，又随任举攻腊岭，俱有战功。后与良尔吉合兵，见良尔吉心怀异志，即托病回巢。至良尔吉随买国良攻克空卡、卡撒等处，虽亦有微劳，然闻马邦官兵失陷，遂心怀反复，临阵不前，骄纵土兵，不听约束。更传闻有云绰斯甲土兵对敌时不下枪子，又暗与金酋馈粮助药等事。臣曾面禀督臣张广泗，不加查察。以臣愚见，莫若将良尔吉权且安置卡撒，羁縻其身，使不得透漏消息，俟事竣治罪。该部土兵仍令小朗素管领，拨归马良柱部下驱策。"报闻。

（高宗朝卷三三一·页四二下～四八上）

○乾隆十三年（戊辰）十二月乙巳（1749.2.12）

谕军机大臣等："金川用兵，定不可过四月初旬之期，朕已屡经传谕。今晨恭请皇太后圣母万安，蒙询及此事。朕以经略大学士傅恒所奏'如不成功，无颜以见众人'之语陈奏。奉皇太后懿旨：经略大学士傅恒此见实为太过。经略大学士傅恒此行原为国家出力，非为一己成名。如为成名起见，岂有国家费如许帑项，如许生命，专以供一己成名之理！况退缩贻误者，朝廷既治其罪，而经略大学士傅恒忠勇奋发，勤劳任事如此，何不可见众人之有？且人事既尽，成功与否，则当听命于天。若天意不欲殄灭丑类，人力何能强违！经略大学士傅恒之出力，期于国事有益也。必谓'不能成功，即不可见众人'，试思果如所见于国事有益乎，否乎？自宜遵奉朝廷前旨为是。朕思皇太后谕旨圣明，洞悉事理，益觉经略大学士傅恒所见之偏于建功立业也！然以朕观皇太后之意，亦非止为经略大学士傅恒而发，乃为朕躬宵旰焦劳，仰廑慈念也！可将此传谕经略大学士傅恒，令其敬体懿训，以慰朕怀。至进兵取道，自应直趋党坝。彼处与勒乌围较近，两酋现聚于此，安知非天意留以待经略大学士之成功耶！勒乌围既得，刮耳崖自可传檄而定。卡撒虽属紧要，但始之可进之路，皆为误国者所偾事，以致贼知防范，凡可进之路，今皆坚碉林立，险峻逾常，贼兵精锐所萃。大兵不可久顿，应分满兵三二千人交傅尔丹，或酌派乌尔登等协助。在贼酋知我大兵已趋党坝，必撤卡撒之众，尽锐抵御，彼时我兵乘卡撒空虚，攻其无备，是亦出奇制胜之一策。若因岳钟琪先在党坝声威稍振，经略统兵前至，似与之争功，又或因卡撒进取较难，不当舍难就易，此等见解俱不必存。经略大学士统摄全营，众人之功皆其功。众人见知于经略大学士，即可见知于朕，岳钟琪亦必乐于经略大学士麾下，奋勉效力。即傅尔丹一举成功，亦皆禀承经略，共策殊勋，何分彼此。用兵本非王道，断无舍易就难之理。原应攻瑕捣虚，以正合，以奇胜，斗智而不斗力。若必为所难，乃一夫之勇，大将当不出此。朕若早知川省物力疲弊，地方险阻，实不肯为此举，而此番料理已未免有类孤注矣！如四月初旬已能攻困勒乌围，全胜只在呼吸，自无亏一篑而弃前功之理。否或连阵克捷，大挫贼锋，亦可收局。倘仍不过在卡撒、党坝间迁延观衅，则劳费无已，势将难继。今各省拨协钱粮已动及留备，而部库所存通计仅二千七百余万。若迟至秋冬，则士马疲惫，馈饷繁难。此二千七百余万者，且悉以掷之蛮荒绝徼。设令内地偶有急需，计将安出？此朕四月初旬之谕所为谆谆也。舒赫德职司国计，并宜体悉，一切留心。其军前粮务，关系紧要。现有奸棍私买余米射利一案，经兆惠等参奏。经略大学士自不必分心及此，惟知会兆惠等，令其实心查察，严饬官商，无致滋弊可耳。"

（高宗朝卷三三一·页四九下～五三上）

○乾隆十三年（戊辰）十二月戊申（1749.2.15）

谕军机大臣等："川省军兴以来，一切夫马、粮饷供亿浩繁，内地民情疲困殊甚。现在添调满、汉官兵陆续抵川，料理尤关紧要。昨据高越所奏，办理粮运马匹诸事，虽足供支无误，而拮据之状已可概见。不知目下该省实在情形若何？著传谕舒赫德、尹继善一一留心体察，据实奏报，有应行办理之处，一面办理。其现在大兵经行地方，沿途供应是否不至周章，旬日以来，未据舒赫德、尹继善将此详悉具奏，朕心深为悬注。再，川省马匹，现据高越奏已有八千余匹，且有八旗、山西、湖北之马将次到齐，足备乘骑。满、汉官兵按起前进，现今如何行走，明年二月初旬是否可以全抵军营，其在途次者，作速催令遄行。总之，早一日则有一日之益。可令舒赫德、尹继善速为查办，并不时入奏，以纾西顾之念。又，命传谕策楞、班第亦如之。"

又谕："据高越奏称：蜀中挽运军需全资民力，轮流更替，即村曲乡民亦多征拨不已，近添新旅，募夫尤众，一出桃关，山路歧险，雪深冰结，艰苦视内地倍甚；成都米价昂贵，民食艰难，请将常平仓谷碾米平粜，竭力办理，据实直奏等语。观此，则川省物力虚耗大概可见。高越虽称据实直奏，恐困惫情形尚有未尽形之章牍者。内地民情可虞，奏凯宜速。夫以江南富庶，米价偶翔，刁民辄乘机肆恶。况川省以险僻之区，值军兴旁午之会，意外易滋事端，诚不可不亟为筹虑。前所传谕，以四月初旬为期，盖深有见于此也。但事机所在，间不容发，数千里外，岂能遥度！昨据经略大学士傅恒奏称：'将来若下班师之诏，请先降旨询问，容臣复奏到日，然后撤兵。'自朕思之，识时务者为俊杰，今我兵攻剿，应以十分计之，总以三月二十以后、四月初十以前为准。若此限内，已围困勒乌围、刮耳崖，是成功已及八分，即少逾期，至四月杪五月初，亦应待倾其巢穴，尚为迅速，不为迟滞。若于此际撤兵，岂不可惜！纵使莎罗奔、郎卡未遽就缚，亦不过釜底游魂，如班滚今日耳，何足介意，亦不必穷搜矣！而得勒乌围，即可谓之犁庭扫丑，足以告成功。如三月二十以后、四月初十以前，尚不过一二分，费力攻取卡撒、党坝间，或仅得其半，而继此之险巇更甚，著力更难，则日复一日，盼望徒殷，制胜莫必，糜费将无止期，京兵亦难久驻。若待询问，奏报往返，又须经月，转益劳耗，此等机宜，间不容发。朕既不能遥定，惟赖经略大学士。应将前奏'无颜以对众人'之见，涣然冰释，不置诸怀，方能虚衷烛理，审机度势，恰合事宜。设几微未忘，则功名之见尚存，于国家大计正恐未能周悉。经略大学士此行乃为国家任事，岂为一己成名耶！舒赫德、策楞等俱宜深悉此意。总之，军务固为紧要，内地尤切抚绥。垂成之功不可弃，难成之功不可图。于应机决胜之际，衡量轻重，是在亲历行间者悉心体会。经略大学士向之所见，未免为一己功名，朕所指示乃国家正理，诸臣其共体之。三月二十间，即应遵此旨，将大概情形，可望不可望之处奏闻。至川省目下民情，及满兵现到若干，未到若干，已传谕舒赫德、尹继善、策楞、班第令其查奏。所有谕旨及高越折著一并抄寄。又，寄舒赫德、策楞亦如之。"

（高宗朝卷三三一·页五六上～五九下）

○乾隆十三年（戊辰）十二月己酉（1749.2.16）

又谕（军机大臣等）："前因傅尔丹等奏称，糌粑拉鸟枪于军营甚属有用。是以京城派往兵丁二千，令带往一千杆；船厂、黑龙江派往兵丁三千，亦令带往一千杆。现今造办处又成造二千杆，倘军营尚属需用，自应送往。若就带往之鸟枪可以敷用，即可无须再送。路途遥远，又系重物，由驿站驰送，亦属艰难。可传谕经略大学士，将前项鸟枪，军营应须添补与否，酌定作速具奏。"

（云贵总督张允随）又奏："十二月十三日准护川陕督臣傅尔丹等咨称，云、贵派拨官兵赴川，商令募雇长夫直送军营，以纾川省民力。但滇、黔两省兵四千名，并于十一月二十以前各自营起程，计此时已抵川境。若此时自滇雇长夫前往，虚费帑金，于军行无益。"报闻。

（高宗朝卷三三一·页六一下～六五下）

○乾隆十四年（己巳）正月庚戌（1749.2.17）

谕军机大臣等："元旦天气清朗，旭日融和，群情欣豫，朕心深为嘉悦。以此验之，定卜今岁事事顺畅，所至如愿。经略大学士傅恒已抵军营，茂迓天庥，和辑士众，必能一月三捷，迅奏朕功也。除夕申刻接到十二月十八日奏折，筹办诸务俱周详妥协。惟时朕已封笔，此皇祖皇考所贻成宪，经岁惟此片刻之闲。而经略大学士所奏拣员办理粮运一事，若俟部议行文外省督、抚，不知应发若干员，迨其咨商往返，迁延时日，恐至二月杪经略大学士奏凯时，该员尚未必到齐。即交军机大臣办理，亦须迟待数日。是以朕即自行酌定，口授内侍缮写。其中有向经记名者，于履历片中查派，并量地方职任之繁简，设员之多寡。如各省道、府及黔省同知本少者，皆未派出。河南路不甚远，添派数员，已行文各该督、抚，令于文到三日内驰驿前往，庶可及时任事，足敷调遣。各该员办理妥协，自应照军功议叙；其庸劣者，但议处该员。此系朕所亲定，与该督、抚无涉。

朕于夜分筹办如此，即封笔后亦未尝稍闲也。至于经略大学士所奏清字一折及复奏密谕诸折、岳钟琪具禀一折，俱尚未发。俟初二日另颁谕旨，以元旦应言吉事，期速成功也。其传谕湖广、云贵、河南各督、抚谕旨及检派各员名单，著一并抄发。鸿钧运转，气象更新，专听经略大学士喜音，以为欢庆。"

（高宗朝卷三三二·页一下～三上）

○乾隆十四年（己巳）正月辛亥（1749.2.18）

谕军机大臣等："据经略大学士傅恒奏称：卡撒一路尤属险要，请亲身督军，若与岳钟琪共驻党坝，恐未免转滋顾忌，非其所愿，不若将此一路添调重兵，专委岳钟琪办理等语。经略大学士所见未免虑之太过，朕前所降谕旨，早为筹及，业经详悉指示，经略大学士接到自能领会。朕再三裁酌，地有平险，势有难易。与其致力卡撒，邀不可必之功，徒挫士气，究难进取，不若径由党坝一路，避奇险之坚碉，乘可用之兵力，尚可连获胜阵，歼丑执馘，以为纳降奏凯之地。至岳钟琪不免顾虑私情，经略大学士至彼，开诚布公，自能感动。但既有此情形，不若明降谕旨，令其释然于中。协力共济，于事更为有益，经略大学士宜体悉此意。所有谕旨一道著交经略大学士阅看，于应发时即行颁发，俾岳钟琪、傅尔丹一体遵照。"

又谕曰："大学士傅恒奉命经略，军营一切机宜悉听调度。朕观番境情形，大兵自当径由党坝一路攻取。著传谕经略大学士傅恒统领提督岳钟琪，督率官兵，刻期进剿，迅奏肤功。其卡撒一路亦属紧要，应酌分满、汉官兵数千，交内大臣傅尔丹相机办理，收犄角之效。岳钟琪等身膺军旅重寄，各宜禀承节制，协力和衷，共建殊勋，以副委任。"

又谕："朕阅经略大学士傅恒屡次奏报番境道路奇险，军行艰瘁。朕知经略大学士乃自请督师之人，所奏实不过十得其五。然即此而观，则人力之难施大概可见。从前讷亲、张广泗若将此等情形据实入奏，朕必早有裁酌，何至劳费若此！此固朕上年运度驳杂所致，而朦蔽之罪，伊二人实已不容于诛矣！且如天赦、班拦等处，羊肠鸟道备极险蠛。经略大学士惟躬亲跋履，乃深悉其难，而讷亲则肩舆牵挽，鞭扑驺卒以为笑乐，宜其视若寻常耳。但经略大学士密奏：'扑碉终非长策，应另为筹办。'朕思贼番据险负嵎，凡屡要害俱有坚碉，扑碉而外更有何计？讷亲、张广泗之罪实在欺蔽偷安，种种乖张。至于驱兵扑碉，似未可以为非。朕前亦曾密谕欲令索伦兵善登山者，潜绕贼碉之后攻其无备，或竟攻其巢穴中坚，使贼弃碉内顾。惟此一策或尚可用，然亦险著，未知果能奏效否？况据称小金川地方，处处俱有碉楼，可见番境筑碉，自古为然。此乃天造地设，以为群酋窟穴。即得其地，亦不能尽行毁撤。经略大学士昨在小金川暂驻筹办，未知所筹办者若何？又有'抵营通盘筹办妥协，然后进取'之奏，经略大学士意中欲作何筹办？附便详悉奏闻。至称小金川番人迎接时，其恭顺不及瓦寺、沃日。朕思瓦寺、沃日与内地切近，向化是其本心；小金川较远，原属化外，盖亦天然界限。所以古称蛮夷荒服，以不治治之。经略大学士留兵在彼弹压，想确有所见，不专为米粮、火药也。此事屡经贻误，从前马良柱连有克捷，若益以三千人早可奏功，而张广泗不与，此一误也；张广泗分兵十路，措置乖方，不能乘机前进，此二误也；讷亲身图安逸，不能鼓励士众，又不将实情入告，此三误也。用兵何事，经此三误，贼酋转多三番抵御，又不知增置坚碉若干，更难措手。经略大学士昨奏'比初办更费事'之语甚是。朕在数千里外，固不能预烛其难，是以又有此番料理。经略大学士未履其境，亦无由深知其难，是以力请视师。今朕已洞悉形势，决意收局。经略大学士目击身亲所见，宁不相同。朕前调遣满兵，本欲一举制胜。迩来揆理度势，前所谕四月初旬之期，更不可再有游移。计大兵全数抵营，尚不出二月。有暮春匝月之功，自可奏王师三捷之效。经略大学士奏称：'俟至四月，容臣奏到，然后颁发班师谕旨。'朕已于前谕详示，至三月杪四月初，如十分得其七八，自当毋惜一篑之劳；若仅得其半，即宜于威武振扬之时，纳降顺抚善图竣事。迨各营整队分撤，以次徐行，办理亦须经月，已在仲夏暑雨之时矣。至前谕分设武弁驻守勒乌围、刮耳崖，若三月内果得勒乌围、刮耳崖，尚须斟酌。若不能，则但以万人令岳钟琪坐镇炉地，加意防御，自足绥辑蛮徼。朕熟计深思，无逾于此。再，经略大学士所奏岳钟琪具禀一折，深中肯綮。努三所带第二起官兵迟滞不前，虽已行文督催，究不知何日抵营？各起满兵于何时全到？彼中形势窄逼，难容多人，满兵若已敷用，即可及时进讨。其远地如云南、甘肃之兵，应计其能于二月内到齐与否，若能到，催其速到。

其未到者，俱应照湖广之例速檄停止。纵中途遣回，较之缓不及事徒劳往返者，尚可少节縻费。著传谕经略大学士傅恒及尚书舒赫德知之。"

经略大学士傅恒奏："据岳钟琪禀称：'绰酋与金酋固结甚密，恐内外勾连，当诱致策丁丙朱，设法羁留，更换土司，令德尔格等暗袭绰斯甲山后。又，请调小金川大朗素同王秋齐赴党坝，与卡撒良尔吉同办。坏事头人勿使一名漏网。小朗素应去应留，询明泽旺以定行止。'现在兵讨金川两年尚未了局，岂可惊扰诸番！当即札令勿得轻邃。"

得旨："是。其言断不可行，彼原系一出得力而未免好大喜功者，准噶尔之事即伊所起也。"

（高宗朝卷三三二·页三下～九上）

○乾隆十四年（己巳）正月壬子（1749.2.19）

谕军机大臣等："今日新正令辰，恭迎皇太后圣母銮舆，内廷春宴。仰蒙慈谕：'经略大学士傅恒忠诚任事，为国家实力宣猷。皇帝宜加恩锡，封彼以公爵，以旌勤劳。'钦承慈训，深惬朕心，但封公之旨，应俟奏捷到日颁发。著先行传谕，俾知圣母厚恩。在经略大学士素志谦冲，必将具折恳辞，此断可不必。经略大学士此番出力，实为国家生色。朝廷锡命褒庸，只论其人之能称与否，岂必犁庭执馘方足称功？即如大学士鄂尔泰、张廷玉亦因其勤慎翊赞，封爵酬庸，何尝有汗马劳耶！假若经略大学士因有此恩旨感激思奋，不顾艰险，必期图所难成，抑或避居功之名，必欲尽扫蛮氛，生擒渠首，方驰露布，而凡有克捷概不具报，皆非朕所望于经略大学士者。经略大学士即不具奏，舒赫德亦应一一据实奏报。总之，驰报军情宜于频速，必朝夕相闻，瞭如目睹，方足慰朕悬切。朕前谕四月初旬为期，乃再三审度，更无游移。用兵原非易事，何可逞人力以违天意耶！经略大学士试思在京办事之时，识见才力视朕何如？今朕意已定，自当遵旨而行。况经略大学士即能成功，亦皆众人之功。朕降此旨，所以扩充经略大学士之识量，使尽化一己功名之见耳。一切机宜，连日所降谕旨俱已备悉。惟望经略大学士仰体慈怀，钦承渥泽，诸凡从长妥办，俾国家军民均有裨益，朕实幸焉。"

又谕："今日阅班第所奏川省夫马、钱粮拮据之状，及舒赫德所奏直隶、山、陕一带地方情形，朕心深为追悔。不知上年何以办理至此，岂非前谕所谓命运使然者耶！然总因从前在事诸臣并无一人据实入告，朕实不知其难，即经略大学士傅恒在朕前时，亦不知其难。近经朕悉心访问，经略大学士又身履番境，班第等亦稍稍敷陈，朕始悉其险阻困惫，举属创闻非意料所及。若不早为转计，日引月长，劳费无已，非惟川省民力难支，即沿途各省半属边境骚动可虞。而部库帑项亦将不继，国家亦无为蛮徼一隅耗竭物力，不复顾惜内地之理。况此种番蛮，乃依古以来所有，上天并育并生，原置之化外，听其涵衍卵息，岂能草薙禽狝尽绝种类，亦岂能法绳礼缚，悉就羁縻！若必以中国之治治之，是以人力而抗天心也！夫理之所在，臣不能违君，子不能违父，人顾可违天乎？天不可违，则成功岂能预必？朕目前实不敢存盼望成功之意矣。经略大学士抵军，相机筹度，满兵务催令到齐，遵朕前谕，直趋党坝，以副三月杪四月初旬之期。若能攻克勒乌围擒取贼首，固所深望而不敢必之事，纵少迟旬日，势难中弃。不然，督率士卒摧锋前进，或连得胜阵，俾其震慑乞命，因而抚之，亦足收局。夫以岳钟琪所将土兵数千，鼓舞驱策，尚能夺地歼丑，况经略大学士亲提劲旅，信赏必罚，其取胜自在意中。以地利言之，党坝去贼巢较近，地势稍宽，而卡撒坚碉林立，且系前次失利之处。若因避岳钟琪分功之嫌，而以任难趋险为勇，设令顿刃悬岩，军威少挫，将何以为班师之地？于此事究复何济？是以朕熟思审处，计无逾此。经略大学士躬在行间，深筹胜算，即有奇谋异策，亦当无逾于此。经略大学士忠勇奋发，立志灭贼，非犁庭执馘，无以快意。但自朕思之，亦何必为其已甚。此番自出都以及抵军，夙夜勤劳，心坚金石，筹办庶务，明敏周详，已足为国家宣力，为朝廷增色，讵待絷莎罗奔、郎卡之首，献俘阙下，方可称功耶？至班第、卓鼐奏称，努三所带第一起满兵，于正月中旬可到军营。官兵行走，原定五百一起，五日全行。今可趱为四日，以五千七百人计之，按站计程，须得五十日。是各起满兵到齐，即毫无阻滞，亦必在二月半以后。其绿旗兵又须在满兵之后，非五六月不能到齐。若必俟到齐，则迁延时日，转盼逾期，虚费资粮，诚属无益。今既已定期四月初旬，则此等绿旗未到之兵，如三月半不能到者，即应檄停。是以昨谕舒赫德，令将云南、甘肃之兵计算日期，酌量停止。但事难遥度，如军前仍有需用，经略大学士即知会舒赫德、班第等，令其遵照调遣，不必拘泥。究之事有难为，功有难就，兵亦人耳，以之扑碉，徒致伤生，岂遽得志！而贼之要害，俱筑坚碉，舍此又未必有良策之可施。则绿旗官兵之用否，正宜斟酌。毋谓调遣已至中途，前功可惜，遂迁就用之也。"

（高宗朝卷三三二·页一一上～一六上）

○ 乾隆十四年（己巳）正月丙辰（1749.2.23）

又谕（军机大臣等）："经略大学士傅恒奏报，小金川土舍良尔吉漏泄军机，蔑兄奸嫂，罪恶贯盈，已于十二月十一日在军门枭示；土妇阿扣于二十二日在美诺正法，枭首传示；汉奸王秋拿赴卡撒，俟审明处以极刑，其二子亦俱即日伏法等语。前据张广泗力言良尔吉、王秋不可轻动，恐致滋事。且于拿问时，向鄂实称：'侍卫此行，我只谓来办良尔吉之事，此事断不可办。如欲杀良尔吉、阿扣、王秋非先杀总督不能。'张广泗之始终庇护良尔吉等如此。即军前诸人皆明知其罪，而疑畏不敢先发。今经略大学士傅恒甫至军营即不动声色取两年逋寇，如槛豚圈豕，以快人心而警番众。非谋猷明断，识力坚定，曷克臻此！即此已当优叙。但经略大学士傅恒于从前议叙之旨，现在具折恳辞。若此案仍交部议叙，无以善全冲挹之美，且前因出口步行，勤劳过甚，所赐双眼孔雀翎，想接到时亦必谦让未戴，今即以为经略大学士此番酬庸之典如仍执意谦让，是乃不遵朕旨。达勒当阿、舒赫德亦必力劝方是。至王秋以王者师、王者宾名其二子，此即与邪逆夏如春等无异。汉奸心怀不轨，造言生事，大率类是。各省督、抚平日必当留心，凡涉此等名目，即系叵测之徒，即应严行查察究处，不可视为泛常。著通行传谕知之。"

又谕曰："经略大学士傅恒所奏办理良尔吉、阿扣等一事，不动声色，使奸党即日伏法，殊足为快。此数人皆贼酋心腹，今既剪除，彼必胆落，而群贼咸知震慑，诚为荡寇先声。但伊等究系内地所派领兵助剿之人，就缚尚易；然亦几经筹画，加意戒严，始得执而戮之，未可因此而轻视莎罗奔、郎卡。圣人云：'临事而惧，好谋而成。'军营一切防范，务宜严密持重。若谓此即擒灭贼酋之左券，朕实未敢自许也。经略大学士所奏，俟四月底奏到，请旨班师。此言非是。以程站计之，奏折往来定须匝月。如四月底具奏，则军营奉到谕旨，已是五月之杪。经略大学士还朝，当在六月以后。各路满、汉官兵陆续回营，近者在六七月，远者在八九月。其间劳费，岂可计算？目下满兵甫经抵营，自无遽行遣回之理。如四月初果能围困贼巢，成功虽非旦夕可毕，而既已有可指望，即延至四月底五月初尚不为过。不然，或得一二阵连胜，俾贼酋穷蹙乞命，即可因势纳降，尚不失为识时务之俊杰。否则，日引月长，帑项何能为继！户部每年所入及从前动拨军饷，经略大学士素所深悉。今部帑动拨既多，外省不敷协济，已动及留备，不得已而开捐，为一切权宜之计。筹办至此，具有苦心。而经略大学士所奏台站添派绿旗兵丁、侍卫官弁等拴喂马匹，刍粮供亿，实属浩穰，即使成功迅速，而奏凯言还，诸路官兵陆续退撤，马匹陆续回营，途次支应不减去时。有限之储蓄何以供无穷之耗费！此四月初旬之谕，朕辗转思之，计诚无易于此，再亦无可游移。况川省连年困于征发，民力实已劳惫不支。现据班第奏泸州道署前有印信朱标告示一张皆大逆不道之言等语，此等奸棍借端摇惑，在他省如夏如春等类亦所常有。虽旋即伏法，不足为害，而地方究宜安静。川省军兴旁午，民苦劳役，奸民易于煽动，内地深为可虞。经略大学士傅恒躬履其境，必已洞悉情形。看来去年此番办理竟是错误，朕今实悔之。只因办理至此势难中止，不得不趁此兵力，以侥幸万一成功，然亦所谓饰非文过之举耳。若去岁秋冬之间，但将讷亲、张广泗二人治罪，以万人授岳钟琪驻守打箭炉，不作此番调遣，内地小民尚可早为宁息，亦不至费今日如许筹虑矣。内地民力亟宜顾恤，不可不思患预防。又，班滚一事屡谕不必办理，盖系已结之案，即金川事竣亦无庸置问。若一经查办，至速亦须旬日，所费又将不赀，何必增此葛藤？况前此傅尔丹奏罗于朝与革松结商通俄木丁，诱致班滚，在彼时或万一可望，今见良尔吉伏法，彼亦具有知觉，岂敢复以身试？其必不能诱致可知。罗于朝之罪尚不至于军法从事，伊系内地将弁，仍应遵旨拿解来京，交部定议，以结尘案。朕于此事，西顾悬注，日夕焦劳。此次于亥时接到经略大学士奏折，办理已过三鼓。良以经略大学士勤劳于外，朕中宵高枕，心实有所不忍耳！可传谕经略大学士并舒赫德知之。"

（高宗朝卷三三二·页二三下～二八下）

○乾隆十四年（己巳）正月丁巳（1749.2.24）

又谕："向来命将出师必有参赞，此定例也。今经略大学士傅恒奉命督师，内大臣傅尔丹、尚书达勒当阿、舒赫德、总督尹继善、策楞俱著参赞军务，经略大学士傅恒调度一切机宜，和衷采纳，务期筹画万全，于军旅实有神益。尹继善、策楞未能在任，著传谕巡抚陈宏谋、署抚班第于地方一切事宜并台站供亿，留心查办。"

又谕："侍卫富德、伊德于良尔吉案内，承受经略大学士指示，办理妥协。伊德于途次随从行走，又甚黾勉。著加恩俱授为二等侍卫。"

谕军机大臣等："番境之难，乃天生奇险，以为鼠辈窟穴。自朕度之，此事实应早为转计。从前圣祖仁皇帝三征沙漠，究未亲擒噶尔丹。是时，诸将无不锐意俘馘，圣祖仁皇帝因挽运稽迟，不得已下诏班师。其事载在方略，因命抄出寄看。夫以皇祖之神明英武，当时文武大臣之智谋勇略，满兵之骁健果锐，尚不能得志于平坦之沙漠，卷旆而还。岂非限于地远，势有所不能乎？今经略大学士自问一己之韬钤若何？同行参赞诸人之筹策若何？满兵之力量若何？顾欲强其所不能，图其所难得耶！皇祖之英武超冠千古，至今薄海内外，无不仰颂。亦由圣心知进知退，洞悉机宜，能忘一己之成见，俯纳群言，归于一是。实乃大圣人万全无弊之道，可以垂法奕祀，子孙臣庶皆当效法。以朕所见，既知番境之难，即当见险而止。经略大学士接到朕连日所降谕旨，定必悉化成见，循理度势，熟筹长策，慰朕悬注。经略大学士远劳于外，朕固时为驰念，然亦不专为此。盖国家经费不可不节，民力不可不恤，而川省之险远疲困不可不思患预防。朕所见者远，所全者大。著详悉传谕经略大学士傅恒并傅尔丹、达勒当阿、舒赫德、尹继善、策楞共体此意。"

（高宗朝卷三三二·页二九上～三一下）

○乾隆十四年（己巳）正月戊午（1749.2.25）

又谕（军机大臣等）："经略大学士傅恒所奏进兵路径，力主直取刮耳崖之策，想由确加咨访、体勘情形，有可进之道。但自朕思之，究属险著。即使可进，亦当先令马良柱、冶大雄、莽阿纳、努三、班第、乌尔登、哈尚德、哈攀龙之类摧锋先入。伊等皆骁勇善战能驭士卒之人。继以傅尔丹曾历戎行，以重兵督率其后，使声势联络，首尾相应。经略大学士亲驻卡撒大营，调度策应，早晚之间，时通消息，方为万全。贼或因我兵攻其中坚，而防守要害者皆还兵自救，防御必疏，经略大学士即乘虚进据左右山梁、腊岭等处，与刮耳崖之兵会合，两路夹攻，可以得志。朕逆料如此，经略大学士未经奏及，未知果如是否？然此亦侥幸万一之想。想左右山梁、腊岭等处碉楼既多，刮耳崖必更完固。设稍见其难，即当持重。若经略大学士提师深入，则卡撒大营付之何人料理？自古用兵未有大帅离营独进，而付中军于别人者。假若经略大学士由党坝进兵，则傅尔丹尚当留驻卡撒，乃一定不易之理。且行军原非王道，必当计算短长，舍难就易，思占便宜。断无因避岳钟琪争功之嫌，甘心冒险前赴之理。即使争功，亦何嫌可避？如谓由党坝为与岳钟琪争功，则由卡撒独非与傅尔丹争功耶？经略大学士躬历番境，目击形势似较朕为亲切。但此番大学士如朕亲往，既经具奏，设非尽据实则不可知。倘皆实在情形，则经略大学士之所见，即朕之所见，朕既一一洞悉，则朕所指示机宜与身历者无异。经略大学士虽才智颖敏，亦由朕数年以来教导而成，识见何能高出于朕？朕初非以此自夸，实是如此。经略大学士亦当以朕言为是，心说诚服，凡事遵朕谕旨而行。若以不能亲自领兵，孤军深入，以博勇敢之名，为不满己意而生愤懑，是乃犹有少年习气，而非大臣为国家任事者之所宜出也！审如是，又非欲与马良柱、乌尔登等战将争功乎？此大不可也。经略大学士乃国家倚任大臣，当思于国有济。若因此小丑，奋不顾身，如所谓'不斩楼兰，誓不还'者，岂非以珠抵鹊徒增朕之悬结，而非为国家远计者耶？其将朕前后谕旨详悉体念，熟筹万全，以副朕殷切垂注之意。参赞大臣等皆当共悉。"

吏部议奏："班第身任封疆，贻误军行。应照溺职例革职。"

得旨："班第著革职，仍署理四川巡抚，效力赎罪。"

（高宗朝卷三三二·页三三上～三五下）

○乾隆十四年（己巳）正月己未（1749.2.26）

谕军机大臣等："金川水土恶薄，与内地迥殊。前据鄂实奏称：'人易发喘，须服人参。'经略大学士傅恒亦奏称：'番境气候不佳。'观此，则蛮方荒徼，非人所处也明甚。经略大学士身体素非强壮，所以勤劳罔惜者，惟恃此心之忠诚坚固。然军中事务繁多，机宜关系重大，只赖经略大学士指挥调度，必应加意爱护，使精神充裕。天下事颇有力不从心之处，非谓有是心即能事事周到。食少事繁，古人所戒，可不慎乎！今发到库参三斤，赐经略大学士服用。余照另单传旨分发，以示朕注念诸大臣之意。自办理金川军务以来，一切政务未免因此分心。朕昨御斋宫，偶一检点应发之旨，遂有数件。六部为天下政务根本，经略大学士以阁臣而兼理吏、户两部，今既专任军旅，而尚书之在军前者，吏部则有达勒当阿，户部则有舒赫德，兵部瑚宝现亦暂留陕甘。而军机大臣中大学士张廷玉，现以年高优予休暇。其大学士来保、尚书陈大受、汪由敦、纳延泰所理之吏、户、刑三部及理藩院均属紧要。而近来晨夕内直，承旨办理军前事务。若谓仍能照常料理部件，毫无旷误，朕实不敢保其必无，而诸臣亦不敢自许。金川军务一日不竣，则诸大臣一日无暇，即朕亦不忍更责以旷误部务之愆。而直隶数省督、抚、州、县因供亿军行，于吏治民事迟延担误者又可想而知矣！从前准噶尔用兵，西、北两路不过委之大将数人，未尝聚能办事之部院大臣悉赴行间，致旷内外诸务。今金川小丑何值如此办理！经略大学士即遵朕四月初旬之谕，班师言旋，达勒当阿、舒赫德等同时返斾，亦须至五月杪始得还朝，尚不免半年废弛。此理甚明，而朕今始觉悟，实悔其迟。此亦上年运度驳杂之所致也。且今日偶有雨雪，内廷乘舆犹虞蹉滑，况番境春雪夏潦，跋履维艰，天时地利，皆非人力所能强违。是乃上苍特设奇险，以处化外异类。纵令贼酋授首，郡县其地，而小金川等界处其中，倘更有莎罗奔其人，又复蓄志抗违，辗转不已。经略大学士即留驻十年，安能尽歼丑类？而内外诸大臣各旷厥职，悉萃于彼，以成经略大学士一人之勇名，有是理乎？经略大学士宜深为内外政务筹虑。早还朝一日，即可早办一日之事，诸臣亦得各事其事，朕亦得安心万几，不致萦念。此旨实因所系者大，不专为经略大学士一人心切悬注，亦不专为四川内地物力难支，实为天下国家寄托重大，不可以一隅而贻误全局！盖过犹不及，讷亲之退缩已失之不及，而观经略大学士一往之概，若执意不悟，将来恐失于太过。经略大学士顾可不长虑却顾耶！舒赫德之前往，经略大学士谓承朕意旨，将力主撤兵。朕是以复遣尹继善前往，尹继善未尝承朕意旨，岂亦先有成见乎？凡事只论于理当否，理之所在确不可易，岂经略大学士至今日即不当承朕意旨乎？如仍固执己见，则滞于一偏，虽擒贼渠首，倾贼巢穴，于经略大学士亦有何益？经略大学士宜翻然改悟。如果恪遵朕旨，心悦诚服，即传旨令尹继善回陕甘之任，俾得绥辑岩疆。如此方见经略大学士实心为国之诚，可以承受恩典。不然，朕即明降谕旨，召经略大学士还京，以军事付策楞、岳钟琪等经理。经略大学士其熟思而审处之。参赞诸臣著一并传谕。"

（高宗朝卷三三二·页三五下～三九上）

○ 乾隆十四年（己巳）正月甲子（1749.3.3）

谕："金川用兵一事，朕本意欲以禁遏凶暴，绥辑群番，并非利其人民、土地。而从前讷亲、张广泗措置乖方，屡经贻误，是以特命经略大学士傅恒前往视师，熟察形势，相度攻剿。经略大学士傅恒自奉命以至抵军，忠诚劳勋，超出等伦。其办事则巨细周详，锄奸则番蛮慑服，整顿营伍则纪律严明，鼓励戎行则士气踊跃。且终宵督战，不避风雪，击碉夺卡，大著声威，诚为仰副委任。朕思蕞尔穷番，何足当我师颜。而机政重大，部务殷繁，诸大臣皆为此一事驰驱经营，经略大学士傅恒乃中朝第一宣力大臣，素深倚毗，岂可因荒徼小丑，久稽于外？朕心实为不忍。即擒获渠魁，扫荡巢穴，亦不足以偿劳。此旨到日，经略大学士傅恒著即驰驿还朝。尚书达勒当阿、舒赫德各有部职，亦未便久旷。总督尹继善统制全秦，边防綦重，著一同回任。所有军营一切事宜，交与该省总督策楞、提督岳钟琪等。尽现在兵力，足以调派。即傅尔丹，尚有满兵在彼，亦应暂留，殚心筹画，妥协办理，以竣军务。"

谕军机大臣等："朕思用兵一事，总系从前不知其难，错误办理。今已洞悉实在形势，定计撤兵。另有谕旨寄发，召经略大学士傅恒还朝。计此旨到日，经略大学士抵营已四十余日，番境所有可进之路，自必熟悉。而所带京兵及各路满兵，至者约有三千余人，现在尚乘夜攻碉，则满兵亦必已令其及锋而用。利钝之势当已较然。果能克捷渐进，逼近贼巢，成功实有指望。此旨不妨暂留，稍待时日。或此四十日中续到兵多，而经略大学士办理又有就绪，功有可成，即掣回此旨亦无不可。如坚碉难破，尚徘徊卡撒、腊岭之间，即稍进而离贼巢尚远，则迟待亦无可望。足见一夫当关，万夫莫敌，天险非人力可施。用兵之道在知彼知己，满兵虽属骁勇，而所长乃在骑射，平原旷野实可以一当百；若以攻碉，则石难饮羽，长技举无可展。即据奏石卡守御仅十一人，我以七百人攻之，只毙其半，而土兵、绿旗死者已十一人，伤者至七十余人。若以百人敌一贼，则贼徒三千当用三十万众，有是理乎？卡撒、腊岭坚碉如此，即予以一月之功，未必能克。勒乌围、刮耳崖险必更甚，即有坦道可以直抵勒乌围、刮耳崖，而贼巢仍是坚碉，舍攻碉更有何策，二千余斤大炮安能运往施用！况悬军深入，歧径莫测，设伏断后，种种可虞，险著讵宜尝试，用兵原非易事，但可希冀成功，劳瘁自所不惜。不然，则以身所目击，万无可望之举，欲违其本心，勉强从事，虽愚者亦不出此。君子见几而作，不俟终日，岂宜固执成见，结为痴想？今朕所降谕旨，名正言顺，实经再四筹酌，见其确不可移。经略大学士遵谕而行，于国家已为有益，于颜面已为有光。况事无巨细，不能全求美善。而远近异势，中外异情，直省办事不如六部，六部不如内廷，此理易见。何况蛮荒徼外，何况军务机宜，又何况屡经贻误难于措手之会，而为所难为，欲求快意，其将能乎？经略大学士乃国家第一宣力大臣，赞襄机务，所关綦重，早还一日，早办一日之事。即达勒当阿、舒赫德等亦各有部务，岂容久旷？从前准噶尔用兵仅委一二大帅，金川小丑何值聚如许大臣与之相持。经略大学士整理营盘，欲变绿旗风气，今既撤兵，则营盘亦无所用，而绿旗风气，非旬日可以整顿，且亦安能以一人之力遍天下之绿旗而整顿之耶！况人情劳苦则怨生，经略大学士彻夜督战，固由受恩深重，图报心殷，不知其然而然。即朕意亦谓理当如是。然他人受恩，举能如经略大学士乎？大臣或犹知大义，然大臣中即有受恩最重而已成负恩者，何论随营员弁，又何论士卒。今无故而驱之锋镝之下，其有功可图者，尚踊跃争先，若确知其必不可成，而使之捐躯命，冒矢石，其谁甘之？即岳钟琪之在党坝，奏报多不据实，亦因势处至难，无足深责。且此事错误，朕君臣同之。朕既知而速改，所谓以七年之病求三年之艾，不早图则将无及。乘此收局，犹为未晚。若更日引月长，无所底止，何以善其后？部库帑藏，内地民力，皆所当惜。经略大学士独奈何明知错误而迁就之。且孝贤皇后念经略大学士手足至亲，教导成就，恩意笃挚，即朕亦因孝贤皇后诸弟中能如此忠诚任事，殊不易得，是以优加眷遇。今孝贤皇后服纪已及小祥，经略大学士理应奔赴行礼。此旨月内可到，若二月初旬起程，尚可届期而至，经略大学士宁或忘之耶？营中诸事可交与傅尔丹、策楞，令其次第筹办，因势纳降。此事原不值经略大学士亲身料理，交与伊等承办，更为得体。其满、汉官兵，当陆续撤回，各整队伍分起就道。酌令岳钟琪带兵驻守打箭炉，达勒当阿、舒赫德亦一同回任。经略大学士在营行师节制皆众人所亲见，回京后傅尔丹、乌尔登等自可循照办理。如不能妥协，咎有攸归。朕此旨原为收局，傅尔丹等当知领会。如策楞尚未抵军，经略大学中途相遇，亦当以此意密告之。此朕国家大计，日夕悬注，经略大学士不速还不可，并非欲经略大学士之前进而以此相激。经略大学士如存此见，是不以诚心视朕，误更甚矣！朕前谓将在外，君命有所不受，此惟当理而切于事机者方可。然孔子又云：'君命召不俟驾而行。'其理原互相发明。若不论理之当否，而谓在外即可不受君命，是不明君臣大义，而与不俟驾之言相悖矣！从前讷亲在营，惟图安逸畏缩，诸事并不据实陈奏，朕降旨令其回京。因其本有思家之念，自蹈罪愆耳！经略大学士行走如此勤劳，办事如此周到，锄奸如此妥贴，营伍如此整顿，临阵督战，彻夜露立风雪之中，此岂常人所能堪！特召还朝，实出于朕心之不忍，经略大学士宁不能深体朕意耶！且番境情形人人共睹，必不可再有迁延。经略大学士及参赞诸臣共阅此旨，以为于理如何？于事势如何？悉心公议。如于理势尚有未合，不妨据实陈奏。倘无可疑议，自应以遵旨为是，盖臣不可违君，子不可违父，乃天经地义之当然。不遵朕旨，为人臣者敢当此乎？经略大学士在京时观朕办理诸事，凡所预料是否俱有先见之明？若能切中窾要，则此事之难易进止，自不出朕之范围，经略大学士顾可不熟思而深念之耶？朕于今年正月初三日始定撤兵之计，今日皇太后圣母慈谕，此即朕新运顺畅之机，适与朕前日向军机大臣所论符合。实愿大学士同此嘉祥也。著将此旨并谕傅尔丹、达勒当阿、舒赫德、尹继善、策楞知之。"

（高宗朝卷三三二·页四二上～四九上）

○ **乾隆十四年（己巳）正月乙丑（1749.3.4）**

谕军机大臣等："据张允随奏称，制造挡牌不惟需费浩繁，而且难于定限，甚至物料无处购觅，万难照式制造等语。挡牌一事，前因傅尔丹等据副将胡大勇称，云南有挡炮棉牌，可备兵丁冲敌之用，是以议令预备。今既难于制造，著即停止。至竹帘棉牌及棉甲二项，长途运送亦觉艰难。其已经完工者，可存留该省本营，不必运往川省；其未完工者，亦著停止制造。现在云、贵赴川之兵，已经降旨若于二月初十日以前可出桃关者，始令前赴军营；其在初十以后抵川者，即行遣回。著传谕张允随知之。至副将胡大勇令张允随送部带领引见。"

又谕曰："经略大学士傅恒此行本欲得勒乌围、刮耳崖，擒莎罗奔、郎卡，荡平贼境，慑服群番，乃惬初愿。今奉旨召还进京佐理，一切未获如愿，其忠忱奋发抑而未舒。然自朕思之，成功万无可望。如贼境坚碉，经略大学士亦奏称进取不可专事攻碉，且云攻碉则经年亦难克捷。是经略大学士已目击而心知之，且一再试之，有不深见其断不可为者乎？经略大学士之意，惟在直攻中坚，立成巨功。而朕料之，即令别有坦道，可直趋贼巢，而贼巢仍是坚碉，舍攻碉计将安出？是贼据地利，万无可望成功之理。朕思之甚熟，看之甚透。上年办理实属错误。及早收局，信泰来之机，朕改过不吝。经略大学士亦当恢廓见识，为国家远大计。金川小丑实所谓得其人不足臣，得其地不足守，何值如此办理！无论不可成功，即万分有可指望，亦不值经略大学士在彼久与相持。况因经略大学士宣劳蛮徼，朕心日夜悬注。皇太后因朕筹画忧勤，又致圣心日夜悬注。此事之在国家毫无关系，而致上廑慈怀，朕心何以克当？朕心如此，经略大学士又何以克当？番夷异类无足比数，不特朕为天下主不必介意，即经略大学士社稷重臣，视此亦奚啻霄壤，岂有以天子倚毗中外仰望之身而专致力于弹丸一隅之地乎？……经略大学士受朕深恩，劳苦出力，朕心已为之不忍。达勒当阿等诸大臣及侍卫人员受恩岂能悉如经略大学士，朕心之不忍殆有甚焉！经略大学士一日不还朝，诸人相随于金革险巇之地亦一日不得宁息，军民之劳瘁亦一日不得休歇，经略大学士顾能忍之乎？朕自思天定之事，人力不能自由。上年办理讷亲一案，初非预有定见，而辗转以致于不可解免。近日撤兵之计，初犹未免希冀，两日来反复熟筹，灼见其必不可易，可见朕经理庶政初无成见。天地神灵鉴临在上，朕所不能自主也。朕且不能违天以直行己意，经略大学士欲违朕以固执成见，其将能乎？朕两日来所降谕旨，为经略大学士计，委曲详明。遵谕而行，则诸事妥协，所谓顺天者昌，吉祥善事无逾于此。若必为所难为，向后作何收局，可不为之寒心？经略大学士接到此旨，宜于理势之间加意审量，不必少存愤激之念，慰朕数千里拳拳。至小金川虽属恭顺，而行者荷戈擐甲，居者供亿馈饷，劳绩当酬。况番夷之性惟利是嗜，所有带往备赏之物及现在存积米粮，既不便运回，终弃于无用，不若酌量犒赉，以劳番众。经略大学士回程经过时，宣旨赏劳，更当加意防范。"

（高宗朝卷三三三·页一下～六上）

○乾隆十四年（己巳）正月丙寅（1749.3.5）

谕王大臣："金川用兵一事，朕从前实未悉彼地情形，因遣讷亲前往，谓与朕亲往无异。彼时果否可以成功，伊若据实奏闻，原可片言而定。讵意讷亲惟图安逸，高傲乖张，不恤士卒，而贼境之艰阻从未一言奏及，与张广泗同一挟私蒙蔽，以致糜帑劳师。朕已重治其罪，而情形究未深悉，特命经略大学士傅恒前往相度机宜。大学士傅恒兼程抵营，冲冒冰雪，跋履艰辛，筹画诸务，妥协周详。且历陈山川形势，有云：'臣随侍车驾，所历诸山，从未见有此险峻者。'大学士傅恒身膺重寄，锐意成功，所陈不过十之四五，而朕详加筹度，看来坚碉奇险实非人力可施。即据奏谓专事攻碉，一年尚难必克，意欲领率精兵直捣刮耳崖。无论未能克期前进，即使经由无碍径抵崖前，而彼地碉楼必更完固，守御必更严密，亦非必胜之算。从前西、北两路用兵历有数年，皇考洞悉道途辽远，难于必克，特召诸王大臣面询进止。彼时朕首先陈奏罢兵之议，蒙皇考俞允降旨班师。盖准噶尔所恃者远，金川所恃者险，两者相较其难略同。若明知其难而执意攻剿，多费帑金，久苦士卒，是反为贼人所愚矣。况经略大学士傅恒公忠体国，为朝廷股肱之臣，将来在朕左右资其襄赞，为日正长，以区区小丑，久劳贤臣在外，朕心实有所不忍。即使终能荡平，此时亦当权其轻重，早定成算。在经略大学士之意，或以未能如从前厄尔德尼昭之克捷，遽行班师，意有未惬。此又但知其一，未知其二也。准噶尔率其丑类轻犯近边，故我师得以断其归路，奏此大捷。今金川逆酋藏匿巢穴，固闭不出，若远驻重兵，旷日持久，待其自出而剪除之，断无是理。彼果离其巢穴，或至小金川、打箭炉等地，何难一举扑灭乎？经略大学士傅恒一到军营，即将起衅之奸细良尔吉、阿扣等明正典刑，又亲身督战，屡克贼碉，整顿绿旗积习，并将情形据实入告。即此已可为宣力效忠之成绩，正不必以未即殄灭逆酋为歉也。朕意此时宜定撤兵之计。军务为国家大事，当询谋佥同，方可定议。王大臣等可通盘筹酌，详议具奏。或以为费帑劳师已非一日，满兵现在云集，及锋而用尚可进取，未便遽行停撤，亦著各据己见，具议以闻。"

旋议："王师除逆安边，原非利其土地、民人。金川情形既经奏悉，限于地势，讵可劳师縻帑，从事于人力难施之荒徼！应请撤兵，召经略大学士还朝。"从之。

又谕曰："傅尔丹会同经略大学士傅恒奏，贼营险峻，从前皆务攻碉，縻费无功，今当练兵深入，直抵刮耳崖，设卡扼其出路，列兵截其救援等语。大学士抵彼未久，只期灭贼成功，故为此奏。傅尔丹久在金川，深悉情形，经历战阵，诸当酌量妥协。今惟迎合经略大学士，不论事之可否，竟欲冒险直抵贼穴，沿途贼众肯容过耶？纵过而贼从后截我归路奈何！且如傅尔丹所请，伊能自保必能耶？即勉为之，朕终不以为然。况傅尔丹前在科布多军营，因轻于引兵躁进，攻准噶尔几误大事，今于金川又复如此，伊将欲辱国乎？著严行申饬。"

又谕曰："经略大学士傅恒自抵军营，即诛渠魁，克碉卡，军威大振，贼酋穷蹙求降。经略大学士志期殄灭种类，欲俟各路兵丁齐到，一举荡平，不肯允降。朕思蠢尔穷番，何足污我斧锧，既已乞降，允宜网开三面。且经略大学士心膂重臣，久劳于外，朕心实为不忍。已降旨召令还朝赞襄机务。所有纳降事宜，命川督策楞随宜酌办。内大臣傅尔丹暂留统领满兵陆续撤回。其各路满、汉官兵未抵营者，于所至之处，著班第、纪山、高越知会统兵官弁，令其按起仍由原路回营，不必前进。沿途督、抚仍照去时成例，一体妥协照料供应，毋得玩视。著传谕直隶、山西、河南、陕甘、云贵各督、抚并西安将军、成都副都统知之。至大兵既经撤回，军糈亦无庸挽运，著一并传谕班第、兆惠、高越等令其酌量悉心妥办。钱粮关系紧要，毋得任听运粮官役乘机滋弊。"

又谕："朕已降旨班师，其东三省兵丁尚未到营者，著由原路撤回。领兵之副都统、侍卫等奉到此旨，沿途严加约束，不得滋事扰民。"

（高宗朝卷三三三·页六上～一〇下）

○ 乾隆十四年（己巳）正月丁卯（1749.3.6）

谕曰："经略大学士傅恒秉心忠亮，勇略超群。自奉命以来，晨夕劳勚，办理诸务妥协精详。一抵军营即能申明纪律，振作士气，歼除奸匪，屡克坚碉。贼酋穷蹙乞命，经略大学士傅恒志期一举荡平，不肯允降。朕思蠢尔穷番，何足污我斧锧，宜宏解网之仁，以示如天之量，已允王大臣等所议，召经略大学士傅恒班师还朝。其纳降善后事宜，交四川总督策楞办理。朕恭请皇太后圣母万安，仰蒙垂询，朕以班师纳降具奏。钦奉慈谕：'息众宁边乃国家太平长策。皇帝御极十有四年，予从不问外朝政事。上年皇帝奏闻，因系军国重务，时廑予怀。近见皇帝宵旰焦劳，尤为注切。今既下诏撤兵，实我大清国景运兴隆，亿万年社稷苍生之庆。大学士傅恒忠勤宣力，谋勇兼优，成绩懋著。朝廷宜封以公爵，用示奖励。予心如是，皇帝以为何如？'朕念经略大学士傅恒殚心为国，实冠等伦，超锡五等之崇班，允协酬庸之盛典，仰遵慈谕，封为忠勇公。铭勋册府，光我邦家，朕实嘉焉。"

又谕曰："经略大学士忠勇公傅恒现在召令还朝，二月初旬即应星驰就道。策楞身任封疆，所有军前一切善后事宜皆该督专责。至莎罗奔、郎卡蠢尔番蛮穷蹙乞命，不足烦经略大学士忠勇公躬亲受降，即交策楞承办。当传檄番酋，谕以现在劲旅云集，鼓锐深入，必无遗种。既能审知顺逆，哀吁求生，总督系地方官，番民皆所控驭，不忍尔等无知抔法，骈首就歼，用是仰体圣主如天好生之心，代为奏请，网开三面，俯准纳降。如此办理，较为得体。其满、汉官兵次第退撤，应会同傅尔丹、岳钟琪等加意照料，令其分起遣归，务期妥协。约二月中旬诸事可以就绪，从容再回成都。小金川年来运饷从征甚为出力，但逼近贼巢，结怨颇深，宜为之防护。马良柱向著威名，威酋所惮，应量给兵二三千人驻守数月，俟番境宁帖，然后撤回。岳钟琪令于三月内由党坝旋师，酌带兵四五千人驻守打箭炉，防御边疆。其应于何时回任，奏明请旨。再，前谕傅尔丹令其暂驻卡撤，俟满兵到齐，相机前进，得一二胜阵方回。今思既已班师，此举竟可不必。傅尔丹即同内大臣班第及乌尔登、法丑等，亦于二月中旬带领满兵陆续回京。"

又谕："此番军需，因办理之始章程未协，以致支费浩繁，视从前西、北两路尤为浮滥。今已纳降班师，自宜通盘稽查，支销均归实际。尚书舒赫德职司邦纪，综核是其专责，归途著暂留成都，会同兆惠、班第督率署藩司高越，将用兵以来一切军需银米支用各款，逐一彻底清查具奏，毋致丝毫侵冒。其部拨及各省协济银两，自上年十月后已解交六百三十余万。此项银两，除现应支发并应少加宽裕留备该省各地方贮用外，如有多余，即于陕、甘、山西、附近四川省分，查明协解原案数目酌量分拨，以资储备。其有解赴中途尚未抵川者，并于所至之处就便截留，既可节省运脚，又可补苴库项，殊属两便。其粮米一事，已解至军前者，昨有旨传谕经略大学士忠勇公傅恒，令其酌量赏犒小金川番众。未经起解者，或应存贮省城，或应分拨各省州、县补仓贮之虚耗，亦宜会商妥办。舒赫德俟办有就绪，先行来京，余交兆惠详悉料理完竣，再行回部办事。"

又谕："自用兵以来，已逾二载，将弁兵丁有攻碉夺卡奋不顾身以致阵亡者，深堪悯恻。著策楞、傅尔丹、岳钟琪等详悉确查具奏，交部从优议恤。"

又谕："金川军务，所有在军大臣及随营文武官弁人等，与有成劳，宜加奖励。著交策楞、傅尔丹、岳钟琪等分别等次，奏明交部从优议叙。至军机大臣等，受朕指示承办军营事宜，晨夕罔懈，亦著一体议叙。"

又谕："前因武宏绪贻误军行马匹，降旨革职枷号。嗣据经略大学士忠勇公傅恒奏，川省马匹实系短少，武宏绪并非有心贻误，但年已就衰，过犹有因。朕以军兴之际，不可不严惩示儆，未允大学士之请。今既经班师，著照所请，免其枷号。至鹿迈祖因漠视军务，摇惑众心，经班第参奏，枷号示众。今念川省用兵二载民力疲惫，此等情形皆经经略大学士忠勇公傅恒奏明，亦著加恩释放。此外有似此获罪者，俱著大学士查明，照此办理。"

（高宗朝卷三三三·页一一上～一六上）

○乾隆十四年（己巳）正月戊辰（1749.3.7）

谕王大臣："金川用兵一事，朕初未知地既险远碉复坚峭，是以先后遣张广泗、讷亲前往筹办攻剿事宜。乃伊二人措置乖方，贪安挟诈，并不将实在情形入告。经朕洞察其欺蔽贻误重罪，明正刑章，更命经略大学士傅恒视师。经略大学士傅恒秉志忠诚，不辞劳瘁，办理庶务，妥协周详。甫抵军营即枭斩起衅渠魁，申明纪律，整顿营伍。亲身督战，露立风雪之中连宵达旦，攻克碉卡，贼首穷蹙乞命。而经略大学士傅恒志期殄灭，惟欲锐师深入，一举荡平。朕思金川荒徼弹丸，得其地不足守，得其人不足臣。而崇山天险，非人力可施。历据经略大学士傅恒陈奏，且自用兵以来，一误于张广泗，再误于讷亲，以致贼番添碉增卡，防御益严。譬如病者，再易庸医已成痼疾，虽遇仓、扁，难起膏肓。而内地民力未免拮据，帑项拨协已为浩繁，均宜顾惜。说者谓小金川小丑介处群番之中，或虑其蚕食同类。不知各土司分疆列守，力敌势均，番众各卫其主，非贼酋所能吞噬。今鼠处穴中无从搜捕，而经略大学士傅恒宣力效忠，成绩已著。朕仰承皇太后慈训，晋爵铭勋，此即擒获莎罗奔、郎卡亦何所加！且机政殷繁，部务綦重，倚毗方切，是以召令还朝。其纳降诸事，原应地方官经理，非重臣所屑，今已降旨，悉委该督策楞承办。朕指示机宜，前此惟军机大臣等数人与闻，昨召庄亲王等面加咨询，据议以为召还重臣，纳降班师，诚为允当。朕思军旅重事，理当询谋佥同。因特召诸王、满汉文武大臣等将朕前后所降谕旨及经略大学士傅恒并军前大臣奏折，令其阅看，公同详悉定议。朕办理此事是否悉合机要，如或以为大兵将次云集，声威已壮，当乘破竹之势成拉朽之功，应如经略大学士所请，事在垂成，不宜中辍，亦各据所见具议以闻，朕将裁酌焉。"

旋议："金川地势诘屈幽深，其众如鼠伏穴中，师久粮费，民力艰难。上萦圣虑，即扫穴犁庭，而地不足入版图，人不足供赋役，于天朝无所加益。现已斩渠破碉，捷书频至，宏开汤网，诏下班师，实为亿万年社稷苍生之庆。至恐以功在垂成，中弃可惜，臣等详加筹议：王师绥远安边，必无尽歼丑类之理；而番酋慑服，边境敉宁，已为非常伟绩，与功弃垂成者不可同日而语，如虑撤兵之后或有蠢动，现奉旨将军营事宜并善后一切，另交大臣熟筹妥办。该大臣等必能于番、汉交界处所添设卡汛，弹压游巡，蕞尔穷番万万不能飞越。倘憨不畏死，自离巢穴，一旅偏师，即可斩俘立尽。视大兵久驻，必欲刻期扫荡者，难易悬殊。班师之旨，上协天心，下孚众志。臣等意见并无参差。"从之。

（高宗朝卷三三三·页一六上～一九上）

○乾隆十四年（己巳）正月庚午（1749.3.9）

谕军机大臣等："据尚书舒赫德所奏酌办滇、黔、陕、甘官兵并云梯、川陕及已到三起满兵抵川月日情形一折。朕思各路官兵现在停檄，前有旨传谕舒赫德等，令于官兵所到之处，即由原路分起回营，想伊等接到此旨，自必遵办。至滇、黔抵川兵丁三千五百名暂留成都巡防之处，俱可不必，应遵前旨即行遣归。倘经略大学士傅恒仍欲调用，或称一面奏明，一面调遣，亦未可知。著舒赫德传谕领兵官员等遵奉朕旨，不必听调赴营。舒赫德接到此旨时，计已将抵军营，或于牛厂、沃日间可与经略大学士相遇，即一路同行，回至成都。舒赫德或暂驻，料理交办诸事。至所奏官兵由水路回营之处，原因五六月间禾稼遍野，恐致蹂躏，兼可节省马匹。今既即行撤回，其所到之处，远近不一，且川、楚两省船只，一时骤难雇备，水路纡回阻滞，更费时日，自以仍由原路为便。著传谕舒赫德、班第知之。"

军机大臣等奏："大兵已撤，前差侍卫德山解送之长铍箭一万枝，应令解回京师。"

得旨："此项长铍箭不必解至京师，德山接到此旨时，若与西安相近，即交将军博第，与四川相近，即交副都统卓鼐，以备该处之用。"

（高宗朝卷三三三·页二〇上～二一下）

○乾隆十四年（己巳）正月辛未（1749.3.10）

谕军机大臣等："金川撤兵一事，前两次召诸王、满汉文武大臣，示以朕前后所降谕旨及军营奏到情形，令其各出所见，具议以闻。据伊等合词公奏金称：'揆理度势，撤兵之旨诚为允协。'朕复细加体访中外人情，并无异议，且有谓市井闾巷之人咸为欣悦者。此事朕志先定，绝无游移。又复询谋佥同，足见理势当然，确不可易。惟是昨接经略大学士忠勇公傅恒初九日奏折内仍有'成功不成功，回来俱不必论'之语，与前奏所谓心悦诚服殊相矛盾。已经明切指示，想能体悉朕意，星驰赴阙。且大兵停撤，无可展布，亦无可系恋矣。经略大学士所奏，固由报国心殷，务期殄灭渠魁，以快初志，或亦因讷亲闻命即归，经朕谴责，以此为鉴，则可不必。经略大学士此番行走之勤劳、办事之勇往、陈奏之据实，视讷亲之偷安、高傲、朦蔽、欺饰者相去霄壤。朕于臣工功罪赏罚出于大中至正，经略大学士此番不特朕嘉其实能宣力，实足报恩，试问之军营将士皆以为视讷亲何如？即返而自思亦以为何如？殊不必更为此虑矣！且据守备杨自功、周郁称，贼寨周围约三四里，石墙七八尺多厚，四五丈高，内有碉房十余座等语。如此坚碉，岂易攻克？无论沿江仄径不能直抵贼巢，即使竟达刮耳崖，将坐困石城之下，进退无据，更不知成何等大不顺意之事！此中峰直压之策，知经略大学士出于无可如何，而意中亦未必自谓万全妙算。倘仍欲侥幸有成，岂非大谬？经略大学士更不必以未擒莎罗奔、郎卡，未破勒乌围、刮耳崖为歉。盖金川用兵，不出于冒险，则出于因循。因循则縻饷老师，耗竭元气，固失之不及；而冒险则奋不顾身，民命国储轻于一掷，又失之太过。过犹不及，于国事无益，有损均耳！今经略大学士将彼地情形据实入告，朕酌定罢兵之策，俾内地民力得以休息，部库帑项得以撙节。养和平之福，培万年之基，其功视倾巢歼丑轻重为何如耶？至撤兵各事宜，尚须详悉经理。经略大学士既遵旨即日就道，不必留办，可一一交策楞、傅尔丹等令其酌量，次第分布，务合机宜。如马良柱带兵暂驻小金川，岳钟琪驻守打箭炉。朕前所指示者不过大概，至一应防范，均宜随时料理，期于周密。台站照旧安设，军营事宜照旧间日奏报一次。俟有就绪，或三四日，或五六日一次，以渐而减。朕心悬注，必俟诸大臣俱回至成都后始可释然。再，连年用兵以来，所费军需银两、米石实为浩繁，其中难免浮冒侵渔诸弊。经略大学士可谆嘱舒赫德、策楞彻底清查，俾归实用，毋任滥销。又，云贵督、抚等会奏派雇长夫背运军装一时赶办不及一折。雇夫远涉，势所难行。今既撤兵，自可毋庸置议。然办理之拮据，即此可见。知难而退，知过而改，乃所谓'不远之复。若成见不化，必欲为所难为'。如前所陈由，中峰直压贼巢之策，必至不可收局，是迷复矣。经略大学士奈何以尽善尽美之事为未慊而转图万无一成之功耶！经略大学士又奏陕省官民即有疲玩之习；川民凋敝，不由用兵等语。此亦经略大学士偏于必欲成功，故如此立说。其实此番用兵，不独川、陕疲敝，即各省亦不免于骚动。直隶、河南、山西大兵经过，支应固属浩繁，至兵所不及，如江、浙米价昂贵，亦由川米不到，何况川、陕频年供亿，宁得谓凋敝不缘用兵？此岂由衷之言，果尔则是昧于事理，直是糊涂矣！但观过知仁，经略大学士实欲为国家宣力，则此心可以共谅耳！今惟遵旨迅速还朝，其他概可勿问。倘徘徊不前，将拥重兵于外，欲何为耶？张允随等折并抄寄。"

（高宗朝卷三三三·页二一下～二五上）

○乾隆十四年（己巳）正月壬申（1749.3.11）

谕军机大臣等："朕前降旨，克捷金川后，欲留兵驻守，不过谓费力所得之地不可弃掷，亦冀一劳永逸之意，并非必欲如此办理。续据经略大学士所奏，驻兵之说尚须酌议，则是势必有不可行者。今既定议允降班师，惟令马良柱、岳钟琪分驻小金川、打箭炉，以为渐次全撤之地，则驻兵之论自不必复议及矣。如守备杨自功、周郁所言石墙高厚，万难攻破，即使唾手可得，而我兵必不能驻守。若尽行拆毁，又当费几许人力。若复以委之小金川或他土司，是为之增碉扩地，借寇兵而赍盗粮。且拆后木石仍存，重修亦易，是劳而得之，复不得不委而去之，亦何苦而为此无益之举耶！今惟撤兵一事，当详悉妥办。从前所调川兵原非精壮，畏贼如虎，积习已然，且劳役日久，疲困不堪。当此众兵停撤之时，独留伊等随营驻守，更非所愿。倘驱以御贼，势必挫衄，自应将在营旧驻守者即令撤回。前据高越奏，成都现有召募新兵，即照数补调更换。其到营未久者，则可不必。至马良柱驻守小金川，岳钟琪驻守打箭炉，原以防贼番之侵轶，来则御之，去勿穷追，并非欲其进攻，不必更存立功之想。著经略大学士传谕策楞，令其密谕岳钟琪、马良柱共知此意。其余一切事宜，或朕有筹虑未周之处，经略大学士一面与策楞妥酌而行，一面详悉具奏。朕前谕所云'垂成之功不可弃，难成之功不可图'二语，乃系未悉情形，尚欲得一二胜阵，故有是言。今则惟有'难成之功不可图'一语矣！经略大学士宣力效忠，勤劳懋著，成绩昭然。朕因经略大学士据实备陈番境形势得以洞悉艰险，纳降罢兵，纾民力而裕国储，培养元气，永奠鸿基。其功在社稷者甚大。若乘危不顾，冒险直前，纵幸得志，锋镝之下伤损实多，正所谓一将功成万骨枯者。此不过古名将如霍去病辈武臣秉钺者所为。在傅尔丹、岳钟琪等立志效法，或属职分当然。经略大学士辅弼重臣，岂可与赳桓骁果之士争一日汗马之勋耶！即所谓'川民凋敝，不由用兵'一语，亦属错误。民为邦本，必使休养宽裕，妇子盈宁。是以古圣王视民如伤，良臣一夫不获，若已推而纳之沟中。如以为民劳未即生怨，可保不滋事端，欲于困惫之余更为快意之举，罔恤民力，罔顾后艰，是经略大学士独任其过而已。穷兵黩武，朕断有所不为也。今经略大学士功已成矣，名已著矣，遵旨还朝，赞襄机务，晋封受爵，垂誉旂常，朕亦恭承天意独断宸衷，柔远能迩，端拱太平，载之史册，宁不有光！更何事殚精竭虑，以幸难成之功耶？马良柱从前奋勇克捷，若张广泗添兵数千，早能奏绩。其威名为贼酋所畏，此番颇能出力，经略大学士曾经奏闻，应授为建昌镇总兵，赏戴花翎，以示鼓励。莽阿纳著来京另用，或四川总兵中有不如彼者，经略大学士酌量调用亦可。再，调往川省运粮之道、府、同知，大兵停撤，已令各回原任。各该省无须多员委用，现在分发之道、府、同知未起程者，令其带领引见，另行酌夺。又，哈攀龙、鲍成龙原参之案，其中不无屈抑，据经略大学士奏明，已将哈攀龙开复，鲍成龙亦允释放效力。此外尚有似此诬参应予昭雪者，经略大学士即交策楞等据实详查报明。或于途次，或到京后，复加核定，奏闻请旨，不必因此稽延致误三月初来京之期也。"

（高宗朝卷三三三·页二五下～二九上）

○乾隆十四年（己巳）正月乙亥（1749.3.14）

谕军机大臣等："据经略大学士忠勇公傅恒密奏筹办莎罗奔、郎卡乞降一事，朕思莎罗奔、郎卡非良尔吉素属内附现在随征者可比，虽云穷蹙求活，岂不虑及一离巢穴，便成几俎上物？或令人冒充，先为尝试，亦未可知。即果系贼酋，而以处良尔吉者处之，不惟随从之众一时情急生变，纵使办理得宜，防范严密，而彼中人心固结，必复别有推戴，其仇恨深切，力抗坚拒，更倍于前。若必欲痛断根株，非一二年不可。岂有以国家元臣久驻荒徼，与穷番相持不解者耶！且经略大学士目下筹办此事，如业有就绪则已，不然，即当遵朕前旨，交与总督策楞，听其随宜纳款，收局为妥。经略大学士接到谕旨，星驰还朝，毋逾三月初旬之期，不可因此稽延时日。此事本不值经略大学士亲办，策楞受降与经略大学士受降何异？况王师有征无战，降者不杀，古名将多知此意，经略大学士其善为之。至中峰压下之策，万无可行。经略大学士奋勇直前，想因我满洲旧风以果锐克敌为尚，当时如亲王、贝子且躬在行间，不避矢石，即太祖、太宗亦尝亲御六师，四征不庭。在开创之初，势有不得不然。今则累洽重熙，六合在宥，天保治内，采薇治外，朝廷固自有体。即如汉之光武，滹沱麦饭，芜蒌豆粥，始亦亲历兵艰，继膺大宝，偶有征发，悉事推毂，良以因事通变合于经常，乃万世不易之道。今金川小丑，不过穴中鼫鼠，即跳梁犯顺，遣一偏裨如马良柱等致讨足矣。虽总督尚可不必亲行，况经略大学士乎！回思上年用事之初，朕实限于不知，小题大做，不知何以办理至此！经略大学士果能旷观远览，亦当知此举之不值一办，转为重视莎罗奔、郎卡矣！君子见几而作，不俟终日，允降班师，实为至当。经略大学士归期一日未经奏报，则朕一日不能释然。著传谕知之。"

（高宗朝卷三三三·页二九上～三一上）

○乾隆十四年（己巳）正月丙子（1749.3.15）

　　谕军机大臣等："据经略大学士忠勇公傅恒奏称：番众震我兵威，且粮食将尽，屡次喊降，正月十二日具禀哀吁，经臣开诚晓谕，十五日又遣伊头人来营，并送还抢去绿旗兵三名，观其情词恳切，穷蹙似系实情，因谕以莎罗奔、郎卡若亲缚赴辕，贷以不死，臣意乘其投诚，仍抵贼窟，将二酋带入内地，还朝献俘等语。朕思番酋本属化外，无足深较。而驭番之道，惟当开示恩信，使之弭首帖耳，革面革心，庶足绥靖蛮氛，永无携贰。今莎罗奔、郎卡面缚归诚，在经略大学士傅恒受钺专征，志期执馘，但既对众晓谕，许以不死，若絷之槛车，献俘阙下，法当悬首藁街，纵贼酋罪无可赦，而群番环视，且畏且惊，不若昭布殊恩，网开三面。著于谕旨所至之处，会集文武大小官员，宣示纶音，解缚释放，并遣弁兵押送回巢，告布群番，令知王师有征无战，降者不杀，信义宏孚，恩威并著，包含无外，边徼由此永宁。经略大学士傅恒宣力岩疆，成绩茂著，宜加优叙，以示渥恩。今据缴还封公谕旨，沥情恳辞，国家酬庸晋爵，令典攸昭，五服五章，非朕所得而私，亦非经略大学士所得而辞。且纶綍所宣，风行海宇，久颁成命，未便收回。经略大学士傅恒，其勉遵朕旨，式克钦承，还朝襄赞，以副倚毗。著将此旨一并晓谕中外，原折并发。"

（高宗朝卷三三三·页三三下～三五上）

○乾隆十四年（己巳）正月戊寅（1749.3.17）

钦差户部尚书舒赫德奏："四川自用兵以来，官则调派去任分办军粮，米价昂贵，采买维艰，运米、送兵雇夫更累，购备草、豆无项可支，至以得参为幸。兵则汛防几无一人存城，老弱万难恃以稽察弹压。民则差拨连年，挽送拮据，未拨者亦出帮贴，按户不能幸免。饷则藩库长空，需用正繁，后恐难继。即告知经略大学士悉心密计早结此局。"

得旨："已有旨撤兵。汝但解劝大学士毋令著急速行来朝，佐理机务。汝再留蜀数日查办一切。已有旨谕汝，其勉之。"

（高宗朝卷三三三·页三七上～下）

○乾隆十四年（己巳）二月辛巳（1749.3.20）

谕曰："此番用兵在事诸大臣等皆能急公奋往，劳绩懋著。前经降旨将舒赫德等交部议叙。都统旺扎勒、总督策楞奉命星驰，不辞艰瘁，甚属可嘉，著一体从优议叙。该部知道。"

谕军机大臣等："本月初三日经略大学士忠勇公傅恒奏到军前情形诸折，朕披览深为嘉悦。贼境坚碉林立，若仍蹈前辙徒事攻扑，虽经年不能奏绩。经略大学士傅恒因有锐师深入，从中峰压下直捣贼巢之策，再三执奏不已。经朕严切训谕，果能洞达事理，翻然解悟。而贼酋因我军威大振，穷蹙急迫，屡遣头人抒诚奉币，哀吁乞怜。经略大学士必令莎罗奔、郎卡面缚军门，絷之槛车，献俘阙下。朕以'怀远招携，降者不杀，宏开三面，活此一隅'谕令振旅还朝，纳降之事交总督策楞随宜办理。在经略大学士傅恒受钺专征，忠勇奋发，志期荡寇，振我皇灵，是以决策长驱，计图一举殄灭，而朕覆载为怀，涵育异类。且据经略大学士傅恒将彼地险阻情形一一据实入告，与从前欺朦贻误者相去霄壤，朕得以备悉其难定计撤兵，则此后之保全物命，休养太和，阜裕国储，宁谧边徼者，皆经略大学士傅恒之功，其视奸丑执馘者为尤大也。国家晋爵酬庸，封公已为优典，若以经略大学士一片赤诚，忠纯体国，岂寻常之析圭担爵者可同日语耶！所有封公谕旨，应即祗领拜恩，不得再行恳辞。其前后所降谕旨并奏到诸折，著发交诸王、满汉文武大臣公同阅看。俾悉知经略大学士傅恒为国宣劳，奋身殚力，具有苦心，共相效勉。即朕之开导指示亦悉出于仁至义尽，而始终筹办此事，揆理度势，务合机宜，训饬加恩，无非为国体，为政要，初无假借，无容心。朕赐诗有云'上将有心期利执，大君无物不包蒙'二语，实足该括用兵全局，并我君臣之各尽其道心事，俱为披豁矣！"

（高宗朝卷三三四·页二上～四上）

○乾隆十四年（己巳）二月丙戌（1749.3.25）

谕："朕抚御寰区，敉宁中外。前因金川小丑致烦王师，经略大学士忠勇公傅恒奉命专征，威信克著。朕命纳降抚顺，振旅还朝。从兹边境乂安，蛮氛永靖，朕嘉绩酬庸。经略大学士傅恒已晋封公爵，所有中外在事诸臣，或驰驱远徼，宣力封疆，或夙夜在公，懋襄机政，宜加显秩，用奖勤劳。太子太保大学士来保，著加太子太傅。太子少保协办大学士吏部尚书陈大受、户部尚书舒赫德、太子少傅四川总督果毅公策楞、太子少保陕甘总督尹继善，俱著加太子太保。刑部尚书汪由敦，著加太子少师。吏部尚书达勒当阿、理藩院尚书纳延泰，俱著加太子少保。其兵部尚书梁诗正、协办大学士刑部尚书阿克敦、工部尚书信勇公哈达哈并久膺委任，历著清勤，亦应一体加恩，以昭风劝。梁诗正著加太子少师，阿克敦、哈达哈著加太子少保。"

谕军机大臣等："金川小丑，僻处穷荒，迥非吴逆三藩及噶尔丹等可比。上年劳师动众，实为不值。撤兵之举，自今思之，益信其万无可易。经略大学士遵旨还朝，所有应办事宜，必已一一妥协料理。朕偶忆及军营所铸二千余斤铜炮，撤师之后既未便委之番境，而崇山峻岭运回亦觉艰难，不若镕取铜斤，载归省城，以供鼓铸，搭放兵饷。纵稍损成铸工本，而化无用为有用，亦计之得者。其自京运往之冲天九节诸炮，皆国家利器,皇祖时所造,贮之禁中,即成都省会亦不可存留。自当从后从容运回京城,少糜脚费,亦所不惜。此外炮位俱应收贮总督衙门。其余一切军装器械,经略大学士行期迅速,无暇兼顾,著交总督逐一留心检点。"

(高宗朝卷三三四·页九上～一二下)

○乾隆十四年(己巳)二月戊子(1749.3.27)

又谕(军机大臣等):"本月初九日酉刻,经略大学士忠勇公傅恒奏到,称金川头人阿申内附,机有可乘,弃之可惜,恳展还朝之期。初十日丑刻,又奏,奉到十六日谕旨,敬谨遵奉,于二十九日或初二日即行,星驰就道,纳降之事交策楞办理等语。如此方为明于事理,能知轻重之大臣,朕心深为嘉悦。罢兵一事,朕再四熟筹,为国家远大之计,无逾于此。盖得其地不足耕,得其人不足使,逆则讨之,顺则抚之,乃天朝控驭蛮荒之道。且地居奇险,人力难施,搗穴攻碉,多戕物命。况尽有其地既未可列为郡县,归为幅员,则虽縶莎罗奔、郎卡之颈致之阙下,不过戮二番酋,何足轻重?而取其地以与他番,何如即抚此二酋,使效顺奉命。朕初意犹不过欲乘其呼号请命,因势纳降,不谓其穷蹙若此,恭顺若此。今据经略大学士傅恒前后奏报,莎罗奔、郎卡屡遣亲信头人致词献币,禀称果贷其死,当为经略大学士建祠顶祝。所约六条,如不许再犯邻封,退还各土司侵地,献马邦凶首,缴出枪炮,送还内地民人,与众土司一体当差,一一如命,且称愿较各土司分外出力。是乃所谓革面革心,而其所求望风稽颡,不敢遽赴军门者,蝼蚁贪生之本念耳。如此而必加以诛戮,岂朕覆载包容之量所忍出耶!王师不战,止戈为武,威既伸矣,功既成矣,班师振旅允合机宜,息事宁人,贻庥奕祀,尚何可惜之有!我国家正当全盛之时,以东三省之辽远,烝徒万骑匝月而驰至西川,诚昔人所云从枕席上过师者,传之史册,休有烈光!今非此番办理,先声震叠,军纪严明,攻剿奋勇,则贼番挺其螳臂,未必若是之颙角归诚。此经略大学士傅恒之功,视献囚执馘者为尤大也。前此经略大学士傅恒屡以志期殄灭不肯遽归为奏,朕甚为悬切,目下既经翻然就道,朕不妨宣示初心。盖子不可违父,臣不可违君,乃纲常之大义,召之不至,势无中立,非捐躯不返,则必以违旨得罪。夫以朝廷第一大臣而委命蛮荒,成何国体?军前诸大臣及将弁士卒立视大帅之冒犯锋镝而不能卫，尚可相率生还不惧国法耶？设不幸而有此，后将作何收局？若顾惜前劳，固执成见，迁延抗旨，势不得徇法姑容。夫以负恩受戮之人，尚不免为之致惜，况在忠诚效力之贤臣，而以锐意立功，罹于国宪，朕心抑复何忍！在经略大学士身膺阃寄，报国心殷，固宜以敌忾为急，朕培护元臣，裁成开导，俾祛偏见以宏远谟，而大学士即能深体朕意，不固执成见，正合军志所云允当则归。而调元赞化可为数十年之良佐，我君臣斯为各尽其道，则金川之役虽不无劳费，而朕赏罚公明，诛有罪而人知警惕，旌有功而人知劝勉，庶绩由此，咸熙风尚由此，丕变生灵由此，阜安我大清亿万年无疆惟休，岂胜庆幸！著传谕诸王、满汉文武大臣知之。"

（高宗朝卷三三四·页一七上～二〇上）

○乾隆十四年（己巳）二月庚寅（1749.3.29）

谕军机大臣等："经略大学士忠勇公傅恒奏称：'小金川、打箭炉不必留驻官兵。'所见甚是。朕前降旨时，原因纳降之举不过随宜收局，尚须防范，俾无侵轶。今既如此畏服，如此恭顺，并岳钟琪之前赴卡撒及差役往来俱径趋勒乌围、刮耳崖，此与内地素附之土目何异！则驻兵转为徒费物力。是金川实属平定，经略大学士实已成功。此际办理，事事巧于凑合。初不料其顺遂神速，一至于此。总由军威克振，先声夺人。可见办事果能实心实力，自有成效。朕前降旨撤兵，实虑经略大学士于兵齐之日，或冒险轻进，所以速令停止。自今观之，则撤兵一事，恰合机宜，迟早之间无不中节。深荷上天孚佑，有以默启朕心。惟伫待经略大学士星驰还朝，同此欣庆也。"

又谕："朕前降旨，将金川用兵以来在事大臣及随营文武官弁人等与有劳绩者，交部从优议叙。今据四川总督策楞奏称，从前讷亲、张广泗老师糜饷，亏损军威，将弁等征战出力之处并未存档案。若行文各将弁查报，必多捏饰，徒滋冒滥等语。讷亲、张广泗自经任事，毫无实心，其所奏报多属子虚，是以谕令军前确实查办。今既称并无册档可稽，则该部无凭置议，所有官弁人等优叙之处似可不必。但即此而观，讷亲、张广泗于有功者，既漫不经心，茫无纪载；则其所参有罪者，亦必颠倒任情，多属屈抑。著该督策楞详悉查明,量予昭雪,据实奏闻请旨。其阵亡将士仍遵前旨查奏,交部议恤。"

（高宗朝卷三三四·页二〇下～二二下）

○乾隆十四年（己巳）二月癸巳（1749.4.1）

谕："本日据经略大学士忠勇公傅恒奏报,天威远畅,平定金川,莎罗奔、郎卡俯首就降,献捷班师,露布驰上。莎罗奔、郎卡于二月初五日,设坛除道,带领喇嘛、头目多人,焚香顶戴作乐跪迎。经略大学士忠勇公傅恒轻骑减从,示以不疑。该酋虔候升帐,先后匍匐稽颡。经略大学士傅恒开诚训饬,义正词严。因见番酋悔惧哀吁之诚溢于颜面,宣布朕旨,示以德威,宥之不死。该酋始则战栗震悚,继则感激欢欣,致词恳切,永誓不敢再有违犯,呈献古佛一尊、银万两。经略大学士傅恒受佛却银,颁赉恩赏,手授荷包。莎罗奔膝行领受,叩首称:'银两不敢领回,愿即以此为经略大学士傅恒建祠诵经,子孙戴德。'经略大学士傅恒遣令回巢。远近诸番观者如堵,莫不踊跃欣喜,敬信畏服。嗣是远徼敉宁,蛮氛尽息,生灵休养,食德饮和,实我大清国亿万年无疆之休,垂诸史册,盛烈光昭。朕闻报不胜欣幸！此皆上苍孚佑,宗社贻庥,有以默相朕躬,皇太后懿训详明,有以启迪朕志,荷兹福庇,感庆实深。经略大学士傅恒丹衷壮志,勇略宏猷,足以柔怀异类,迅奏肤功。即诸葛之七纵威蛮,汾阳之单骑见虏,何以加兹！实为国家嘉祥上瑞。前已晋爵封公,酬庸更无殊典,所赐四团龙补褂,著祗受服用。再,照元勋扬古里额驸之例,加赐豹尾枪二杆、亲军二名,优示宠章均不必恳辞。此外尚有金黄带、宝石帽顶,俟抵京伊迩,朕遣大阿哥往迎时颁赐。至提督岳钟琪,能承经略大学士傅恒指示,开诚布信,直造贼巢,用致番酋弭耳惕息,厥角恐后,成劳茂著,功在诸将右,著加太子少保,仍交部从优议叙。其参赞诸大臣及在营大臣等,虽前经议叙,而此番殚心宣力,均属可嘉,著再行交部议叙。此事去岁之征兵命将,与今岁之决策班师,朕初意第以随宜收局,不料番酋畏威怀德,革面革心一至于此。固朕宵旰忧勤,事无大小,先机筹画,恰合机宜。亦由经略大学士傅恒秉心忠亮,克承训示,成此殊勋。可见作善者昌,将来数十年赞化调元,懋襄郅治,实嘉赖焉！著传谕诸王、满汉文武大臣，并宣示中外知之。"

又谕："金川大兵奏捷，番酋归诚，皆蒙列祖、皇考在天之灵默佑朕躬，致此嘉庆，理宜展谒陵寝，以告成功。拟于三月十三日起程恭谒孝陵、景陵。礼毕，即由马兰峪前往易州恭谒泰陵。所有应行一切事宜，各衙门照例敬谨预备。"

又谕："今日金川奏捷之报，到京甚为迅速，台站官员著交部议叙。其马上递送报匣人等，著各该督、抚查明，酌量赏赉。"

经略大学士傅恒等奏："奉命视师金川，斩奸攻卡，将卒用命，番酋震慑投诚。于正月二十日遣头人呈献甘结，遵依六事：一、永不敢侵扰诸番；一、供役比各土司黾勉；一、尽返所夺邻番地；一、向来误犯天兵，凶首擒献；一、送还从前侵掠人民、马匹；一、照数献出枪炮、军器。臣以元凶未经面缚，峻拒其请。贼势益穷，转乞绰斯甲土司，求提督岳钟琪代请贷死。于二月初五日，土司莎罗奔、土舍郎卡于军门外除道设坛，次第俯伏帐下。臣宣布国威，承旨赦罪，遣令回巢。观者如堵，万声欢庆。"

得旨："览奏忻悦之外，无可批谕。更有明旨颁发诸王大臣知之。"

四川提督岳钟琪奏："金酋负险自大，帅臣仰禀庙谟，军威大振，穷酋乞命。臣带兵四五十人进抵贼巢，迎谒甚恭。是夜即宿勒乌围。明日至其经堂，令绰酋擢结同莎罗奔、郎卡依番礼誓于佛前。随赴卡撤，告知经略。复至巴郎，带领该土司、土舍膝行叩降。"

得旨："此事固经略大学士之忠诚，至于能承大学士之指示，开诚见贼，致彼不疑而来，亦卿之功也。甚慰，甚嘉许之。"

四川总督策楞奏："番性难驯，睚眦启争，互相倾陷。或亲戚微嫌，或疆场未析，仇杀攘夺数十年不解。臣奉命善后，惟有示以诚信，消其蘖萌。川省官疲民玩，抚藩应办之事竟不相知，档案无稽，章程久敝，守令一日可延，簿领不问，地方休戚，漠然罔闻。现在审其缓急，次第整顿，一二年内可涤颓风。"

得旨："卿所见亦得其大端矣。其善，甚慰，其加意为之。"

（高宗朝卷三三四·页二六上～三一上）

○乾隆十四年（己巳）二月甲午（1749.4.2）

谕："金川告捷，边徼敉宁。大学士张廷玉、来保等查照会典，奏请升殿受贺。此次肤功克奏，番酋向化革心，仰赖上苍福佑，宗社垂庥，朕何敢自以为功。现经躐吉谒陵，并依典礼遣官祭告。但从前青海平定，皇考世宗宪皇帝俯允廷臣之请，曾经举行朝贺典礼，具有成宪，著勉从所请。一切礼仪，该部查例具奏。"

又谕曰："大学士张廷玉、来保等以金川荡平，肤功迅奏，由朕指授机宜，应垂方册，请照皇祖圣祖仁皇帝平定朔漠纂修方略之例，编缉成书。朕惟金川一役原非好大喜功，此番奏凯班师，仰荷天祖默佑，贻庆无疆。而元辅之抒忠奋勇，将士之敌忾腾欢，有以震慑蛮方，廓清荒徼。朕非自诩其功，欲以铺张夸耀。第军旅为国家大事，其端委曲折，非纪载详明，无由稽考。且圣母皇太后懿训之慈祥恺恻，朕于此事始终经画之宵旰焦劳，不可不垂示后嗣子孙。俾共喻保大定功之艰，止戈为武之义。著照所请行。"

又谕："办理金川军务以来，军机处行走官员甚属黾勉供职。著分别等次，交部议叙。其随经略大学士忠勇公傅恒办事未经议叙之沈作朋、常亮、富显、程焘，并随尚书舒赫德出差之三宝，著一并交部议叙。"

军机大臣等奏："平定金川，天威遐畅，请依雍正二年平定青海告祭典礼，遣官祭告坛、庙、社、稷，用荐成功。"从之。

又奏："圣祖仁皇帝平定沙漠、世宗宪皇帝平定青海，均御制碑文，垂示久远。金川平定，恭请御制文勒石太学。"从之。

御制平定金川告成太学碑文曰："天畀我皇清，握乾符，俯坤轴，函括万邦，悉主悉臣，五后缵承，创守佑启，亦惟是二三荩臣，布德宣力。予曰'有先后'，予曰'有御侮'，用造我丕丕基，罔有蘖芽，罔不煦妪长养，游于大当。粤有金川莎罗奔者，居西蜀桃关以外，界绰斯甲、小金川之间。向曾从征，得授符檄。与诸土司齿，顾恃其险远，夜郎自大，构衅邻番。各土司申诉封疆吏，吏曰：'蔓之不图，岂其视为瓯脱。'乃请兵筹饷，期扫其穴。而司其事者，或怯缩以老师，或剽狡以蓄志。军无适从，事用弗集，予心惘然。念边徼之不宁，或致增防置戍，重劳吾民。大学士忠勇公傅恒，义同休戚，毅然请肩斯任。乃命以经略印，益厚集诸路军，刍粟相继，间阎不惊。卜吉于戊辰十一月之三日，祃牙以指所征，朕亲御武帐，赐经略酒以行。天日和昶，阳气宣复，都人士听睹耸跃，罔不忭喜，谓露布之旦暮至也！乃历燕晋，驱秦陇，越剑阁，绝川江，陵桃关之巉，径天射之峻。又日讨军实而教诫拊循之均，其渴饮饥食，同其晓征夜眠。至于密赞机务，亲草奏章，则又经略独勤其劳，而诸武臣有所不知，有弗能共者。恩威既明，士用益励。度番落如户庭，过部伍于衽席。奸酋授首，军声大振。复以巨炮击其碉，坚碉以摧。将俟诸军之集，捣其中坚。而番酋骙瞿骁喙，稽首请降。经略臣以彼罪重恶极，穷而乞生，久或渝且背焉，虑不允所请。朕惟天地之德在好生，彼蚁溃而鼠骇者，毋宁赦而宥之。且求降而尽歼之，不可谓武，矧不足以污我斧也。于是经略宣朕明旨，登坛受降。己巳二月之望日，金川平定，捷音至京。是役也，深入数千里，奏凯未七旬。而振旅之师，多有返自中途，未究其用者。昔之成功巴蜀，如建武之定公孙、江陵之降李势，皆在版图之内，无足比数。廷臣举皇祖朔漠、皇考青海成例，请勒碑成均，以示来许。夫秉丹诚而运筹决胜永靖荒徼者，经略大学士之功也。商可否于帷幄，冲矢石于行阵者，参赞大臣及诸将士力也。朕何有焉？惟是体乾元之德，凛佳兵之戒，保大定功，安民和众，庶几可以垂则乎？乃系之辞曰：维天生人，类聚群分。凡兹林林，孰非我民？有羁而縻，有诲而谆。岂伊异视，远近殊伦。守在四夷，稽古名言。无已用之，寓义于仁。蠢彼金夷，恃其险阻。蚕食豨张，谓莫我拒。不靖不庭，侵厥邻聚。骇奔叫呶，以干大咎。匪棘匪纾，狺犹之故。我张我伐，狺犹之故。我师既集，贼亦相持。匪敢相持，惧诛自支。两易寒暑敉功稍稽。贼益以狂，怒臂当车。罪臣既诛，以徇我师。朕咨于恒，汝往视之。朕咨于恒，惟汝同德。惟我庶士，亦久于役。将兹旗兵，羽林神策。其勇熊罴，其心金石。何敌弗摧，何攻弗克。济以汝忠，奏捷顷刻。恒拜稽首，臣敢弗侵。既祃既宜，师出于京。师出于京，时惟一阳。未逾五旬，乃压其疆。前旌猎猎，有节煌煌。群番乃惊，谓自天降。惟彼攸恃，曰良尔吉。以侦以谍，如鬼如蜮。其恃爰诛，其类股栗。纪律是明，戎兵是诘。铸炮攻碉，其守以失。惟是惧诛，潜弗敢出。其潜弗出，乃旦夕延。将齐我军，披其中坚。大鞺大鞳，期目之前。彼乃穷蹙，乞降悚虔。惟命是从，六事永遵。除道筑坛，肉袒羊牵。赳赳钟琪，乃度之愬。聿抵贼巢，开诚以谕。携其二酋，军门亲赴。悔罪归诚，车尘马足。顺斯抚之，昭我王度。昔也雷霆，今也雨露。七纵诸葛，单骑汾阳。曰我相臣，于前有光。晋爵锡服，黼黻龙章。速归黄阁，左右赞襄。休养生息，惠鲜蜀邦。我武既扬，无疆惟庆。"

（高宗朝卷三三五·页一上～七下）

○乾隆十四年（己巳）二月丙申（1749.4.4）

又谕："金川奏凯，大功已成。而始事之轻遽，则纪山究难辞责。至于班第，固系专办粮运，而其奏请重臣督师，居心亦不可问。是伊二人情罪，虽与张广泗、讷亲有间，未便照张广泗之例以处纪山，照讷亲之例以处班第，然均有过无功，岂可置之不论？今若概从宽典，仍令回京，或授为副都统、侍郎之职，伊等亦有何颜与在廷诸臣同列班行！且返衷自问，谅亦难安。而众人见纪山、班第之负过重而受罚轻，将来遇有军国重务，即不肯力任艰巨亦不至身罹重典，惟思巧图侥幸，苟免自全，实无裨于国事。朕思纪山曾经驻藏，班第亦颇谙夷情，俱著赏给副都统衔，自备鞍马，纪山前往西藏换回拉布敦办理部务，班第前往青海换回众佛保来京另用。如此则既开其自新之路，亦足以警戒将来。朕于臣工功罪赏罚，一秉大公至正，从无丝毫假借，亦无丝毫容心。纪山、班第现有经手事宜尚须留办，著总督策楞酌量，俟伊等诸事清结，即令由川起程，各赴驻守之地。"

（高宗朝卷三三五·页一一上～一二上）

○乾隆十四年（己巳）二月庚子（1749.4.8）

军机大臣等奏："金川平定，请于祭告诸陵之日，遣官告祭孝贤皇后几筵。"又奏："平定金川，遣官祭告先师孔子。"均从之。

（高宗朝卷三三五·页一六下～一七上）

○乾隆十四年（己巳）二月辛丑（1749.4.9）

谕："宴经略大学士忠勇公傅恒及在事大臣官弁兵丁等，著于三月十二日举行。此次筵宴仍照起程时于丰泽园搭盖穹庐，所有在京王大臣均著入宴。"

赐金川阵亡三等侍卫赠云骑尉丹泰葬祭如例，入祀昭忠祠。

（高宗朝卷三三五·页一七上～一八下）

○乾隆十四年（己巳）二月丁未（1749.4.15）

谕曰："原任总兵任举奋勇捐躯，前经加恩优恤，荫袭其子。令伊子任承恩来京谢恩，召见之时，看来颇有出息，但年齿尚幼。著暂行回籍，令伊祖、伊母善为抚养教导，俟成立后来京当差。闻其家道贫乏，著赏给内府银五百两，交与伊母以为养赡家口之资，并传谕巡抚阿里衮留心照看。该部知道。"

谕军机大臣等："川省马匹协拨购备为数颇多，大兵回营之后，所余之马除补营驿缺额之外，其尚可喂养者，未便全留该省徒费饲秣。经略大学士忠勇公傅恒虽奏称马多瘦乏，然亦未必悉不堪用。官兵由成都回陕者逐渐经过，则马匹亦渐余剩，自宜预为之计。若此时不行卷站之法，兵过马留，势必又须派夫赶送，转多烦费，可传谕舒赫德、策楞令将余剩之马按站卷回，即交陕省存留以补缺额。纵不无疲瘦，而大差既竣，加意喂养，自可备用，较之另行动项购买者尤属省便。并传谕经略大学士忠勇公傅恒、总督尹继善知之。"

又谕："据策楞奏称，莎罗奔、郎卡感朕宥死之恩，选进番童、番女各十名，代伊等服役，已专差送赴经略大学士忠勇公处。又，现在刮耳崖修建祠宇，供奉经略大学士忠勇公长生禄位。两酋此番向化，实出至诚。但伊等更生固朕旷荡之恩，亦由经略大学士忠勇公傅恒忠诚办理之所致，生祠自应听其建立。至番童、番女理不当留，已令总督策楞量加奖赏。可传谕经略大学士忠勇公将所送幼番即发还成都，交策楞传令该酋领回。"

又谕曰："金酋莎罗奔、郎卡因不能赴阙谢恩，选进番童、番女代伊等服役等语。伊等既经纳款，尽其部众皆所隶属，何必留此龆龀无知之幼番？应传谕总督策楞，俟经略大学士傅恒将番童、番女发到之日，即宣朕敕谕，令其领回。莎罗奔、郎卡既实心向化，似尚知道理，非冥顽异类可比。著量加奖赏，以示柔远之仁。敕谕一道，并发令通事告彼。圣旨系特命章嘉呼图克图所译，恐此间所译不能尽悉圣意，尔等应钦遵弗谖，永安荒徼。"

谕金川土司莎罗奔："前因尔等罔遵法纪，侵扰邻番，地方大吏请旨兴师问罪。而在事大臣讷亲、张广泗种种办理不善，致尔等情曲无由上达。朕已将伊等军法从事，特遣大学士傅恒前往经略。大学士秉志忠诚，勇略素著，乃中朝第一亲信大臣，果能振扬威武，申明纪律，且洞悉尔等控诉之隐情，深鉴尔等归诚之夙愿，据实入告。朕体上天好生之心，悯尔等无知触法，俯允纳降。今据总督策楞奏称，尔等感激天恩，因莎罗奔年老龙钟，郎卡未经出痘，不能赴阙叩谢，谨进番童、番女代尔等服役等语。外番蒙古部落甚众，未出痘者，概不令来京，此天朝定制，郎卡原不应来；莎罗奔衰老不能远涉，不来亦是。至尔等之地皆皇朝之地，尔等之人皆皇朝之人，尔等在本境稽颡叩谢，与亲赴阙廷何异？番童、番女长育本境，亦与豢养内地何异？尔等蕞尔番蛮，本不足当皇帝亲降谕旨，因尔等实心向化，欲亲赴阙谢罪，是以特加晓谕，并交总督酌量奖赏。尔等其敬谨遵奉，安分守法，勉力向善，皈依佛教，各守封疆，永无侵轶。向化各土司，亦断无侵扰尔等之理。设各土司有欺凌尔众者，许控告总督、提督，为尔等分剖曲直，毋得辄肆争斗。所有番童、番女俱著总督策楞发交领回，以示柔远抚顺至意。特谕。"

（高宗朝卷三三五・页二五下～三〇上）

○乾隆十四年（己巳）三月癸丑（1749.4.21）

谕（军机大臣等）曰："经略大学士忠勇公傅恒因朕赏给四团龙褂具折奏谢，并请于朝贺大庆之日遵旨服用，其寻常仍服公品级补服等语。此固出自大学士公傅恒谦冲本意，但朕此番奖赏实出至公，且具有深意，不可不为明晰宣示。盖论大学士公傅恒平定金川之功，自不可与扬古里额驸开国之勋并论，但彼当开创有征之初，今属守成无事之日。以大学士公傅恒之忠诚智勇、练达宣力，令与同时同事亦必能茂建殊勋，可信其易地皆然也。夫军旅之事，国家不能保其百年不用。大臣身系安危，为社稷所倚赖。如张广泗不过封疆大吏，其人亦不足论；至讷亲爵位既崇，又任用有年，朕之加恩超越伦等。上年命往视师，实寄以心膂，如朕亲行，不意辜恩贻误一至于此。为大臣者若惟事偷安自逸，任意乖张，国事其何济焉！朕既用以自愧，更因滋惧，是以明正刑章，不肯曲宥。而大学士公傅恒见朕萦怀西顾，毅然请行，仔肩重任。自奉命西征，冒历风霜，均劳士卒，步陟岩阻，晨夕辛勤，拜发封章，裁决军务，常至达旦，事事妥协周详。至则申明纪律，诛贼腹心，雪夜督师，攻碉䃳卡。必欲焚巢扫穴，一举荡平，大振声威。番酋震慴，始稽颡归命，出于至诚。追承朕旨，纳降班师，奉诏还朝，星驰就道。咨询庶务，仍系丙夜办理奏答。此所谓诚贯金石，信格豚鱼。是以时未七旬，兵不血刃，而番酋洗心革面，永矢勿谖。现据策楞等具奏，守备王如林前往党坝，夜过勒乌围，马上遗失衣装，为番民拾取，次日莎罗奔专差送还。即此一端足见威信感孚，群蛮恭顺之效。从此边徼敉宁，闾阎乐业，而中外大臣咸知所取法。股肱一体，休戚相关，夙夜匪躬，缓急足胜倚任，实我大清万年无疆之庆，国家酬庸盛典原非朕所得私也！今兹叠沛殊恩，昭示风劝，亦为朝廷远大之计，不仅为金川平定一时一事而然。在大学士公傅恒实应欣承无愧。不然，则莎罗奔番蛮小丑即迅奏肤功，亦与当年岳钟琪之树绩青海、大学士鄂尔泰之绥靖苗疆等耳。朕于臣工劝赏大权悉有衡量，铢黍不爽，天下臣民宜所共悉。所赐大学士公傅恒照宗室公式之朝帽顶并四团龙褂，著于朝贺典礼之处，均宜时常服用，不必恳辞。其寻常入朝入部办事，应从所请，随宜即用公品级补褂，以成谦挹之美。"

（高宗朝卷三三六·页八上～一〇上）

○乾隆十四年（己巳）三月乙卯（1749.4.23）

谕："人子报本之忱必念尔祖，国家酬庸之典爱及所生。大学士公傅恒夙夜宣猷，襄赞机务。前因金川番蛮不靖，丹诚奋发，自请督师。维时朕以其世笃忠贞，服劳王家，钟庆椒涂，联辉懿戚，悉由乃祖、乃父积厚流光，诞兹良弼，陛辞之际，朕欲加恩赐立祠堂，秩于祀典。大学士公傅恒奏：'臣仰蒙高厚，荣贲先人，实出至愿。如果凭仗天威肃清荒徼，凯旋之日，拟当恳请殊恩。'今威信远孚，番酋效顺，肤功克奏，美著旂常，宜考懿章，以示优锡。其照勋臣额亦都、佟国维之例，敕建宗祠，春秋致祭，增光俎豆，用奖忠勋。著该部即遵谕详议具奏。"

（高宗朝卷三三六·页一五下～一六上）

○乾隆十四年（己巳）三月丁巳（1749.4.25）

谕："金川平定，边徼敉宁，实由大学士忠勇公傅恒克振国威，殊勋茂著，而提督岳钟琪听大学士指示，克集厥事，其功可称其次。今大学士公傅恒凯旋陛见,据称:'臣虽勉效驰驱,而番酋归命悉仗天威,至于历练戎行,信孚蛮部,深入贼巢,胆勇雄决,则岳钟琪洵为克胜委任。'此固出于大学士公傅恒之让能推美,然岳钟琪之奋往任事,实属可嘉!已降旨晋阶太子少保,交部从优议叙。伊前于青海奏捷,曾封公爵,兹复树绩蛮方,收桑榆之效。著再加特恩,授兵部尚书衔,于本身封为三等公,以昭录功懋赏之典,俾宣力疆场者知所劝焉。"

(高宗朝卷三三六·页二一下～二二上)

○乾隆十四年(己巳)三月戊午(1749.4.26)

上以金川平定御太和殿受贺,经略大学士忠勇公傅恒率凯旋诸臣谢恩,王以下文武百官表贺如仪。

谕:"朕赐大学士忠勇公傅恒四团龙褂,先经大学士公傅恒奏请于朝贺大庆之日遵旨服用,其寻常仍服公品级补服。朕谕以入朝、入部办事姑从所请,以成谦抱之美。今日朕升殿礼毕后,大学士即易公品级补服。朕思章服之荣,原以旌有功而励臣节,从前勋旧大臣蒙赐者皆时常服用。若仅服于朝贺典礼之时,而寻常入朝又旋易本爵服色,转觉参差非体。嗣后入朝,著即遵前旨时常服用。其入部及在家,听其自便,以终成大学士之谦吉。盖朕之加赐,初不为大学士一人,且不为其一时一事立功而然。如以功而论,较之开国元勋自有不及,而其忠纯坚定之心则一,是以能感格上苍,诸事顺遂完美,而威信所孚,番蛮向化。且金川不过么〔幺〕麽小丑,即俘馘其酋,殄灭其众,亦无关轻重。惟是从前张广泗既乖张贪纵,不肃军纪,因特命讷亲前往,更不料其毫无实心,惟安逸是耽,傲慢是恣。番蛮初闻特遣重臣,意其必有过人之略,乃见其所为如此,将谓中朝大臣举皆相似,其贻笑外番可胜言耶!今大学士公傅恒自奉命以至抵军本精白自矢之忱,殚夙夜匪躬之谊,历艰难而逾壮,诛奸宄而不疑,用是威慑穷番,信孚异类,革心归命,一出至情。俾向日之见轻蛮服、玷辱班联者尽为湔洗,实足称国家倚任,于朕颜面有光,即举朝大臣亦因此大为增色。朕因此益信天人感应之理惟在一心,其有心作伪者天讨之所不容,而立心忠实者天庥必所嘉佑。我君臣当善承天意,交修罔懈,庶几亮工熙绩,海宇乂安,为我大清永奠丕基,垂庆无疆之至计也。著宣谕中外知之。"

谕军机大臣等："岳钟琪以废弃之余，朕加恩录用，委以提督重任。伊自进剿党坝以来，尚知感奋自效，且能聆受大学士公傅恒指示。即莎罗奔、郎卡之归诚向化，亦由该提督深入贼巢，胆略勇决、信孚蛮部所致。朕前经降旨晋阶优叙，今复封以公爵，在录功懋赏国有常经。但立功非难，居功为难，朝廷之恩泽逾隆，则臣子之受恩者亦当知所敬畏，保其晚节，以全令名。川省军兴之余，民力凋敝，拊循安辑，所赖文武大员协恭宣力，水乳交融，无纤毫芥蒂，方于边境有益。况该省只总督、提督两大员，尤宜以国事为急，不分彼此，事事公同商办，以期妥洽。是以朕前谕有云：'以策楞之坦怀练事，与岳钟琪和衷共济，必能纾朕西顾之忧。'盖外省往往以文武殊途，不能相下，然提督之与巡抚尚可谓文武攸分。若总督则统辖营伍，提督应受节制。朕观近日伊等奏折，尚属和协。第事当防于未然，预为训迪。岳钟琪本系武人，当自思官至提督，爵至封公，于人臣之分已极优荣。朕方以其熟练蜀中地势番情，倚以久任，深望其安心职业，始终承受恩典，断不可以功居大学士傅恒之次，再列五等之班，兼秩中枢，晋阶官保，稍存自满之念，或与总督竞长争胜。伊家于成都子弟姻戚，应自严约束，毋得因地方官偶有裁抑，遂启嫌隙。至策楞扬历封疆，办理练达，而其素性刚毅，乃朕所深知。今伊两人同列公爵，同事边方要地，各须消融意见，共矢虚衷，平心易气，以国家公务为重，庶于兵民官弁均有裨益。设伊二人各持意见，于公事稍有参差贻误，讷亲、张广泗前车具在，宜引为深戒也！著一并详悉传谕，令其善体朕意。"

（高宗朝卷三三六·页二二下～二六下）

○乾隆十四年（己巳）三月庚申（1749.4.28）

御紫光阁，行饮至礼。赐平定金川经略大学士忠勇公傅恒并随征将士宴于丰泽园。

（高宗朝卷三三六·页三〇下）

○乾隆十四年（己巳）三月甲子（1749.5.2）

以金川平定，遣官祭告先师孔子。

（高宗朝卷三三七·页一上～下）

○乾隆十四年（己巳）三月壬申（1749.5.10）

兵部奏金川在营大臣遵旨议叙。得旨："岳钟琪著军功加三级，傅尔丹、达勒当阿、舒赫德、尹继善、策楞俱著军功加一级，纪录二次。馀依议。"

（高宗朝卷三三七·页一八上）

○乾隆十四年（己巳）三月乙亥（1749.5.13）

谕曰："西凤协副将王凯委攻腊底，坠地中风，请假回省调治。讷亲、张广泗不行详察真伪，转将王凯题补副将一案，行令该督策楞查奏。今据奏王凯患病虚实阅时既久，无凭确查，但王凯身为统领不能直进腊底卡隘，已属有过无功，即实系患病，亦不当请假规避，既已查明，理合奏请开缺，经该部议将王凯照规避例革职等语。王凯以统领大员不能奋勇攻克要隘，乃因偶尔患病，辄自请假回省。似此临阵退缩、托病偷安之员，朦混保题。若在进攻之际，即应按以军法，从重治罪，仅拟褫职，岂足蔽辜？但现已奏凯班师，军务告竣，非用兵时可比。而该弁患病虚实又未有确据。著从宽免其深究。此随时轻重之权衡，非可于法外有所侥幸也。王凯姑照部议革职，并将此旨晓谕各武弁。"

（高宗朝卷三三七·页二〇下～二一上）

○乾隆十四年（己巳）四月甲申（1749.5.22）

又谕（军机大臣等）："金川用兵案内，川省大小官员办差办粮小有过愆及供亿满兵迟误者，前经降旨令于事后核其功过查办，乃因现在用兵，不可不使知警惕而然。今大军凯旋，伊等从前虽未免稽误，而竭蹶办理，业经竣事，著加恩从宽免其参处，俾得安心职业，以尽抚绥休养之道。"

（高宗朝卷三三八·页一三下）

○乾隆十四年（己巳）四月丙戌（1749.5.24）

以尊上崇庆慈宣康惠皇太后徽号，颁诏天下。诏曰："……一、大兵所过州、县除侵盗钱粮及贻误军需外，一切降罚处分事在四月初九日以前者，概从宽免。一、自金川用兵以来，军需浩繁，川陕地方以及大兵经过之处百姓急公敬事，深属可嘉。各该督、抚须洁己率属加意抚绥，严禁有司勿得横征私派及借端需索科敛官吏分肥，如有此等弊端，该督、抚即行据实指参。如或徇庇，别经发觉，将该督、抚一并从重治罪。一、经略大学士忠勇公傅恒先起带往军前之云梯兵，所有从前借支官银应行扣还者，加恩豁免。一、金川前后所调马步兵丁借支行装银两，并未经赏给银两之成都满兵借有公帑者，例应于饷银分扣还项，今格外加恩，凡已至军前者概予豁免，甫经起程即奉撤回者，亦量免一半，以示优恤。该部即行令各该督、抚、副都统、提、镇查明办理，毋任不肖将弁冒扣入己。一、川省运粮夫役如有逃亡、物故拖欠公项应行追赔者，加恩概行豁免。……於戏！广圣慈而锡福，万邦共乐乎升平，昭德范以承庥，四海覃敷乎恺泽。布告天下，咸使闻知。"

（高宗朝卷三三八·页二二下～二七上）

○乾隆十四年（己巳）四月己丑（1749.5.27）

谕："朕前降旨，金川军务自经略大学士忠勇公傅恒调度合宜，勋绩懋著，所有在军大臣及随营文武官弁人等与有成劳，交部从优议叙。此乃指大学士忠勇公上年十二月二十一日到营以后而言。续据总督策楞奏，军营从前将弁功过并无文案可稽，毋庸查办。朕因降旨，以既无册档，则该部无凭置议，官弁优叙之处，自可不必。此则指上年十二月二十一日以前而言也。分晰甚属明白，乃兵部及该督错会朕意，仅将从前在军大臣查办，而不及随营文武官弁人等。不思大学士忠勇公调度之员弁，即系从前在军之员弁。当雪夜攻夺碉卡，数次鼓勇血战。再如吴士胜等频入贼境，冒险往来，及岳钟琪遵奉大学士忠勇公指示，直由刮耳崖带领番酋赴辕归顺，则亦必有随营将士俱经奋勉出力。伊等前此因主帅乖张贻误，既无由建立功绩，今幸隶大学士忠勇公麾下，得以少效微劳，又不获仰邀议叙，终属向隅。且无以鼓励人心，俾将来知所劝勉。著传谕总督策楞，将上年十二月二十一日以后在营，自总兵官以下逐一查明，造册开送。听大学士忠勇公核定具奏，一体加以优叙，用奖成劳。"

（高宗朝卷三三八·页三○上～三一上）

○乾隆十四年（己巳）五月癸酉（1749.7.10）

又谕（军机大臣等）曰："河州总兵官成元震奏番回情形一折。内称各族番回闻用兵金川，天威远振，咸皆震慑，交相劝勉，各守疆土，共乐升平等语。番回僻处西陲，成元震身任总兵，有弹压地方之责，自应加意整顿，抚辑有方，俾各安分守法，永保宁谧，始为克殚厥职。今乃云金川平定，番回咸知震慑，不思番回之与金川相隔辽远，毫无关涉。盖番回乃内地民人，如谓因金川平定始知震慑，岂金川有事番回即应不靖乎？此不过成元震故为粉饰之词，借端迎合，有意取巧，殊属不合。著传旨申饬。"

（高宗朝卷三四一·页二六下～二七上）

台站设置、军粮挽运、饷银拨解等军需事务

○乾隆十二年（丁卯）四月乙丑（1747.5.14）

军机大臣等议复："纪山条奏粮饷事宜：

一、汉、土官兵口粮，宜分别酌给。查向例，内地只给口粮，出口方支盐菜。此次应照旧办理。

一、筹办粮饷，宜通盘核算。前经纪山奏请于附近成都州、县备办军粮，臣等议令于附近军营州、县较成都更为便捷之处先为拨运，俟成都解到补还。今纪山议请南路于打箭炉现存军米内动支，西路于温江等处动支常平仓谷碾米五千石，并将保、茂二处军糈案内存余青稞，办成炒面挽运。至军糈银两不敷，请敕交户部于附近四川省分拨银四十万两，速解备用。

一、酌设台站，以速挽运。查由杂谷脑西至党坝程十二站，应于党坝安设粮务一处，中安十一台。又自杂谷脑南至沃日程七站，应于沃日安设粮务一处，中安六台。其运夫脚价，每名每台议给银八分，本色米面一升。

一、请分设粮务人员，以专责成。据称此次用兵，打箭炉一路系建昌道总理，杂谷脑一路系松茂道总理。打箭炉以外，应以炉同知为正办，照磨为协办。将来再于两河口适中之地，安设正、协粮务。其杂谷脑一路，必须专员办理。请以茂州知州为正办，再委佐杂二员协办。沃日、党坝二处，俱安设正、协粮务各一员。至党坝一路，十一台十二站，管台文官三员。沃日一路，六台七站，地尤险峻，亦应酌设管台文官三员，督催粮

米，稽查文报。松茂道应移驻旧保县，居中调度。又，打箭炉、杂谷闹、章谷、沃日、党坝为粮运总处，应每处设护粮外委一名，兵十名。又称此次进兵系在两河口、沙普隆二处，并无夷塘，请照瞻对案内里塘安设蛮塘之例，添设塘马，以速军务。

均应如所奏行。"从之。

（高宗朝卷二八八·页一二上～一三下）

○乾隆十二年（丁卯）五月丁未（1747.6.25）

谕："征剿金川，前已拨银四十万两协济川省，但军营粮饷务须充裕，著户部于附近四川省分再拨解银二十万两，以备支用。"

四川巡抚纪山奏："前奏粮运各条，经军机处议复准行。但川西挽运綦难，党坝、沃日二路中隔雪山，若不增加台站，蛮夫皆裹足不前。杂谷闹至党坝，原拟安设十二站，今增六站，自杂谷闹至沃日，原拟安设七站，今增三站，仍添管台官二员。又查沃日一路，前因金酋围困热笼，粮路阻塞，官兵另择汶川县之草坡地方出口，经由瓦寺地界，粮运亦即于此路尾随。今热笼围解，运道已通，但止杂谷闹一路转运不敷支给，应仍由草坡分运。至川南打箭炉军粮，原存炉仓一万石，除给过官兵口粮外，又酌拨雅州府仓米五千石，挽运炉城。自炉地至泰宁，安设十站，自泰宁至革布什咱之吉地，甚属荒凉，难安短站。今于泰宁用乌拉长运至沙普隆，由沙普隆长运至吉地，共安设粮务三处，并添置乌拉二千头帮运。再查前议，川西总理粮务道唐进贤驻扎旧保县，居中调度，原止就党坝、沃日两路而言，今又增瓦寺一路，请委保宁府知府周岐驻扎跟达桥为副总理。"

下军机大臣议行。

（高宗朝卷二九一·页八上～一一下）

○乾隆十二年（丁卯）五月戊午（1747.7.6）

兵部等部议复："四川巡抚纪山疏称：'金川军务机宜全期传递迅速，请加增马匹，添设驿站。南路，自新津起至打箭炉止，现存驿马十匹。其自雅安分路至芦山县，自芦山至邛州，均无驿马。西路，自成都至旧保县，松潘至新保县，并无驿站。按道路之平险，文差之多寡，酌量于各路增驿马。'应如所请。南、西两路，增设马五百五十四匹，雇夫二百七十七名。所需马价、工料、鞍屉、棚厂、倒马分数，均照所请办理。事竣裁报，并将马匹、鞍屉等项变价还项。"

得旨："依议速行。"

（高宗朝卷二九一·页二四下～二五下）

○乾隆十二年（丁卯）六月戊辰（1747.7.16）

户部议复："据四川巡抚纪山奏请添拨军饷银六十万两。前因进剿金川，于江西、湖北二省拨银四十万两。本年五月十八日复奉旨于附近四川省分再拨银二十万两，经臣部议，于江西拨银二十万两，共六十万两。江西之二十万两，纪山虽未接到部咨，但军需银两理应充裕。应如所奏。再于广东留备银内拨六十万两协济。"从之。

（高宗朝卷二九二·页一六上～下）

○乾隆十二年（丁卯）八月丙子（1747.9.22）

谕："据湖广总督塞楞额等奏称，新任湖北督粮道石杰现在总理瞻对军需，款项繁重，请令暂缓离任等语。朕前因湖北督粮道陈仁系陈宏谋一族，降旨将石杰调补。伊前在瞻对之役，办理粮饷甚属妥协。现又有金川之事，转运督饷需人料理，石杰原系卓异人员，因其贤能谙练，是以办理军务。若令其离任，转致无缺可归。石杰著仍以四川建昌道兼管川省军需事务，俟事竣照例卓异，送部引见。陈仁在川，或令其署理建昌道，或另行委用，听该督酌量奏闻。"

（高宗朝卷二九七·页一下～二下）

○乾隆十二年（丁卯）九月丙辰（1747.11.1）

户部议复："四川巡抚纪山疏称筹办进剿金川事宜：

一、川省出征官兵，借给制备行装驮载银。

一、旧铸、新铸及靖蛮各炮，须雇内地长夫运送，支给工食银。

一、出师官兵，支给盐菜、口粮。

一、口粮每日支米一升。

一、派调候补员弁，支给行装、盐粮，派调土兵，支给口粮、盐菜银。

一、各处土兵，除已经派调外，有情愿添助并出力复仇者，支给盐菜、口粮银。

一、汉、土兵丁口粮愿支折色者，照例以米面脚价合算，随地支给。

一、总督张广泗亲赴军营，从行书吏支给盐菜、口粮，汉、土兵丁折给牛羊犒赏银。

一、出师官兵粮饷，应先筹办。

一、军营裹带炒面，应设法采办。

一、挽运夫役脚价，按日支给口粮。

一、西、南两路进兵，粮饷宜分路办运。

一、西、南两路各员月费口粮并帐房、锣锅、骑驮等项，分别支给。

一、官兵雇用通译、斗级、仓夫并派听差外委兵丁，除领兵将弁于征兵内拨用，余分别支给工食口粮、骑驮盘费脚价。

一、总督张广泗随营遣用官四员所需月费口粮、骑驮、锣锅、帐房，分别支给，又选外科医生二名，支给骑驮、口粮。

一、杂费赏赉银，议给备用。

一、解送饷银，分别支给需用银，并酌给帐房。

一、动支赏赉银，制办赏号物料。

一、西、南大小土司迎谒，需用赏号，兼收抚被掳穷番，请照瞻对案例，于道库动支银五百两制备。

一、挽运军粮，应酌定折耗。

一、安设军台。

一、遇害兵丁、夫役人等，宜给搬骸夫马。

均应如所请办理。"

得旨："依议速行。"

（高宗朝卷二九九·页二一上～二二下）

○乾隆十二年（丁卯）十一月壬辰（1747.12.7）

户部议复："四川巡抚纪山疏称：进剿金川案内，前后拨湖北、江西、广东等省银一百二十万两，陆续动用银一百万两零，请再于邻省添拨银五十万两，解川备用等语。应如所请，于秋拨留协银内湖南拨银三十万两，江西拨银二十万两。"从之。

（高宗朝卷三〇二·页九上～下）

○ 乾隆十三年（戊辰）正月癸卯（1748.2.16）

谕军机大臣等："前据巡抚纪山奏称，现在运送军粮蛮夫不足供役，添雇内地人夫分运等语。看其情形，甚属艰苦，价值亦极昂贵，几与最前康熙年间北路军营运价相等。纪山既深以运饷为难，恐其办理未能妥协，且伊原有巡抚应办事务，难于兼顾，是以特遣尚书班第前往调度粮运。再，从前筹画金川善后事宜，应安设喇嘛统率之处，班第熟悉西藏情形，善后事宜，张广泗与之会同商酌，必能谙晰事理。伊现管理藩院事，即行文西藏喇嘛等，亦必益加信向悦服，于善后事宜自属有益。至现在进兵调遣攻剿机宜，一唯张广泗是任。可即传谕张广泗，令其会同班第、纪山酌量料理。"

又谕："据四川副都统卓鼐所奏雇觅蛮民运饷一折，著抄寄班第会同张广泗、纪山阅看。于彼处情形是否有济，应否准行，详晰酌量妥协定议。如属可行，著一面办理，一面具折奏闻。"

寻会奏："据卓鼐奏称：杂谷等土司所辖蛮民，家口数万有余，山多地少，一年产谷，仅敷半年食用。每于九月收获后，约计五六万口入内地各州、县佣工。现因大金川用兵，禁其入内，恐至青黄不接时乏食滋事，不若雇令运粮。并称安台递运，官定脚价，每米一石每百里给银一钱。计算每夫负米三斗，日行四十里，始得银二分二三厘，实不敷用等语。查此乃内地运粮情形，非口外现办之事也。缘内地自重庆、泸州、嘉定、眉、邛等属运粮，西至成都、灌县，南至雅州等处，皆系各地方官雇民夫挽运。道路既平，食物非贵，每米一石每站给银一钱，计程七八十里不等。负重之日给价，回空停给。每石夫二名，以往返计之，每夫日止得银二分有零，此向例也。至由口外挽运军营，自进兵以来，西、南两路台站及随军挽运兵粮，因番径崎岖，雪山重叠，乌拉难行，俱先尽雇蛮夫。不特杂谷之民久经应募，即瓦寺、沃日、小金川、木坪、明正、革布什咱、巴底、巴旺、绰斯甲各土司所属番民概行派雇。继因蛮夫不足，于内地添派汉夫，每夫运米五斗，负重之日，给脚价银八分，口粮米一升，回空止给口粮一升。缘山路险峻，每站俱在三四十里之间，并无过远，至杂谷等处蛮民，入内佣工者，因山多田少，收获一毕，即各挈男妇老幼赴成都、重庆各州、县佣工糊口，名曰下坝。至春三月内，仍俱回巢耕种。上年因用兵需雇蛮夫，是以禁止下坝，令其运粮，其余老弱男妇间亦有入内地糊口者。卓鼐所奏，俱未确悉。"报闻。

（高宗朝卷三〇七·页二上～四下）

○ 乾隆十三年（戊辰）正月己酉（1748.2.22）

军机大臣议复："川陕总督张广泗奏称，进剿大金川各兵随带军装，深受驮马之累，现续调陕、甘、云、贵官兵一万名，应亟为调剂。查自打箭炉与维州关两路出口，跬步皆山，非特骑驮难行，且沿途并不产草，及抵贼境愈属艰险，马非跌伤即饿毙。一遇移营，既无民夫雇运，不得不自为背负。各兵均带器械，加以军装背运，力已先疲，何能锐战？虽万余汉兵仅可抵数千之用。今续调之兵，若拘旧例给马出口，诚为无益。若自各标营起程之日，即令改雇民夫，既恐滋扰，又虞糜费。若至出口地方再雇长夫，不但骤难雇觅，且抵营亦难约束。谨酌拟陕、甘、四川、云南征兵仍照各该省之例，给驮载马，以资内地驮运，惟每兵百名准随带本营余丁三十名，以备出口负运军装。并各给棍、棒、刀、斧器械，不但背运可以代夫，即遇派兵进攻，更资看守营垒。且征兵内或有粮缺，即以该余丁挑补，额数亦免虚悬。但必须酌给口粮并安家之费，乃可使踊跃从事。应于各本营起程时，每名给安家银三两，自起程日起，日给米一升。至黔省征兵，向无给驮马之例，自应仍雇民夫。每兵百名，除亦准带余丁三十名外，再给夫五十名，令于内地沿途雇募，俟抵川出口马匹难行之处，将陕、甘、四川、云南各兵原领驮马寄留内地牧放，以备旋师驮载。黔省所雇民夫，以抵军营日停止，俟旋师再雇。所有军装，即令各余丁背负，于日给米一升外，加银三分，俟凯旋进口日，仍止日给米一升，以回抵各本营日住支。虽添调余丁，不免少费，然征兵俱得实用，马匹亦免倒毙，仍有节省等语。均应如所奏办理，惟黔省征兵每百名给夫五十名，与例不符，应照例给四十名。"

得旨："依议速行。"

（高宗朝卷三〇七·页一五下～一七下）

○乾隆十三年（戊辰）三月乙巳（1748.4.18）

谕军机大臣等："张广泗所奏川省开捐米价过浮一折，甚属公正。著抄寄张广泗、班第、纪山公同详加酌定，妥协办理。"奏闻。

（高宗朝卷三一一·页一二上）

○乾隆十三年（戊辰）三月癸丑（1748.4.26）

钦差尚书班第奏："臣自成都起程，由桃关出口，抵小金川军营。沿途查勘，西路粮台俱峻岭偏坡，中如天舍山、纳凹山、班兰山最为陡险，积雪泥泞，乌拉难行，不得不用夫负运。南路向用乌拉，连年乌拉倒毙，办雇维艰，亦兼用人力。近番半调出征，所余蛮夫蛮妇尽数供役不敷，又添调汉夫。查所给脚价，口外每站银八分、口粮二升。每石到营，脚价杂费十二三两至十五六两。至民间帮贴，缘内地拨米长运及雇夫出口俱分派里长，不得不按田起夫，因而有田出银，无田出力。有三四家至十余家帮贴一家者。盘缠安家，自三四两至十余两不等。有田之家未免拮据，容酌将作何加恩之处，另行密奏。再，川省产米素饶，不患米谷不充，而患运送不继。内地民人令赴军营，便惮艰险，地方官恐滋事，亦多畏葸。现值添兵、添饷，需增夫役数千，屡催未集。其粮运一切事宜，抚臣纪山与藩司仓德亦俱悉心竭力办理，但未亲履各处，就详禀酌量，未尽妥协之处，亦不能免。"

得旨："览奏俱悉。"

（高宗朝卷三一一·页三八上～三九上）

○乾隆十三年（戊辰）四月庚辰（1748.5.23）

军机大臣等议复："钦差兵部尚书班第、川陕总督张广泗、四川巡抚纪山等奏筹画军粮事宜：

一、进剿军食，原议概给全米，但需米浩繁，输挽尤艰，请酌中定价。如西路之美诺、占固、孙克宗、党坝等处，南路之章谷、吉地等处，每石以八两折支；西路之卡撒、丹噶，南路之正地、甲索，以九两折支；将来进抵贼巢，每石定以十两折支。官弁、跟役及土兵在本境者概半米半折；至官兵及余丁、炮夫并土兵远离巢穴者给全米，愿折支者听；各台站运夫口粮，愿领折色者，计程增减等语。应如所请。至半米半折，果否足资食用，应俟班第等查明定议。

一、内地运夫口粮，自雅州至打箭炉计十三大站，每夫背米五斗，共给脚银一两三钱二分五厘。余州、县路平，每夫背米五斗，日给脚价银五分，概无食米。请于给价外，每日加给口粮一升。西、南两路口外，险窄艰运，向例负重之日，每夫给银八分、口粮一升，回空只给口粮，不给夫价。自打箭炉至章谷并木坪一路程站俱近，毋庸给回空口粮。若西路由桃关、保县等处出口，俱崇山峻峰，春夏尚多积雪，运夫往往不前，请于负重日照例支给外，回空无拘本日、次日，均给口粮一升。又天赦、纳凹、班栏三站，每夫于负重日，例给脚价外，请增赏银二分。邓生一站，又增赏银一分。

一、西、南两路粮运，各设总理道一员，西路又添副总理知府一员，余悉调用佐杂，不足弹压。应于两路粮站每三台中，撤去现派佐杂一员，另选丞、倅、州、县等官为正粮务。除本管各站外，前后二台员经管之站均责令稽查。至南路总理道员，督理打箭炉出口，分运章谷、子龙两路。其木坪一路原系接济西路，所运无多，亦归该道兼管。今添兵加运，人夫众多，应照西路设副总理知府一员。即委雅州府知府，就近专理，毋庸再设丞、倅等官。

均应如所请。"

得旨："依议速行。"

（高宗朝卷三一三·页三七上～三九上）

○乾隆十三年（戊辰）五月戊子（1748.5.31）

四川巡抚纪山奏："臣前赴军营，沿途稽查西、南两路挽运情形。炉口为南路粮运总汇，一由泰宁、子龙运甲索军营，虽运到米千有余石，尚须多备，现饬加紧赶运；一由章谷协运孙克宗军营，必由两河口过渡，此路依滩傍涧，夏间大雨时行，深虑阻隔，将来应否归并川西挽运，再行妥筹办理。至炉地米皆赖雅郡发运，从前自雅运炉每石官给脚价银二两，今准部咨复，增银六钱五分，运夫俱踊跃从事。其各府、州、县派拨运雅之米，现饬水陆并进。又分运木坪一路，竭力挽运，究不敷原派之数，现添夫一千名赶运。至川西草坡一路，因奔拉雪山险隘异常，兼有瘴气，夫多逃亡、病故。又添调新兵及随军挽运之丁，已添雇夫八千八百名。又由保县出杂谷脑转运党坝一路，现有粮三千余石。该路原有续派松潘镇每月协运米面二千石。松潘地处极边，仓贮不宜空虚，现饬保县设法加倍运党坝，如不需即停。又，前于曾头沟一路运粮，直达美诺军营，嫌近贼巢，今改由商角山，甚为妥便。西、南两路每日约运米六百余石，尚无贻误。再，各台站俱在众土司界内，蛮民亦俱出力帮运。沃日土司纳尔吉并伊姑策尔吉尤为出力。臣经过其地，目睹田地大半荒芜，碉寨多被金川残毁，因加抚慰，捐给银五百两并绸缎、银牌等物。又，打箭炉明正土司，自瞻对之役供应乌拉挽运军粮，上年复被金酋侵扰。此次用兵，应差应役又经一载。该土妇喇章，率伊子德昌黾勉出力，始终不懈，臣慰劳赏赉。其余经由各土司俱属恭顺。"报闻。

（高宗朝卷三一四·页一○下～一二下）

○乾隆十三年（戊辰）五月戊戌（1748.6.10）

四川布政使仓德奏："督臣张广泗添调之陕、甘、云、贵官兵、余丁一万三千名内，凉州、河州官兵由茂州赴营，陕西固原、延绥官兵自栈道入川，由灌县出口，云、贵官兵由成都赴营。添调新兵，即应加增粮运。臣商之抚臣，先后雇背夫一万二千余名，分起委员押交总理粮务道，分站安设，随军挽运。又于成、重、潼、顺、叙、嘉、龙、泸、资、眉、邛、绵、永等十三府、厅、州属仓谷内添办米十二万石，勒限运赴西、南两路。又添调丞、倅、州、县、佐杂二十余员，出口听候差委及分管随军办理一切粮务。现在大兵不日会集，夫粮充足。"报闻。

（高宗朝卷三一四·页三六下～三七下）

○乾隆十三年（戊辰）五月甲辰（1748.6.16）

又谕（内阁）："据班第、张广泗奏称：建昌道陈纬、打箭炉同知鲍成龙承办粮运漫不经心，所领乌拉牛骡多致倒毙，请革职交与巡抚审拟等语。陈纬、鲍成龙著革职。其废弛粮务之处，不必解交巡抚审拟。如有应行讯问情节，即于军前严讯明确。枷号示众，俾承办粮运之员知所警惕。俟凯旋之日，照例定拟。"

（高宗朝卷三一五·页一五上～下）

○乾隆十三年（戊辰）五月庚戌（1748.6.22）

户部议复："云贵总督张允随奏调拨滇兵协剿金川各事宜：

一、驮载马匹，宜改用人夫。上年黔兵赴川，每兵百名，夫七十五名。今滇省较黔更远，须用夫八十名，再每兵百名，用大炮二位，应另给夫八名，或十名，俱照例给价。

一、出师官兵，应借给银两。统领参将，借银三百两；游击，一百五十两；都守，一百两；千、把总，四十两；外委，十二两；马兵，六两；步兵，四两。凯旋后扣还。

一、制备兵丁衣服，每名应折给毡衫银三两。交领兵官带往，散给自制。

一、将备跟役，应照例带往。其抬运军装人夫，亦准支给。

一、弁兵跟役，应得盐菜、口粮，均照例支给。

一、滇省调兵二千名，所有余丁六百名，每名给安家银三两。沿途口粮，照例准支。

一、滇兵赴川遥远，赏号等项在所必需。应拨银二千两，交统领参将等带往备用。

一、军务文移紧急，宜设塘马。自云南省城至宣威一带，每塘安马二匹。其自威宁至永宁，永宁至四川，应咨黔、川二省添置。

均应如所请。"从之。

（高宗朝卷三一五·页三三下～三四下）

○乾隆十三年（戊辰）五月癸丑（1748.6.25）

钦差兵部尚书班第、川陕总督张广泗、四川巡抚纪山会奏："各路现安台站，计自出口抵各路军营均约十余站至二十余站。核算一切运费，每米一石需银十二三两至十五六两不等。口外气候不齐，夫役疾病、逃亡势所不免。既难额外多养空夫，又不能临时购觅。请无论官绅、商民人等愿包运者，取具印结，准于内地领米长运。一面领价，一面领米，分限勒期，径运军营。西路由成都等处领米，运至美诺、占固、党坝粮务官交收。三处程站相等，每米一石应给脚价银十五两。南路自成都等处运至吉地，十五两；自雅州运至吉地，十三两；自成都运至子龙，十二两；自雅州运至子龙，十两。再，现在各土司境内青稞及麦将次收成，饬员多买，又前赴松潘口外采办牛羊，搭配兵食。"报闻。

（高宗朝卷三一五·页四八上～下）

○乾隆十三年（戊辰）六月戊辰（1748.7.10）

钦差兵部尚书班第等复奏："军前文武员弁跟役额设定数，支给口粮，但随带之役，与额数多不足。如总兵定例跟役二十四名，副将十六名，其实在人数并无如许之多。向俱照额支领，以余米变价，补日用不足。今酌定半米半折，既省转授之烦，食米仍无缺乏。至土兵未离本境者，原有该地出产炒面糌粑足资糊口，本不专借口粮。且其中殷实土司素有储积者，即令全领折价，亦所乐从。臣等随时随地酌看调剂，可无食用匮乏之虞。"报闻。

钦差兵部尚书班第、川陕总督张广泗、四川巡抚纪山会奏："西、南两路添兵进剿，雇内地运夫数以万计。伊等远役塞外，食物昂贵，所得脚价、口粮仅敷本人度日，不能兼赡家口，兼之疾病、逃亡，又须募补。民间不能帮贴，未免畏缩不前，而军粮刻不容缓，应请于每夫日给口粮、脚价外，各先给安家银二两。三月换班时，再给银一两。"下部知之。

（高宗朝卷三一六·页二一下～二二下）

○乾隆十三年（戊辰）六月己巳（1748.7.11）

谕军机大臣等："户部议复班第等所奏川省官生捐纳粮运价值一案。从前纪山奏请每米一石，作银三十两，部议因其浮多，定以二十五两之数。嗣经张广泗奏称：'军营运米脚价不过八九两至十余两而止，即部定二十五两，犹属过多。'是以朕令同班第等公同酌定办理。今据班第等奏，现在官生运至军营米石，照依官运脚价核算，止十四两七钱之数。又称纪山前奏三十两，系官给脚价之外，尚有每夫帮贴银二三两核算在内等语。查每米一石，用夫二名，即每夫帮贴二三两，合之十四两七钱之数，尚不及部定之二十五两。纪山从前如何定价？班第等此次复奏又如何计算？著传谕伊等，令其据实明白回奏，毋得回护支饰。大学士讷亲亦令知之。"

（高宗朝卷三一七·页一下～二上）

○乾隆十三年（戊辰）六月庚辰（1748.7.22）

户部议复："四川巡抚纪山汇题进剿金酋筹办军务事宜：

一、制大炮及铁胎木炮所需煤、炭、铁，省城不敷，分饬各州、县购运。至调铸炮铁匠，及于滇、陕调取者，分别给安家银及工食口粮。

一、京颁大炮十位运送之员，分别给添备行装银并锣锅、帐房及出口盐粮。又九节炮十位分拨各路，留一在省，照式制造。

一、炮夫给安家银并工食口粮。

一、颁发九节炮尚不敷用，照式赶造十位。

一、现铸大小炮子七万六千六百余颗，铁、炭匠工并背夫照例给银。又，军营所需铜、铁分行蒲江、邛州等处买解。

一、自滇来川炮匠，时值严寒，请添给路费银。又，赴营修理道路之石匠、木匠，各给安家银。

一、小金川土守备良尔吉出口数月以来，口粮俱系自带，应照把总例日给口粮、盐银。又，卡站达铺沟路通马邦，仅隔一山，前贼番溃败，由此逃走。今丹噶军食俱由卡站运往，恐贼番出没阻滞，请安色歪土兵六十名。又，前派巴底、巴旺、革布什咱等处土兵未带口粮，经军营给米，应免追还。又，马邦失守，人心惊惶，应于鲁密人夫内选精壮一百名，巡防粮务。

一、陡柔二处雪山作阻。查直固之侧有塔尔巴开修道路，较远二站。又，陡柔之侧有巴凹新开道路，加添一站。应加给脚价、口粮。

一、自炉运米至子龙计七大站，请于泰宁适中之地添设管理官一员，接收转运。

一、绰斯甲一路军粮，由子龙运供，至达其行营十大站，今雪阻改用夫运。应照西路之例，给脚价、口粮。

一、木坪一路加运军粮，一人不能兼顾，添设一员办理。

一、运路艰险，自小关子至木坪，雅仓至小关子，均应增半站。

一、西路沃日等处春融雪消，运路阻滞，草坡至沃日内班拦山改设新路纡折，又，天赦、巴纳二山陡险，均应加添一站。其三江一路，倘遇水发，即调赴草坡背运。

一、由雅运炉，运夫每三十名设押差夫头一名，沿途催儹。

一、运送军营生铁、木炮一切军装，请照粮夫例支给脚价、口粮。

一、美诺大营督臣驻扎，文报繁多。每塘应增马四匹，给价十二两，于蒲江县办解料豆，于郫县等处采买。又雇汉夫三名、蛮夫二名，每六站设兽医一名，分别支给工食等项。再，台官一人管三四站未免失误，应委候补武弁二员稽查。每员月给银十五两。

一、章谷、札初二渡，船只不敷，应每渡造大船一只。又，马邦军营失陷，札果渡船沉江无存，应造大船二只。

均应如所议办理。"

得旨："依议速行。"

（高宗朝卷三一七·页二二下～二五上）

○乾隆十三年（戊辰）七月乙未（1748.8.6）

又谕（军机大臣等）："大金川运粮一事，原议每一乌拉运米一石，每蛮夫二名抵一乌拉。米每石运至军前，合计用银十四两七钱，内除米价三两零，余皆给与蛮夫。又，每日加口粮一升，所以体恤劳人，可谓优渥矣！今闻川省每一州、县派夫六十名，里下科派津贴银两，每夫一名竟至四五十两之多。一夫在途，或有逃亡、病故，仍向本县补派，其津贴银两亦一例重科。遂至穷乡僻壤畸零小户亦骚扰不宁。是行者既有饥寒劳役离乡别井之苦，居者复有典业借债追呼朘削之烦，以小民之脂膏徒饱里役之溪壑，而每夫所得津贴银两究为有限。以此推之，则各土司所属番夫，亦未必能免派累。毋怪乎巴塘番民不服，派夫毁桥挖路之事也。金川军务尚未告竣，运粮之事亦势难中止，若不体察情形，妥协料理，民情困惫，日久必生事端，殊属可虑。朕前因金川军营止张广泗一人，故留班第在彼协助，今既有大学士讷亲、提督岳钟琪等，则班第现在尚无专办之事，可以暂回内地，往来照应。著于沿途详加查察，如朕所闻情形，果否如此，并妥酌饬办，务期无误军粮，无累番民，庶为两全。即将此旨传谕知之。"

（高宗朝卷三一八·页四〇下～四二上）

○乾隆十三年（戊辰）七月庚戌（1748.8.21）

谕："大兵征剿金川逆酋，各土司尽心出力，始终不懈。曾降旨传谕经略大学士讷亲，将效力戎行、供应乌拉、挽运军粮之各土司，查明功绩，分别奏请，候朕加恩。今据复奏：各土司挽运军粮，虽按米给值，而供应夫马，尚未至于贻误，且现奉调协剿，俱属恭顺，殊堪嘉与，请加赏赉等语。朕念各土司转运供应已经著有劳绩，虽协力攻剿，尚未殄灭逆酋，奏报全捷，而从事行间，应先行分别赏赉，以示鼓励。但该土司等向来输纳贡赋，多寡不同，若免其税粮，不无人数难均，未为允协。其明正土司坚参德昌等，著加恩将军营所有充赏缎匹，酌量分别赏给。其未经查清之长官土司、千、百户等，俟查明之时，一体颁赏。该部遵谕速行。"

（高宗朝卷三一九·页二三下～二四下）

○乾隆十三年（戊辰）闰七月癸丑（1748.8.24）

军机大臣等议准："四川巡抚纪山奏称：大金川用兵已阅年余，川省各属仓谷除陆续碾运外，可续拨者约计三十余万石。万一凯还需时，军粮关系甚重。臣前奏开捐例，银、米兼收。嗣张广泗奏停收米，不得不多碾仓谷。今仓谷不敷碾运，急宜未雨绸缪。请将川运捐纳人员，除交银司库外，有愿捐本色者，于会城及附近水次，并西南路近口之各府、州、县仓就近纳谷，每石作银六钱计算。至捐例除原题各款外，其道、府、郎中等官并武举捐纳卫守备即用等款，川运前次未载者，俱请照东省一体报捐，川省人应停其赴别处捐纳。"

得旨："依议速行。"

（高宗朝卷三二〇·页二上～下）

○乾隆十三年（戊辰）闰七月丁卯（1748.9.7）

谕军机大臣等："川省运粮一事，前因纪山所定价值浮多，传谕询问。

据称：官运米石，定价每石十四两七钱，至民间雇夫出口，每名每月俱有帮贴银两，而官运军米自出口抵营，除支给脚价外，每夫每站俱给口粮一升，两夫背米一石，即以口外二十站牵算，往回口粮沿途台站已开销米八斗，是给军之米，大半耗费于运夫等语。查此案班第等尚未奏到，纪山所奏，因此案乃伊自行陈奏之事，不无饰词回护，未尽确实。若果有此情形，则从前西、北两路军营粮饷浩繁，程途辽远，所有运粮脚价，尚不至如此之多。今以本省之米转运本省，即令山谷崎岖，何至艰难若此？看目下情形，未能克期奏凯，宿兵既众，食给为殷，长此不已，何以为继！大学士讷亲身在行间，自必预为筹及，或事不能中止，则筹兵必先筹食，或别有良法，或如从前西、北军营之例，令范毓馪之子弟领资转运，可省官给之烦，而于军饷有济，应早为料及。是否可行，可传谕讷亲详悉妥酌，速行奏闻。"

（高宗朝卷三二○·页二五下～二六下）

○乾隆十三年（戊辰）闰七月己巳（1748.9.9）

又谕（军机大臣等）曰："四川布政使仓德于办理藩司事务不能妥协，已补授太常寺卿，令济东道高越代之矣。仓德为人才具本短，看来尚属谨饬，是以任为筦库之司。但如运粮一事系抚藩专责，而此番军需运脚繁费，较之向前西、北两路军营运费反属繁多，而人言籍籍，犹以运粮为苦。若非办理未善，何至于此。在纪山、仓德自未必侵肥作弊，而两人才情皆短，或为属员蒙蔽，回护已过，亦未可知。今仓德既经离任，其有无欺弊，易于察查。可传谕讷亲、班第、张广泗等，将伊任内经手诸事逐一确查，据实具奏。若军务倥偬无暇分心查办，则将此事专付之班第，俟成功之日再行详查。彼二人已皆离任，亦不能有所掩饰也。"

寻班第奏："纪山、仓德办理粮运均无侵肥作弊，但办理不善，被属员蒙蔽。在纪山惟恐贻误粮运，竭力筹办，唯不无牵制掣肘、畏首畏尾之处，且不能周知利弊，易为人欺。至其关防谨严，操守廉洁，则众口一词。仓德本属才短，又承李如兰之后，一切因陋就简，听信幕友，捐款定价浮多，且关防不密，致有幕友串商包运之事。其有无长领脚价、亏欠米石及结党营私情弊，现交署藩司宋厚务查确情，严行究治。"报闻。

（高宗朝卷三二一·页一○上～一一上）

○乾隆十三年（戊辰）闰七月丁丑（1748.9.17）

谕曰："据经略大学士讷亲等奏请，将运粮迟误之总督张广泗、巡抚纪山、前任四川布政使李如兰、现任布政使仓德、松茂道唐进贤、保宁府知府周岐、原任建昌道陈纬、原任打箭炉同知鲍成龙、署汶川县知县刘士缙、荣经县典史严维寅、泸州嘉明司巡检王洪德等交部严加议处。李如兰虽经身故，但伊系初次定议承办之员，若因身故得以幸免，无以示惩。著直隶总督那苏图派出城工一处，令其家属承修。至张广泗身在军营办理军务，自难兼顾，此运粮一事，尚有可原，著免其交议。余著该部严察议奏。"

（高宗朝卷三二一·页三四上～下）

○乾隆十三年（戊辰）闰七月辛巳（1748.9.21）

兵部尚书署四川巡抚班第奏："口外挽运给夫脚价、口粮，宽裕优渥，无如里下旧俗，必资帮贴，始肯应募。至附近各土司，连岁军兴，供应积劳，然亦给价无累。惟瓦寺、沃日、小金川三土司，部落稀少，明正司则因瞻对之事甫息金川之役又兴，不无困惫。臣等详筹，或更换调减，或添拨汉夫，较前大减，皆恭顺趋事。"报闻。

（高宗朝卷三二一·页四五上～下）

○乾隆十三年（戊辰）八月甲申（1748.9.24）

谕："纪山著革职，发往军营，听经略大学士讷亲委用，令其自备资粮，效力赎罪。其四川巡抚印务，著班第暂行署理。"

（高宗朝卷三二二·页八上～下）

○乾隆十三年（戊辰）八月丙午（1748.10.16）

谕军机大臣等："据纪山奏称，准经略大学士公讷亲照会，以金川粮运，恐冬春雨雪挽运艰难，须于十月以前预备明年四月兵粮等语，运筹军储，虽属有备无患之计，然此乃班第等之事。而经略大臣所重则不在此，惟当鼓励戎行，指授方略，灭此朝食，使将士用命，军气奋扬，可以立奏肤功，方为胜算。乃于今岁即筹来岁之粮，预定四月之期，远近传闻共知今岁无奏凯之意，人心必因此懈怠。是于兴师攻剿之时，即先示以旷日持久之计，何以振作兵气？且贼人屡次抢劫，此项兵粮转运之时，途中保无疏失？屯积之所又恐启彼觊觎。况今冬若或撤兵，将复运回乎？抑存之以资贼乎？倘被攘窃，更损国威。种种俱未筹及。运粮一事，或出于班第、纪山之见，犹曰是其专责。若大学士讷亲用兵一日，即向伊等责取一日之粮耳，其心惟应以克敌制胜，剪灭朝食为事。如此，则士卒知克期奏功，事无稍假，自思奋勇争先，共殄群丑也。从前大学士讷亲曾经奏称与张广泗、班第商办明岁三四月之粮，朕彼时即以为非计，欲降旨训谕，而批示烦冗，以致遗忘。今览纪山之奏，是讷亲已经咨会查办此事，未免用心太过，以致失宜。应令讷亲等另行妥酌具奏。昨朕降旨，如今岁不能成功，欲令讷亲同傅尔丹、张广泗来京，令其商酌。若伊等复到，朕准其同来，断无尚令大兵全驻之理。今冬必应撤罢顿无能之卒，惟择精锐或一二万人，著岳钟琪统领，相机防范，随时攻剿。俟朕与伊等筹画已定，再行调集大兵进剿。如此办理，则所省粮饷实多，又不至师老罢乏。何必拥数万之众，坐饱寒冬，无所事事乎！再，朕于军务机要及贼境情形每有询问讷亲之处，原欲其速行复奏，知其要领，以便裁酌机宜。原非谓数千里行军，每事必待命而行，但事之应否可行，亦必奏明朕知。若惟接到一旨，即随意敷陈，或迟久不复，何以慰朕之悬念？在讷亲或以朕传谕之事过多，伊每件复奏，恐无暇更办他事，其实伊在军营，亦未见其所办者何事也。若能早奏肤功，则何须用朕许多絮语耶！可即传谕知之。"

寻奏："卡撒军营兵众需粮浩繁，经由班拦、空卡等处，山径陡险，粮运较难。运到之粮仅供支给，必须趁十月前加倍趱运。且运粮大路，由明正、木坪、瓦寺、沃日、小金川、杂谷等处，俱向化之土司，去贼境尚远，屯粮之卡撒、党坝俱重兵所在，贼不能觊觎。其正地、马奈、甲索等处亦皆有兵驻扎，不致疏虞。军务岁内难以告竣，即冬间减兵，粮储仍不可缓。恳允办理。"报闻。

（高宗朝卷三二三·页一七下～二〇上）

○乾隆十三年（戊辰）八月丁未（1748.10.17）

谕曰："班第现署四川巡抚，进剿大金川军营粮运事务紧要，著兆惠即速驰驿前往办理，班第所带钦差大臣关防，著交与兆惠。"

（高宗朝卷三二三·页二〇下）

○乾隆十三年（戊辰）十月癸未（1748.11.22）

谕："广储司备银十万两，派员运至军营，以为协办大学士傅恒抵营奖赏官兵之用。"

协办大学士傅恒奏："威远炮甚属适用，康熙年间征西藏，曾以此得胜。制胜炮名号既佳，观瞻亦威严，请各带二位，并令造办处员外郎西宁于城外试放，交工部委员送金川军营。"

得旨："即派西宁护送。"

（高宗朝卷三二六·页一一下～一二上）

○乾隆十三年（戊辰）十月乙酉（1748.11.24）

署四川巡抚班第奏："酌筹粮运事宜：

一、川省碾运军米，向系照粮摊派里民先行办米，至起运时，将仓谷拨给，乡保乘机侵渔。抑且多动贮谷，仓储匮乏，如遽议采买，又恐米价腾贵，请每米一石，酌定价银九钱，听粮户零星办运，按石给价。

一、向来商运，悉系碾给仓谷，不无暗行折价。更有派远县碾谷运省，转给各商者。脚费、口粮诸多糜费。莫若照臣前奏，商运每石六钱之数全行折价。

一、内地背夫口粮，向多给仓谷。查口外站夫艰于觅食，尚可给一半折色。今内地自成都至灌县等处，在在可买，不若每夫一名，照日给口粮一升，折价一分，听沿途买食。

一、从前附近省城各州、县，既经运米，又令雇台站长夫，劳逸不均。请嗣后运米则令附近出口之州、县办理，派夫则令离省遥远之州、县办理。其运送军装、炮位等项长夫，专责成、华二县雇募。"

下部知之。

（高宗朝卷三二六·页一六上～一七上）

○乾隆十三年（戊辰）十月丙戌（1748.11.25）

谕："朕命班第前往四川，虽为办理粮运，用兵非其专责，但伊身为本兵，且系军机大臣，于军中攻剿事宜及将弁功罪，皆伊职掌所在，不得以专办粮饷，遂一切置之膜外。乃伊觇军务未能速竣，既不恳身任其事，惟请另派大臣经理。而于讷亲、张广泗之乖张退缩，老师糜饷，初未据实入告，及降旨询问，伊于张广泗之罪直陈无隐，而一字不及讷亲。为大臣者固宜如是乎？在伊心自谓办粮无误即为克尽己职，其他自有任其咎者，惟欲脱身事外为自全计，而无吉凶同患之心。此种习气，在朝大臣亦多不免，独未遇其事耳。居心若此，国事其何赖焉！班第不称兵部尚书之任，但办理粮运尚属妥协，著从宽降为侍郎。其兵部尚书员缺，著舒赫德补授，现在户部办事乏人，著暂行兼理。"

（高宗朝卷三二六·页一七上～一八上）

○ 乾隆十三年（戊辰）十月辛丑（1748.12.10）

户部议奏："署四川巡抚班第奏请拨军需二百万两。于山西拨银五十万两，广西拨银五十万两，部库拨发一百万两。"从之。

（高宗朝卷三二七·页一一下）

○ 乾隆十三年（戊辰）十月己酉（1748.12.18）

是月，户部奏各省秋拨银两。得旨："知道了。湖北、湖南、江西俱与四川邻近，著将此三省实存银一百一万一千一百余两解往四川，存贮藩库，以备军需之用。该部即传谕各该抚遵旨速办。"

又奏前赴美诺会提臣岳钟琪议由党坝进攻事宜。得旨："此等料理，总不足凭。朕惟俟大学士傅恒到彼，自有成功捷音耳。"

署四川巡抚班第又奏："臣于十月初九日抵卡撒营，查看粮运，陆续到营，供支无误。臣又亲赴左右山梁、腊岭、色尔力等处，周视营伍，体察兵情。该镇将等皆以士气积馁，殊乏斗志。臣加意鼓励，饬令相机擒扑，使逆番不得休息，我兵不致徒事株守。"

得旨："览。殊不惬朕意也。"

（高宗朝卷三二七·页二五下～三四下）

○ 乾隆十三年（戊辰）十一月辛酉（1748.12.30）

又谕（军机大臣等）："军营粮务最关紧要，从前办理运饷，尚无贻误。现今增调满、汉官兵三万五千人，合之原拨在营官兵及随役人等数几十万，以每人每日支给八合八勺计之，加以挽运人夫口食，一月所需已为浩繁。况大兵按起前进，来春二月到齐，即须陆续按日支给。纵使奏捷迅速，亦应预为宽裕储备。计班第、兆惠目下甫闻增调之信，应一面速行筹画拨运，一面将作何办理及商运情形详悉奏闻。伊等须亲身往来查察，务期兵粮充足，以壮士气。"

又谕："现在调遣京城满兵及东三省之兵前赴金川军营，沿途料理马匹、安设台站诸事，俱应各该督、抚亲身查办，陆续奏到。其自西安至四川之神宣驿，该抚陈宏谋等已奏明安顿妥贴。而自神宣驿以至成都，自成都以至军前，系四川地方官分内应行经理之事，近日不知作何查办，是否妥帖，并未据班第奏到。即或班第尚在军前，高越接到军机处文檄，业已办有就绪，详禀班第请示，以致往返迟延，高越亦应将缘由呈明军机处，以凭稽查，即折奏亦可之事也。目下所派兵数，定为五百名一起，较之前派三百名人数增多。四川境内道路狭隘崎岖，人马难于行走，若不预先料理，必致临时迟误。著传谕班第、高越令其一面速行查办，一面具折驰奏。如视为泛常，稍稽军行，咎有所归。"

（高宗朝卷三二八·页三六下～三八上）

○乾隆十三年（戊辰）十一月壬戌（1748.12.31）

谕军机大臣等："署河南巡抚鄂容安奏称，陕省料理官兵起程，费用不敷，咨拨河南库贮银二十万两解陕备用等语。现在调拨满兵共计八千一百名，实为精锐劲旅，一可当百。且抵川迅速，足效臂指之使，倚以成功。而从前军营陕、甘之兵不甚得力，大学士在京时亦曾面奏'欲至军营酌量，如可不调陕兵，即一面停其调拨'之语。朕思该省既经奉文调发，必已按营派拨，给发军装。一切经理，所费实繁。与其俟经略大学士到营，方行文停调，不若于经略大学士由陕省经过之时，阅看大概。如不过寻常绿旗充数之兵，非能出色精壮，即竟将陕、甘兵丁停止，于事为便。专调云、贵兵，已足敷进剿之用。其湖广之兵亦一并酌量。盖兵在精不在多，无用之兵多人适足为累。鄂容安奏折一并抄发。再查沿途所设程站，多者乃至二百六十余里，至少者亦几至二百里。著将此单抄寄经略大学士。其自成都至金川军营程途，著大学士至军营时照此详悉开明，遇便奏览。……至攻剿事宜，如能生擒莎罗奔及郎卡献俘，固为大快，即或逆酋自知不免，先伏冥诛，或窜伏他部，而我兵能捣其巢穴，夺踞勒乌围、刮耳崖，或擒获伊用事头人，即当奏捷献俘。如青海之罗卜藏丹津，未能就擒，亦即将所获头人献俘，具有成例。其莎罗奔等釜底游魂，不过用兵一二千人，交岳钟琪等搜捕，必不能漏网。经略大学士应即回京，襄赞政务，不必定待莎罗奔之就擒也。至古人奏捷俱用露布，将来经略大学士捷音，应即于传牌书明攻夺贼巢或擒拿贼首，露章飞报大捷字样。朕一俟奏捷，即当恭谒泰陵，并巡幸五台，可早与经略大学士相见。……其寄信班第、兆惠速备军粮谕旨，著一并抄寄经略大学士知之。"

（高宗朝卷三二八·页三九下～四二上）

○乾隆十三年（戊辰）十一月戊辰（1749.1.6）

军机大臣等议奏："据办理粮饷侍郎兆惠奏称，军营官兵、夫役日需粮数：党坝八九十石，现储米一万余石；甲索十余石，现储米七千石；正地十余石，现储米面四百余石；马奈三十石，现储米二千余石，均可无虞。惟卡撒、腊岭、木冈、左右山梁日需粮一百六七十石，存贮无多，现在崇德、美诺储米二万四五千石，沿途起运出口及各台存积尚有三四万石，已令该道齐格设法挽输等语。是党坝、甲索、正地、马奈等处仅敷目前，其卡撒、腊岭等处已不敷用。将来增调满、汉大兵到齐，尤难供裕。前遵旨传谕班第、兆惠预备，计奉到自必筹画拨运。应再行令该侍郎等，将各路军营应需粮并将来大兵齐集应支粮通盘筹算。无论商运、官运，严饬台站官弁上紧赶运，不得借口天寒冰雪迟延。并令该侍郎等亲身督率，抚驭夫役，疏通壅阻。至该省现在未运粮数若干，是否足敷运济，抑或尚需筹拨，应令查明，一面办理，一面奏闻。"从之。

（高宗朝卷三二九·页八下～九下）

○乾隆十三年（戊辰）十一月庚午（1749.1.8）

谕军机大臣等："四川布政使高越具奏军务情形一折，除兵饷二百万两饬部速催拨解外，所称西、南二路军粮，尚有米十万余石等语。军粮关系紧要，前已两次降旨，令班第、兆惠等速行筹办。今观所奏情形，余米无几，若不预为经理，恐致临时周章。经略大学士傅恒抵川，可传谕伊等，令其留心赶办，无误军糈。再奏称：办运军粮各员有克扣脚价者，业经参奏，此外，恐有侵牟累民之员，悉心密查，一有所闻，即行揭参等语。此等劣员自应严行查察，岂可稍示姑容？经略大学士到彼，可传谕班第等，令其留心办理。又称：'蛮地春初，冰雪更甚冬令。'计经略大学士至军，尚在腊月，所调满兵到者亦有三千余众，或当乘时前进，经略大学士自能相度机宜，以图万全。高越既有此语，不过谕令知之，并非速期攻剿也。至讷亲前在军营，交锋之际概不亲身前往，即将弁等亦择有可障蔽之处藏身，以致士卒不能用命，皆由讷亲之退缩偷安。今兹纪律严明，壁垒一新，统领大员自不敢仍如前此之不亲身督战矣！但士卒当先，继以偏裨，继以统领大员，此固行军不易之常法也。经略大学士在后指挥督率，方为万全允协。副都统、护军统领及总兵、副将等皆属大员，不可轻涉危险。若矫枉过甚，亦为不可。著将此意传谕大学士，密为留心，凡在营大臣，如傅尔丹等及随往之侍卫将弁，俱宜酌量驱策。但不可明露此旨，恐又启伊等畏避之念。又经略大学士途次勤劳过甚，朕心实为不忍，历次降旨，令其善体朕意。凡拜折行礼，自属仪文之末，鞍马劳顿之余，何必拘拘小节，不若爱惜精神，筹办重务，以释朕心悬念。著一并传谕知之。"

又谕曰："军机大臣议复内大臣班第请给绿旗兵丁棉甲一事。议称：'是否有用，请交与经略大学士傅恒定议。'朕思棉甲于临阵之时甚为有用，今广储司贮有二千四百余副，现在起程各兵，每起各给与五百副带至军营。经略大学士傅恒可酌量分给绿旗兵丁之骁勇者，于征战甚属有益。将此传谕大学士知之。"

（高宗朝卷三二九·页一五下～一八上）

○ 乾隆十三年（戊辰）十一月辛未（1749.1.9）

谕军机大臣等："朕思满兵前至军营，虽有应得口粮，然进剿之时，深山险地，倘米粮不敷，或无暇造饭，则肉亦有益。意欲将蒙古所进汤羊颁赐军士，因路远难致而止。可传谕经略大学士，满兵若遇深入山径，是否需带糇粮，如牛、羊肉割条晒干，似属有用。即或于彼处预备，或须由京发往，大学士一面办理，一面奏闻。"

（高宗朝卷三二九·页一九上～下）

○乾隆十三年（戊辰）十一月乙亥（1749.1.13）

四川按察使宋厚奏："查从前各州、县运米，皆至桃关交卸。桃关外设台站，递运卡撒，谓之正运。后因站夫逃亡，经军营大臣筹酌，招商包运。无如美诺至卡撒虽五站余，而山径难行，商人运至美诺而止，复令各州、县照商运例给价挽供。而州、县及商人俱未有督催奖励之法，是以卡撒粮日见乏。臣设法劝谕各商，令直运卡撒，并饬各州、县优恤运夫，选差查押，始皆踊跃，近已积一月之粮。一切章程稍为酌改。其附近军营及粮运要区，各拨银解贮。至各州、县悉系动拨仓谷，摊给里民，碾米起运。而里民以领谷无几，或先自办米起运，后赴仓领谷，亦有竟不赴领者。臣思此谷久贮在仓，必滋弊窦，令各州、县将未给谷竟给折价。兹十月十二日新任高越到任，已将办理情形详细告知。"

得旨："是。知道了。"

（高宗朝卷三二九·页三二上～三三上）

○乾隆十三年（戊辰）十二月甲申（1749.1.22）

又谕（军机大臣等）："据经略大学士傅恒奏称：本月二十四日入四川境，至神宣驿即无马匹更换。次日由水程至昭化县，见第五起云梯兵仍在该县，询称因无马阻滞。又问该县，称备马四百匹，俱为上起云梯兵骑去未回。查署抚班第尚在军营，此等要务全在布政司实力经理。乃高越等仅具一禀，内称俱照传牌行令州、县按数应备。其实第一站即无马匹应付，又不多派干练大员，而疲玩之州、县，惟以藏匿不出为事。请将班第、高越等交部严加议处等语。现在赴川官兵分起前进，均于议定之日飞速行知各该督、抚、司、道，自应早为预备，俾官兵遄行无滞。况云梯兵三百名，分六起进发，而经略大学士随从员弁亦仅一二百人，甫入川境即已如此，将来京兵及东三省之兵陆续到齐，必致益加壅滞。班第身任巡抚，自应预为调度，严督属员迅行妥办。今乃怠玩迟误，咎无可逭，但念其尚在军营，从宽交部察议。高越前在东省，办事尚有才具，是以由道员超擢藩司，自宜感奋，实力料理，何得漫不经心，贻误至此？著革职，交与经略大学士傅恒、署抚班第，令其自备资斧，差遣效力赎罪。纪山虽经革职，但在川已久，该省情形颇为熟谙，著即署理布政司印务，竭力办公，以赎前愆。武宏绪系专办驿传之员，乃毫无整饬照料，以致有误军行，甚属溺职，著革职，一并交与经略大学士、署抚班第，令其自备资斧，差遣效力。再，班第、纪山等皆非长才，不能优裕肆应，现今川、陕官员废弛已极，当此军兴旁午之时，尤关紧要，急宜整顿，必得干练大臣前往督率，方能妥协。策楞赴任尚需时日，著陕甘总督尹继善就近驰赴川省，由陕至川往来查察督办。俟策楞抵川后，尹继善回驻西安，务期供亿完备，军旅遄行，俾得早奏肤功。其余怠玩藏匿之地方官，俟军务竣日，另行核其功过查办。"

寻吏部议将署四川巡抚班第照例降一级调用，抵销。得旨："班第著销去加一级，再降二级，从宽留任。"

甘肃巡抚瑚宝奏："京兵三百名一起改为五百名，逐台添马，约需八千有余，陕省办理艰难。因思西宁镇处极边，值防冬之际，兵未便拨，马正可调。已檄令西宁镇臣张世伟派调营马二千匹，于十二月初全抵台站，以备添用。仍令即领价买补，以实操防。此项马，俟撤台后分发各镇、营，抵补倒马。即于岁领倒马银内扣还西宁镇所领马价。又思晋省之蒲、解二府、州畜牧最多，与陕只隔一河，如陕省雇觅不敷，应飞咨晋省，饬蒲、解二府、州近属代雇。现在札商陕抚陈宏谋酌办。"

得旨："交总督尹继善酌办。"

（高宗朝卷三三〇・页七上～九下）

○乾隆十三年（戊辰）十二月乙酉（1749.1.23）

又谕曰："高越、武宏绪迟误军行马匹，昨已降旨革职。今据经略大学士傅恒奏称：四川境内并无伺候马匹，不得已只带十数人于陕省疲乏驿马内拣选乘骑，驰赴成都，赶办供应兵丁、马匹，且途次马乏，竟至步行等语。高越等以方面大员承办军旅要务，大站之马或一时不能接济，何至并经略大学士所需马数十匹亦全至贻误？现在大兵陆续抵川，军务甚关紧要，直隶、山、陕等省均应付齐备，而川省怠玩废弛一至于此，殊出意想之外！其漠视公务，贻误军机，情罪重大，革职差委不足蔽辜。高越、武宏绪著于成都枷号示众，俟舒赫德到时，带至军营，会同经略大学士按律严审定拟具奏。"

谕军机大臣等："川省马匹迟误，昨已降旨令尹继善前赴成都往来查办。今据经略大学士傅恒奏称，川境全无马匹，不得已止带十数人于陕省疲乏驿马内拣选乘骑，前往至成都，赶办供应马匹，且途次马乏，竟至步行等语。川省办理军务，怠玩已极！尹继善接到前旨，即行前往，尚恐未能星速，旺扎勒现可抵川，已降旨令其暂行在彼督办。俟尹继善到彼接办，旺扎勒即赴军营。著再传谕尹继善，即日兼程前进，毋得少延。"

（高宗朝卷三三○·页一○下～一二上）

○乾隆十三年（戊辰）十二月甲午（1749.2.1）

刑部右侍郎兆惠、署四川巡抚班第奏："现在添调官兵，粮应急筹。查卡撒左右山梁、色尔力等路，积贮无多，仅足供一两月。附近之崇德牛厂存八千余石，美诺存二万有余，为空卡雪山阻隔，不能速运。臣等现在纠集番、汉民夫，尽数搬取。臣兆惠亲赴美诺、沃日，督率台员，卷站疏通。而班拦龙肋积米万余，急令站夫归并趱行。但兵数既多，加以跟役余丁尤众，目今竭力赶运，止可供经过大兵支食及卡撒新旧兵明岁四月前之用。臣等已会商分派各州、县碾米三四万石，令就本境募夫长运卡撒，限于三月内到齐。至党坝、甲索两营以现贮供现兵，可至明年四月以前。该二路既议设重兵，则党坝旧运数不敷。而甲索运粮向用蛮人乌拉，多寡尤难预定。查松潘一路，向雇乌拉直运党坝，费亦较省，后因无米停撤。闻该处可采办青稞炒面，已飞饬该同知等速为采买，运党坝军营。其甲索一路不足之处，或由党坝渡河济运，或交大商分往包运，俟王镗、范清注到营，再为酌定。现今各路大兵，尚无分派确数，某营实须若干，某路应运若干，均难预定。应俟分派既定，再从长筹议。然加粮必须添夫，内地夫役久劳，既难多调，而在官在民，亦多烦费。惟有仍令于各州、县分任长运，立限到营，并令王镗、范清注二人分派承运。"报闻。

（高宗朝卷三三○·页四一上～四二下）

○乾隆十三年（戊辰）十二月乙未（1749.2.2）

经略大学士傅恒奏："臣查川省马少，供应难免贻误。臣与高越商酌，将各州、县未到马极力催趱，并每站设夫役，将上站马接收，加意喂养，送回原站，以备下次兵骑。此事关系紧要，州、县驿丞官员恐未足恃，卓鼐尚属晓事，且满洲办理此等事件实胜汉人，已嘱专心协理。臣于途次，见西安兵驮骑马骡甚多。伊等过成都而西，其势不能多带，必仍留省城喂养，莫若购买添补驿站。臣已交卓鼐将现存马价银八千两，并酌于藩库动项购买。现今备马既属艰难，而四川路窄，若照原奏每队五百名一处行走住宿，不惟不得如许房屋，即帐房、席棚亦难一时搭盖。臣酌以五百名分两队，倘住宿处二百五十名尚不能容，则令稍前稍后分住，到营所差不过一二日，不至甚迟。再，查从前派往金川之大臣、侍卫、官员、兵丁等乘骑马匹、背负人夫并无定额，而自成都起程之大臣、侍卫、护军校、拜唐阿等所给银数亦过多。此次派官兵甚众，若照例办理，势不能给。臣量为酌减，并晓谕以兵多费广之故，勉以立功受赏，兵等各无怨言。至臣应得各项，除锣锅、帐房之外，一无所取，以服众心。惟是成都五方杂处，啯噜子向为民患，满兵一千六百名仅余五百名在省，巡抚又在军营，用兵之际，内地防范不可不严。臣已令布政使高越并饬提督、巡抚标下参、游等官添拨严防。"

又奏："从前高越奏请推广捐例，业经议行。但各班铨选人员甚多，虽该省另立军粮飞班，赴捐者仍少，于军储未必有济。请将户部收捐停止，俱令于川省报捐，本折兼收。其运米至军前者，准以飞班即用。并将各捐班应选人员俱停选六个月，先尽川省捐班选用。"

奏入，谕军机大臣等："览经略大学士傅恒所奏筹酌军营进取诸务，事事周详妥协，洞中窾要，深为嘉悦！将来径趋党坝，直捣勒乌围，而于卡撒一路，大张声势，严密防御。贼酋已在网中，自可收犁庭扫穴之效。其粮马等事，若非经略大学士迅速筹办，大兵云集，何以支应！但从前只知川省用兵以来，供亿浩繁，民力拮据，而其空虚疲惫一至于此，竟无一人剀切敷陈者。即军前光景，诸人奏报，亦仅依稀闪烁。朕于金川何曾有丝毫利其土地、人民之见，使讷亲等能据实入告，朕宁不早为裁夺，何至縻费若此！是以伊等之罪益无可逭。今经略大学士思虑所及，使万里情形，了如指掌。观此，则用兵一事，断不可过朕昨所谕两月之期矣！此事前已为讷亲、张广泗所误，一无就绪。今命将调兵，飞刍挽粟，尽力筹办，譬之为山，已成九仞，一篑之劳，势不可止。如其应期克捷，指日荡平，固所深愿。倘尚须筹画，略有迁延，则以全蜀之物力，帑藏之脂膏，填于蛮荒边徼一隅之地，实为可惜！朕见其确，朕志已定。在经略大学士以军旅自任自不肯为撤师之言，于理亦不当为此言。但目前所急者，惟马匹、钱粮，马匹虽经措办，似可无误，而粮运则尚费料理。经略大学士目击该省艰窘之状，亟思接济，计及捐例一事，欲为变通，诚出于无可如何。第本年十月以后，所拨部饷及各省帑银，共三百万，俱可陆续于二月以前解到。官生怀挟厚资远赴川省，势难克期而至。且闻该省军兴旁午，汉人夙多畏怯，更必裹足不前，即使踊跃赴捐，而京外行文出示一停一开，已当至四月，于事恐亦无补。况当年西、北两路用兵亦未至如此。今若将前例概行停选，未免浮议繁兴，而官生又不能将本籍所产粮米输纳，势必持银赴川购买，适使该省粮价昂贵。其总理收捐之人，若如经略大学士之公正廉明，自能不致滋弊。即策楞、尹继善亦或能之，断非班第、纪山所能胜任。辗转思之，实多未便。目下且就现拨之项随时支应，尚可敷明年二三月之用。即有不足，亦可另为筹济。此二折未经交议。惟军机大臣等及舒赫德知之，两处办事司员俱勿令与闻也。昨据新柱奏称：'楚兵二千三百名业经起程，难以赶回。'已传谕经略大学士，于滇、黔路远营分未起程兵内照数减调。朕思满兵现调至九千，皆骁勇可用。此外各省调遣已至之兵，应留营备用。其余未至者，或酌量檄停，盖兵多则粮费亦多，挽运维艰，不得不斟酌办理，而无用之兵，徒多亦无益也！著一并传谕经略大学士知之，并抄寄尚书舒赫德阅看。"

（高宗朝卷三三〇·页四五下～五一上）

○乾隆十三年（戊辰）十二月丙申（1749.2.3）

又谕（军机大臣等）："昨据经略大学士傅恒奏称，自成都起身制办行装，向例大臣每员给银三百两，侍卫每员给银一百二十两，步军校、拜唐阿每名给银四十两；兵丁每人马二匹，如不用马，折银十二两。此番调拨官兵为数甚多，若照向例支给，除夫马外，帮费尚须二十余万两，未免过多，以后难于应付，应酌减定数，令其一体遵照等语。朕思官兵按站前进，各驿给有廪粮。其自成都至军前既无廪给，则盐菜、口粮在所必需。至治装银两，官弁起程时业于各该处支领，今至成都，又重复给发，且为数浮多，自应量裁。此例从前系何人所定，昨已批谕经略大学士，遇便查奏。……"

（高宗朝卷三三一·页四上～五上）

○乾隆十三年（戊辰）十二月丁酉（1749.2.4）

前任四川布政使高越奏："现驻军营官兵、夫役月需米二万一千余石，今添满、汉官兵加运夫人等约添二万余石，自本年十二月至明年五月统需二十五万石。现在中书范清注认运七万五千石，郎中王镗七万五千石，并前未运竣之米全数到营，可得二十余万石。臣飞饬松潘、打箭炉两处同知办运炒面，犹虑兵行迅速，军中日有增兵，粮或不续，且凯旋善后亦须筹粮。臣接奉署抚臣班第、侍郎兆惠札商，又派各府、州料理正运、带运米共十四万石，分头挽运，以期无误。至一切需费，计至明年五月，约银八百七十余万两。署司宋厚移交银六十二万余两，又浙江协饷银二十万两，俱已支发无存。现设法供应官兵出口，不致贻误。至口外收发粮饷，稽查台站，虽专委道员分司总理，犹恐站夫未能足数，已饬成都府雇夫一千二百名，委员押送出口，交各台站添差。"报闻。

（高宗朝卷三三一·页一五下～一六下）

○乾隆十三年（戊辰）十二月庚子（1749.2.7）

又谕（军机大臣等）："尚书舒赫德稽查直隶沿途台站，所有迟误之管站笔帖式及地方官，奏请交部严加查议等语。台站接送报匣，关系军机，时刻不容迟误。但部员等既系初经承办，而地方官又积习相沿，原不知急公之谊，著从宽免其严处，交部察议。如能知所惩戒，嗣后殚心办理，飞速驰送，俟大军凯旋，尚可循例议叙。若仍蹈前辙，定行严加治罪。折并发。"

谕军机大臣等："舒赫德前往金川，朕令其沿途查办台站。今据奏到，直隶境内所有递送报匣，逐件逐站，按时计里，一一挨查。其系某站稽迟及某员玩误之处，俱已指名参奏，舒赫德办理此事，甚属精详。但自直隶前抵军营，台站络绎，来往事件，甚觉纷繁，虽经舒赫德如此查察，必须督、抚留心，方无贻误。可传谕那苏图、阿里衮、陈宏谋、班第等，令于道、府内拣派干员，照依舒赫德办理之法，逐站挨查，更不时亲身往来督察。庶台站各员，共知怠玩公事，责有攸归，且按照时刻道里计算，势难容隐。无不勉力思奋，至尹继善，现在成都料理大兵前进，策楞到川，伊即可回陕甘之任，亦应令其照此加意妥办。著将舒赫德原折一并抄寄各该督、抚知之。"

（高宗朝卷三三一·页二八上～二九下）

○乾隆十三年（戊辰）十二月辛丑（1749.2.8）

又谕："前据高越奏称：川省军需，年内至明年五月尚须拨银八百七十万两。经军机大臣酌议，本年十月以后已拨银四百万两，腊底春初均可抵川。现在又将湖南、湖北、江西省留备等银凑足二百万两协济。如有不足，应俟来春另行筹办。金川小丑初不意糜费如许物力，两年之间所用几及二千万。从前西、北两路沙碛迢遥，艰于馈运，是以所费不赀。今自成都至军营程途几何，用兵时日几何，而粮饷之糜费较彼更甚，其中必有经理不善之处。但办理至此，势难中止。今通盘筹画，各省协拨数已浩繁，不得已而动至留备。揆此大局，设再有迁延，断难为继。岂有因此而额外加征，重累小民之理？惟望满兵速到，大功速成，不出朕前谕四月初旬之期，则虽多费帑项，亦尚未至虚掷。一切机宜，连日密谕中备细详悉，并将军机大臣等原议抄发经略大学士阅看。……"

（高宗朝卷三三一·页三一下～三二下）

○乾隆十三年（戊辰）十二月戊申（1749.2.15）

前任四川布政使高越奏："通核存贮军营粮饷及沿台屯米，可接至明春二三月间。若奏凯速，米自有余，迟则不足，必须预筹接济。现于饬办正运米石内拨二万石运交雅州，接济南路军营；一万石运桃关，接济长运卡撒夫粮；一万三千石运保县，接济党坝长运夫粮；二千石运松潘，接济甘、陕官兵；其余运成都，接递转拨，备应各台不足之处。又于带运米石内，拨二万六千石运卡撒，二万二千石运党坝。其商运，官商范清注认运卡撒，王铠认运党坝，各七万五千石，陆续催运。又，成都兵夫聚集，米价易踊，平粜尤在所急。现将常平仓贮谷动碾四万石，为今岁明正平粜之需。"

得旨："览奏俱悉。有旨谕部。"

（高宗朝卷三三一·页五九下～六〇上）

○乾隆十三年（戊辰）十二月己酉（1749.2.16）

谕军机大臣等："经略大学士傅恒奏：川省办理粮运，甚关紧要。自成都出口，一路共设粮台三十三处。经理各官悉系部中拣发试用之员，未经历练，难以胜任。请于湖南、湖北、云南、贵州四省内，令该督、抚量拣道、府、同知咨送川省委用等语。朕思经略大学士现抵军营，督师进剿，不日即可奏凯，运送军粮刻难迟缓，若行令各该督、抚遴选派往，恐稽时日。因于就近省分派出道、府、同知三十七员，令往军前专办粮务。各督、抚接到此旨，限三日内，即驰驿星速起程，不得稍有迟误。此内知府、同知三十三员，到川后，令每人专管一台，并将三十三台分作四段。所派道员四员，各管一段，令其往来稽查，总理督率。将来办理妥协，事竣咨还该省，即以军功议叙。其庸劣者，立即参劾。如此，责有专属，庶粮运不致贻误，于军务甚为有益。可传谕总督新柱、张允随，巡抚彭树葵、开泰、图尔炳阿、爱必达、鄂容安等，令其即照所派名单迅速遣往，毋得稍迟，并传谕策楞、班第知之。"

（高宗朝卷三三一·页六〇上～六一下）

○乾隆十四年（己巳）正月癸丑（1749.2.20）

又谕："此次大兵进剿金川，一切催趱官兵、稽查驿站马匹等事，所有钦差大员如尹继善、舒赫德，皆因经略大学士傅恒公忠体国、勤劳任事，举能感动奋勉，星速驰驱，调度得宜，于军行甚有裨益，朕甚嘉悦！前已降旨将尹继善革职留任之案加恩开复。今尚书舒赫德经过一路地方，日驰二百余里，而且留心整顿，诸事查办妥协，殊属可嘉！著一体交部议叙。"

（高宗朝卷三三二·页一七上～下）

○乾隆十四年（己巳）正月丙辰（1749.2.23）

谕军机大臣等："据经略大学士奏称，成都至卡撒军营，官员、兵丁、夫马支给口粮、草料并无印票，但凭片纸任意冒领，逾额重复，管粮官亦借此混开，即如臣至成都，自行发价雇长夫六十余名，而该站有开至数百名者，冒领浮开，全无觉察。已咨明该署抚班第，饬司行查，嗣后大兵到时，官兵应领口粮、草料，俱于成都给与印票，各粮台验票给领等语。官兵支领口粮、草料自有定额，管理粮台官员自应按数支给，岂可任其浮开冒领？兆惠、班第皆承办粮务之员，一切粮台事宜是其专责，乃不立定章程，一任属员浮开滋弊，种种草率。著传旨严行申饬。如再漫不经心，仍蹈前弊，朕惟于班第、兆惠是问。"

（高宗朝卷三三二·页二五上～下）

○ 乾隆十四年（己巳）正月丁巳（1749.2.24）

又谕（军机大臣等）："台站关系紧要，今既设有排单，可以沿途挨次稽查，无怨晷刻。但在京须得大员经理，以专责成。邮政乃兵曹执掌，著交侍郎蒋炳于报到时，逐一详悉核对。如有稽误，即指名挨查惩究。至军营事同一体，经略大学士傅恒亦酌派司员，专司稽核，庶收发俱有章程，往来不致迟滞，于军机公务实有裨益。"

（高宗朝卷三三二·页二九下～三〇上）

○ 乾隆十四年（己巳）正月戊辰（1749.3.7）

又谕（王大臣）："前因川省运粮需员差委，拣调河南等省现任道、府、同知三十七员，令驰驿前往，以资驱策。今军威已振，贼酋穷蹙乞降，大兵全撤，则军粮已无需挽运，所有前次拣调人员可不必前往。如有已经起程，或至陕省，或入川境，各该督、抚亦谕令即于该处回任。均系现任人员，各有地方之责，不容旷废。著将此旨速行传谕各该督、抚等知之。"

（高宗朝卷三三三·页一九上）

○ 乾隆十四年（己巳）二月丙戌（1749.3.25）

又谕（军机大臣等）曰："兆惠、班第所奏办粮一折，并王锃、范清注捐银一折，著抄寄舒赫德、策楞，令其阅看。此番粮运，头绪纷烦，弊端百出。今大兵全撤，正水落石出之时，官吏人等更易乘机作奸。著传谕舒赫德、策楞加意稽察，彻底清查，无任朦混侵蚀。其王锴、范清注名下所有运费米石各项，应行补缴抵算之处，并详悉查核办理。至兆惠挽运军粮，实是专责。撤兵之后一切经手事件，务宜逐件清厘，不可少有疏漏。"

（高宗朝卷三三四·页一二下～一三上）

○乾隆十四年（己巳）二月乙未（1749.4.3）

谕："自直隶以达军营，设立台站，原期驿递无稽，以速军务。前因安设之初章程未定，屡有迟误，特命尚书舒赫德挨站查察，将各员参奏，已降旨交部议处。今据经略大学士忠勇公傅恒奏称：自前次查察之后，各员咸知警畏，黾勉办理，奏报往来，尚能如期飞送，所有交议之处，恳请量予从宽等语。经略大学士傅恒所奏甚是。近来军营一切章奏传送颇觉迅速，此番飞报大捷，甫及八日即达京师，朕已降旨赏赉。是各该员犹知奋往急公。从前迟误既属无心之过，且系初犯，著照大学士所请，各员均从宽免其议处。至各省驿递，何一不关军国重务，该督、抚等自应遵照前旨，平时责成驿道，加意整饬。若因此次宽免台站官员，遂玩视驿务，渐至废弛，则是有心旷误，该督、抚无所辞咎。"

谕军机大臣等："此次军行台站马匹需用繁多，长途驱策，疲瘦倒毙均所不免。将来买补开销，自有定例宜循。但当军兴旁午之时，究非寻常可比，虽钱粮关系不可不核实查办，而过于拘泥，又恐州、县各官不无拮据赔垫。著传谕各该督、抚，令其详加斟酌，妥协办理。固不得有意从严，使属员难于补苴，亦不得因有此旨，遂任意开销，致滋浮冒。如有应行通融之处，据实恳切具奏，候朕酌量加恩。"

（高宗朝卷三三五·页八上～九上）

○乾隆十四年（己巳）二月甲辰（1749.4.12）

谕军机大臣等："据策楞、岳钟琪会奏：军前所调土兵应领行装、坐粮银两，酌将米石折给。其离营窎远之里塘、巴塘及十二部落等处不愿领米者，仍听其照例由地方官请领银两等语。从前颁赏番民银两，官吏乘机侵渔，率皆有名无实。上司相隔遥远，耳目不能周察，番民无所控诉，遂致急而生变。失番心而启边衅，多由于此。今里塘等所给银两，断不可仍蹈前弊。著传谕策楞、岳钟琪令其实力督率属员，按名分给，务期均沾实惠，毋得听官吏欺朦，稍有侵蚀。此等事皆伊二人专责，各宜加意查察。"

（高宗朝卷三三五·页二二上～下）

○乾隆十四年（己巳）三月乙卯（1749.4.23）

又谕（军机大臣等）："据班第奏称参革知府周岐因贻误粮运查封资财一案，经署布政司使高越委员查明具详家产寥寥，随饬司提拿家属严究。兹据保宁府知府傅梅禀，据周岐家丁董成首称伊主未奉查封之前，曾遣长随阎明弼等携银一千四百五十两赴通、涿二州置买房产，业经具详藩、臬二司，尚未批示。此项情节该司等自应刻日转详，迅即咨部行查方免隐漏。乃高越并不转详。及臣据禀札查，亦竟置之不复。又奉到再行严查张广泗资财谕旨，臣前赴川北时令其严密查办，直至臣由川北回省，高越尚未办理等语。高越身任藩司，此等指名交办之事，理应彻底严查，迅速办理，乃周岐一案高越承办之初既遗漏失实，及该署抚据禀行查又竟置之不复。至张广泗一案曾屡经谕旨饬查，而泄视如故，更属延缓。高越前因贻误夫马身罹重谴，朕格外施恩复加委用，自应感激奋勉，实力任事，以赎前愆，似此有心姑纵，玩误重案，殊非意料所及。著严行申饬，令其将前后情节据实明白回奏。"

寻奏："二月十三日始自军营回省，据保宁守详称周岐家人首伊主遣人携银赴通、涿置产，愚昧之见，疑系情虚串捏，以免川省究审，即差提周岐及该家人赴审未到，并非玩视重案。至张广泗资财从前审详并移行密查文卷可稽，不敢负恩瞻徇。"

得旨："另有旨谕。"

（高宗朝卷三三六·页一九下～二一上）

善后诸事宜的酌议与办理

○乾隆十二年（丁卯）十月丙寅（1747.11.11）

谕军机大臣等："……再，据张广泗所奏，添设重兵，分防要地，拟增兵七千名，十年之后渐议裁减等语。从前所议设屯置卫，本以据险扼要，联络声势，使之有所畏惮，不致恃险建碉，生心滋扰。而量置屯守，转饷无多，事可经久。若增兵七千名，则每年需二十余万之饷。虽较之两番进剿，糜费至二百余万，十年馈运仅亦相等。如果确有成效，可保其久远宁谧，岂不甚善！否则，裁撤之余，复生事端，势不能置之不顾。分防久戍，未便议裁，则经费所关，不更多于此乎！此亦不可不熟筹于事始。其应否增兵，分布要害，如该督所议，或应建设屯卫，或应照前谕归西藏王子管辖及驻藏大臣董率，如何方合机宜，张广泗身历岩疆，措置较为亲切，必能统计全蜀形势，为善后长策。适因意计所及，可详悉传谕，听其斟酌妥议以闻。"

（高宗朝卷三〇〇·页一四上～一六上）

○乾隆十二年（丁卯）十二月壬午（1748.1.26）

军机大臣等议复："川陕总督张广泗奏称：金川善后事宜，经军机大臣遵旨定议，归入西藏管辖。但西藏终属外藩，以塞内土司归其管束，形势实有未便，莫若以治藏之法治之。番蛮最信喇嘛，请俟金川平定，设立大寺院一二所，并将伊地界所有喇嘛寺亦略为修葺，于京城大喇嘛内选择一人，带徒众数人前来住持。大喇嘛所居之处，酌留副、参一员，带兵千名或数百名护卫；徒众所居之处，酌留千、把一员，带兵百名或数十名护卫。所需兵丁，于川省额兵内轮年换班。其大金川土地，招人佃种，所收租粮，供各寺香火，余充兵食。再选司官一员、本省丞倅一员，随同大喇嘛居住，田赋讼狱，听其经理。至金川战碉，应全行拆毁等语。查西藏皆我幅员，久沐怀柔，不得外西藏而内金川。即番俗素信喇嘛，该督欲设立寺院，令喇嘛居住，但必果能服众，始于蛮方有益，且自京城派往，不如即在藏内选择。其应如何钤束之处，该督亦未筹及，办理尚未尽善。再，金川并无水田，所收青稞仅供番蛮糊口，岂有余粮以资香火、兵食，应令该督再为详审。至喇嘛如果能使群番听其教令，自应如所议设立兵弁护卫；如不能钤束，仍当另议兵防。至拆毁战碉，系遵旨办理之事，应如所请。"

得旨："依议速行。"

（高宗朝卷三〇五·页二四上～二五下）

○乾隆十三年（戊辰）二月甲申（1748.3.28）

川陕总督张广泗奏复金川善后事宜："查大金川介众土司之中，若照滇、黔改土归流，非多增兵不可。若仿古州招集汉民安设屯卫，其地并无尺寸水田，所种青稞、菝豆仅供番民糊口，且山高沟深，陡岭斜坡，汉民亦断不能承种。所以请设喇嘛化导，及招内地番民领种此地。查贼众不过五六千户，而人多贫窘。因地狭故，若招集内地番民，宽授以地，大约可供三千户。逆酋岁收属番田赋颇重，若令内地番种量减其则，以供喇嘛香火，谅必有余。查川西汶川、保县一带所属番民，衣食性情无异，兼有勇于战斗者，若选精壮、无田土者，分授以地，仿古州屯卫之意，设立屯长，约束训练，必感激踊跃。较之招集汉民，风土相习，强弱迥异。较之现在所调土兵，其心之向背又各不同。此番屯胜于汉屯也。至所设喇嘛，只可令专司化导，一切仍责成留护之文武大员。请即以原议分居险要之千、把兼管卫弁之事，而以附近所设番屯责令约束训练，归留驻之副、参统辖。至选择喇嘛，应遵廷议，就近于西藏选择，不必派司员同往。但川省只派丞、倅等官，不足弹压。应于松茂、建昌二道内，酌派一员，加以兵备职衔，与留驻之副、参同住。再，查打箭炉在成都西南千余里，设阜和一营，除分汛外，在城官兵不过二三百名。自打箭炉出口，由里塘至巴塘一千二三百里，皆土司地方，虽川省所属，并未设营汛流官。由巴塘至藏又几四千里，皆隶西藏达赖喇嘛及札雅、槎木多呼土克图所属。雪山层叠，道路险远，向无建置，无可抽拨。全局经久之图，惟使内地乂安，则远夷自服。故臣谓打箭炉乃西域之门户，不可不添兵防范也。至维州关，在成都西不过四百余里，乃自古番、汉交界，明末始为杂谷土司所夺。维州一失，汶川、保县一带藩篱尽撤，而松潘孤悬一隅。倘此一带番夷不靖，则松潘隔截在外。故臣欲乘此兵威，即据守此关，添兵防范。此亦川省大势所关，必应办理之事。但两处添兵，少则不足防范，多则不免糜帑，拟将泰宁协移驻打箭炉，威茂协移驻维州关。俟金川事定，亲往阅视定议。至于战碉，实为贼番负固之资，缘山土浮松，石碎成块，处处皆然，就近垒砌，小者数日，大者兼旬，费不过数金及数十金，势难永禁。惟在振我军威，使其碉不足恃。"

得旨："候旨行。"

（高宗朝卷三〇九·页四五上～四七下）

○乾隆十三年（戊辰）三月丙戌（1748.3.30）

又谕（军机大臣等）："大金川善后一案，今张广泗将前后妥酌奏闻。亦因虑及金川平定之后，一切布置应早为筹画。但今军务尚未告竣，自宜专意征剿。其善后一切，可以从容经画，不必急遽，反致顾此失彼也。且金川平定之后，又有瞻对进剿之事，不若统俟大局已定，审势而徐为之，以成一劳永逸之举。折内所奏安设喇嘛一事，朕之初意，因番性信服喇嘛，令归西藏统辖。西藏是我所属，则金川亦在所属之内，可以无庸添兵设戍，乃以番治番之法。今据张广泗奏称，仍应酌派道员与副、参一同留驻护卫。则是金川情形终不免于驻兵防守矣。既已驻兵防守，则又何必安设喇嘛，且建立庙宇所费亦不赀也。惟是金川向系土司，祗事羁縻，今若添设兵弁，便成我之疆圉。日后如邻近土司若莎罗奔其人者，一旦争夺此地，又将兴动师旅矣，此处亦应筹及。至于碉楼拆毁，张广泗谓欲永行禁革，势有所难。惟在振我军威，使其碉不足恃，此语实中肯綮。从前庆复于瞻对善后案内，议令止许建造平顶碉楼，固属纸上粉饰之辞。但张广泗现知建碉之难以禁革，则当别筹一防范控制之策，使虽有碉而不足为害则得矣。若如前议，使金川一带宜归西藏，则藏中一切事宜班第甚为熟悉，前令其往四川，虽为办理粮饷，亦有旨令其与张广泗商酌一切。可传谕张广泗，令其将此折所奏情节与班第徐行妥商，以期行之久而无弊，再行具折奏闻。"

（高宗朝卷三一〇·页五下～七上）

○乾隆十三年（戊辰）十二月甲辰（1749.2.11）

谕四川总督策楞、署四川巡抚班第曰："经略大学士傅恒，此次忠勇奋发，满兵骁果精锐，以此进取，贼不足平。将来若得勒乌围、刮耳崖，倾其巢穴，三两日内经略大学士即当凯旋，迅速还朝。一切善后事宜悉交策楞会同岳钟琪办理。策楞已授为四川总督，善后之事地方官尤为亲切。策楞陛辞时，曾奏称贼平之后，安辑番众，分布防御，绥靖封疆，事务甚繁，非经年不能就绪。伊欲先将番境经理完竣，然后回省筹办地方政务。必俟诸凡妥协，方请陛见。观伊此语，已得其要领，足可仔肩。经略大学士即留彼经画，亦非旬日所能周备，中朝机务重大，伫待赞襄。既有策楞可付，朕心无烦悬注也。……"

（高宗朝卷三三一·页四二下～四三下）

○ **乾隆十四年（己巳）二月壬寅（1749.4.10）**

四川总督策楞等奏："金酋呈缴器械、炮位，送还内地民人，缚献凶首。当将所献番民，讯明各土司所属分领；官兵押发原籍，不准入伍；器械酌给新兵，以备差操，余与炮位送省。又据称：'马邦作恶头人郎多阿郎系起祸之原，请于番众前正法。'即委员验实枭示。"下部知之。

四川提督岳钟琪奏："大营米面运回内地，需时增费。查小金川续派土兵二千八百五十名，出力两年，拟以七千石半为补给坐粮，半为恩赈。又，附近大营地方三年不耕，各寨鸠形鹄面，拟赏米一千石以济穷番。余留给现在兵夫，并资运费。大兵全撤，尚有所存，即分赏随行汉、土兵。"报闻。

（高宗朝卷三三五·页一八下～一九上）

○ **乾隆十四年（己巳）二月癸卯（1749.4.11）**

钦差户部尚书舒赫德奏称："川省旧管新收共军需银七十七万二千九百余两，部拨及外省协济银八百七十九万一千一百余两，现存一百五十万三千余两。军兴以来，用司库及府、厅、州、县酌留存贮银五十七万一千余两。查此项银以备地方紧要，不可久缺，应于存银照数拨还。尚余九十二万一千余两，现在应付回兵水陆船只、夫马之需。又，从前雇马雇夫运米及铁斤、草料价应找给。又，出师官兵赏恤，均宜留备。查各省尚有奉拨未到银，应请将一百万两留备前项支用。余银查川省本年额赋奉恩缓征，临边要地、炉藏各站岁有供应，宁使多备无缺，应再拨银一百万两，以备岁需。计核少银四十五万两，请于就近湖广起解银截拨足数。其江、浙等省未到银，未出境者解回，出境者于所到省分截收。山西未到银必由西安前进，西安库贮无多，应全数留陕。似此酌量截收，既省沿途脚费，又于各省有济。行知造报，并候部核。"

奏入，得旨："军机大臣会同该部速议。"

旋议："于江浙等省未到银二百五万两内，拨银四十万两，以补陕省酌留之数。再拨三十二万两，以补甘肃备贮之数。馀照所请行。"

（高宗朝卷三三五·页二〇下～二二上）

○乾隆十四年（己巳）二月乙巳（1749.4.13）

谕军机大臣等："金川平定，边徼敉宁，该省吏治民瘼一切事务均须整顿。以策楞之坦怀练事，与岳钟琪和衷共济，必能纾朕西顾之虑。第其中尚有须斟酌办理者，如汉奸一事。凡诸蛮启衅，多由伊等煽诱而成，当此声威震叠之后，似宜乘时厘剔，去其蟊贼。然番酋甫经归命，地方官若急于廓清汉奸，番酋无所知识，不免闻风疑惧。而汉奸往来日多，已成锢习，一旦俾无所容，亦必借端挑构，恐三五年后又复不宁，是以除奸而反以长奸，欲息事而反以滋事，此中机宜不可不细加审度。著传谕策楞、岳钟琪令其悉心酌量，从长体察，不必用意过锐，期效过速。俟诸番信服既深或严其疆域，或稽其出入，随时留心，设法整理，于休养抚字之中，寓防微杜渐之意，使番民相安，萌蘖不作，斯为国家久远之计也。"

（高宗朝卷三三五·页二三下～二四上）

○乾隆十四年（己巳）二月丁未（1749.4.15）

又谕（军机大臣等）曰："策楞奏称，卡撒事竣，尚须驻扎美诺办理诸番善后事宜，约于三月初间方能起程等语。金川军务虽竣，善后诸事头绪纷繁，理应详悉妥办。策楞能否如期回省，难于预料。舒赫德所有稽核军需事宜，不必等候策楞，一面速行查办。如有应公同酌定之事，亦即行文咨商，或密札知会，庶不致稽延时日也。著传谕舒赫德知之。"

四川总督策楞奏："犬羊之性靡常，防范之方宜预。近大金川之杂谷，地广人众，金酋不敢生心。绰斯甲本属周亲，未必与构。惟革布什咱、巴底、巴旺、小金川、沃日等处势孤力弱。从前金酋心怀吞并，不为预防，恐日久生事。拟于卡撒事毕，暂驻小金川，劝谕各土司和好，声气联络，为合从之计，遏窥伺之机，可以弭衅。"

得旨："甚是。惟应使番部自为藩篱，使我声息常通，亦只可如此而已。"

（高宗朝卷三三五·页三〇上～三一上）

○乾隆十四年（己巳）二月戊申（1749.4.16）

谕军机大臣等："大兵凯旋，现在陆续俱由原路回营，一切驮载乘骑均需马匹。闻武功以西栈道马匹倒毙甚多。即现存之马亦因时当春令，新草未茁，每多疲瘦，亟应设法办理。在凯旋回营之兵，原非去时可比，不妨多分起数，从容行走。其中或有愿折马价步行者，应听其便，但不可令兵丁过于劳苦。如此办理，即或稍迟旬日，较之水路纡回，尚为省便。一至河南、直隶地方，车马悉已预备，自可遄行无滞。此时策楞尚在桃关以外未回成都，班第现又奉差青海，可传谕尹继善，令其于栈道内往来照料督率。已另旨谕带兵官员，令与该督会商，通融妥协，务使办理得宜，毋致歧误。"

又谕："昨因莎罗奔恭进番童、番女，特降敕书晓谕。因念各土司等连年出力劳苦，殊属恭顺可嘉，亦应驰谕以慰众心。策楞奉到此旨，即行颁发。至前奏曾称军前余米分别赏给各土兵，其各土司有无赏给之处，未据声明。朕思土司员数无多，所费谅属有限，应将实系出力最多之土司作何酌量给赏，以广优恤之意。著该督策楞一面办理，一面奏闻。"

谕各土司："尔等向化有年，恭顺奉法。前因金川莎罗奔、郎卡侵扰尔等疆界，朕因封疆大吏之奏，念尔等不获宁居，特命兴师致讨。尔等从征转饷，劳苦弥年。乃以在事大臣不能仰体朕心，偷安欺诈，复致尔等久于暴露，昼夜辛勤。朕洞烛情形，业将误事之讷亲、张广泗立正典刑，更命亲信大臣督兵进剿。经略大学士忠勇公傅恒秉志忠纯，勇略茂著，自抵军以至竣事，纪律之严明，决机之详审，临阵之奋勇，恤士之肫诚，皆尔等所亲见。尔等踊跃鼓舞，出力向前，更倍往昔。莎罗奔、郎卡震慑声威，穷蹙乞命。经略大学士为尔等苦其残噬，必欲殄除。朕以天德好生，伊等既伏罪输诚，姑宽其既往，诏经略大学士准其纳款。莎罗奔、郎卡以六条自誓，永不滋事，稽颡军门，革心悔过，深感朕不杀之恩。莎罗奔以年老龙钟，郎卡以未经出痘，不能赴阙叩谢，呈禀总督策楞进番童、番女各十名，代伊服役。朕本不利其土地、人民，伊等既已诚心内属，所有番众皆吾百姓，何分远近。已谕令总督发还，钦颁敕谕，使其守法安分，毋得仍蹈前辙，敢图并吞尔等地方。并命总督、提督为尔等筹画防范，兼加奖赏，以慰尔等急公效命之忱。莎罗奔、郎卡经此惩创，自不敢再有侵犯。倘故违约誓，辄启衅端，尔等即控告总督、提督，必为尔等分剖曲直，断不令其狂逞。尔等本属同类，皈奉黄教，所当共相和睦，承受天朝德泽。自今以后，务宜各守疆域，休养众生，安居乐业，遵崇佛法，长享太平。亦不必复念前隙，有伤和气。朕因尔等素知大义，此番尤能服勤供役始终罔懈，甚属可嘉，特敕奖谕，咸使闻知。特谕。"

（高宗朝卷三三五·页三一上～三四上）

○乾隆十四年（己巳）三月壬子（1749.4.20）

谕军机大臣等："据高越具奏稽核军需一案，内称：现将历任藩司收支银两文案，会同舒赫德等所委之司员及川省道、府各员，彻底清查，按款核明，分别条例，酌定章程，其西、南二路收支款项紊如乱丝，即口内各州、县应付官兵及官商运米雇夫几遍通省，必须饬取细数清册，内外根对，按例核计，方能清结，现在飞饬总理道并行粮台各员，一俟官兵撤完即携卷来省，设局核算等语。高越此奏，立法虽为详密，但如此办理非经年累月不能告竣。舒赫德尚有滇、黔、湖广阅兵之事，若必待此案逐一清结然后起程，未免过迟。自应将军需支销款目，就案核明，一有头绪即交策楞会同兆惠查办。舒赫德前赴滇、黔等省办理阅兵及勘江事宜，庶不致多延时日，而于稽核军需大概亦属妥协。著传谕舒赫德、策楞、兆惠知之。"

（高宗朝卷三三六·页七上～下）

○乾隆十四年（己巳）三月癸丑（1749.4.21）

谕军机大臣等："据舒赫德奏称稽核军需银米一事，已会同兆惠将一切收发款项逐细查办，颇有头绪。但条款之章程虽定，司库之支发虽清，而大小属员辗转支发作何实用之处，更须详核，现已设立公局查办。俟谕旨一到，臣即可起程前赴滇、黔等语。舒赫德所办，固已得其要领，但款项繁多，稽核不厌精详。据奏策楞三月初旬可以回省，逐案与之面商裁夺更为妥协。此旨到日，计舒赫德查办又已半月，著自行酌量。如已有定局，应遵朕前旨详悉交策楞接办，即前赴滇、黔。若尚有未清，不妨少为留驻，庶无渗漏。至于兆惠即多留三五月，俟各项款册彻底清厘后再行回京亦无不可，何亟亟于归来乎？其清单内所开，如大学士公傅恒养廉赏需俱系自备，应令按月核给等语。此奏所见甚小，养廉等项虽属题有定例，但大学士公傅恒如尚在军前，自应奏明，照例支给。目下既已回京，则应给之项将于藩库动支解送来京乎？抑令大学士自京遣人往取乎？抑于部库扣支乎？大学士公傅恒受朕恩泽至为优渥，其诸凡用度何一非朕所赐予，且其立心之忠正、办事之周详超越伦等，朕即赏以数万金亦不足以尽嘉奖之心。大学士公傅恒即辞此数千金之养廉亦不为廉。此项既经自备，竟可不必言及。今乃以此具奏，在大学士公傅恒不惟有所不肯受，并恳辞亦觉为难。是他人或尚可循照常例而行，而岂所论于大学士公傅恒者乎？此奏诚可谓不知大学士公傅恒之心，将来还京时试以朕旨宣示，亦必感朕曲体之恩也。再尚书达勒当阿随大学士公傅恒前往军前，原无专办事件。其班第、兆惠所办不过运粮一事，即纸张等项类皆地方官预备，与督、抚办理本任事务需用繁重者相去悬殊，况从前西、北两路所支公费，皆因统兵大臣既兼办地方事务，并商运米粮悉归经理，是以需费颇多。今班第、兆惠等岂可援以为比？且班第复经署理巡抚，自有应得养廉，粮运原属带办，亦不得重复支给公费。其府尹胡宝瑔及司员等或支八十两，或支四十两、二十两，数亦过多，俱应酌核办理。著传谕舒赫德，并谕策楞、兆惠等知之。"

（高宗朝卷三三六·页一〇上～一二下）

○乾隆十四年（己巳）三月己未（1749.4.27）

谕军机大臣等："前据高越奏称，川省为岩疆要地，分别内外，控制弹压，不可不为熟计，如灌县地方宜添设将备，桃关宜分设专防，打箭炉及沿边一带要隘处所均应通筹防范之道等语。前因金川用兵，拟于平定之后于小金川、打箭炉酌量分驻官兵，以杜侵轶。后见番酋归命果出实心，与内地素附之土司无异，驻兵防守，徒费物力。维时大学士公傅恒亦经具奏，以为不必举行。今将高越此折与大学士面议。现在群番震慑国威，喁喁向化。经此一番整理，自可保其宁谧。若添兵置戍，不惟糜费无已，适足以启众番之惊疑。况灌县、桃关等处，数十年来安静无扰，何必于罢兵之后转增营汛[汛]？高越此奏不过虚应故事，以见其留心地方耳。著传谕总督策楞、提督岳钟琪，令其留心体察情形，详加酌量，即或有必须经理之处，亦宜从容布置，俟二三年后举行，无事张皇急遽也。"

（高宗朝卷三三六·页二九上～三〇上）

○乾隆十四年（己巳）三月庚申（1749.4.28）

又谕（军机大臣等）曰："策楞等筹办金川善后折内，请将小朗素发往西藏，交与达赖喇嘛，令其仍作番僧，并咨驻藏副都统拉布敦严加约束等语。前经略大学士公傅恒将良尔吉正法之时，即以小朗素为副土司，令其带领土兵攻打石卡，颇能出力。今又据大学士公傅恒面奏，小朗素从前虽有不可信之处，一自加恩奖赏，伊即实心出力效用。今若发往西藏，且严加约束，则是有功之人反与获罪发遣圈禁何异！想策楞等之为此奏，尚虑其向后滋事，未念其现在之革心出力。夫以此等曾经出力之人如此办理，殊不足鼓励番众。大学士公傅恒所奏自合情理，与朕意相合。今泽尔吉既配泽旺，小朗素无可安插，不若令其来京。如伊愿作喇嘛，即令为扎萨克喇嘛。京中庙宇甚多，如章嘉呼图克图、噶尔丹锡勒图呼图克图、济隆呼图克图等不一其人，讲习经典亦属便易。如愿还俗，当授以家室，给以二三品职衔品级，以示优奖。此时策楞等已回成都，可令其传唤小朗素到省，即以大学士公傅恒之意，面加询问，并将已经奏明种种加恩之处，详悉晓谕。伊若必欲赴藏，则听其前往。如愿来京，著一面奏闻，一面委员护送前来。俾众土司知曾经出力之人，即蒙格外施恩，优加录用。庶人心皆思奋勉，是亦鼓励番众，永辑边疆之一策。计谕旨未到之先，小朗素尚未赴藏。如已经发往，或行文询问，或于营弁内差一明白晓事之人，前往面询伊实意云何。策楞等酌量遵旨办理。其善后各条，现交军机大臣议奏。一并传谕知之。"

（高宗朝卷三三六·页三一下～三三下）

○乾隆十四年（己巳）三月壬戌（1749.4.30）

大学士等议复四川总督策楞等奏办善后事宜十二条：

"一、巴底、巴旺各立土千户，责令革布什咱管辖。查巴底、巴旺系土司纳旺辖，以投金酋圈禁。今莎罗奔、郎卡既邀恩免，纳旺罪非不宥，遽将所辖地令革布什咱管理，无端为益部落，不足服所属番民，且恐纳旺侄勒儿悟尔结、噶杜尔结长成争地滋衅。应释纳旺，仍令管理，以次承袭。

一、革布什咱之扎什诺尔布，请予承袭。查土司向系该管官加结到部，查给号纸。金川新定，革布什咱地与毗连，亟须弹压。扎什诺尔布从军出力。应即给号纸以示奖励。

一、杂谷、革布什咱、沃日、小金川四土司，宜联为一气。查该土司等壤接金川，屡被侵占。今既还侵地，自可息事宁人。即思患预防，应听该番自筹。既传集晓谕，伊等顶经发誓，办理完结，无庸议。

一、小金川、沃日宜结婚媾，协守疆圉。查沃日向系土女泽尔吉辖，已据众土司议与泽旺婚配，无庸更议。

一、沃日印务，请仍令泽尔吉护理。查泽尔吉虽配泽旺，仍管沃日，应令照常约束。生子，照明正司土妇功噶例，分袭两土司。

一、小金川被毁碉房宜督修。孙克宗、占固二处宜驻防。查碉房与要隘，应听自修自守。若委员督修分驻，恐莎罗奔等闻知疑惧。或已办理，亦不可张皇滋事。

一、小金川、大小朗素宜分别安插。查小朗素，现奉旨询问；大朗素秉性奸顽，又未出力，酌看情形安插。

一、土舍汪尔吉应暂为安插。查该土舍原系郎卡异母弟兄，先来投诚。今事竣不能回巢，应交伊母舅扎什诺尔布带赴游牧，俟有可安插处奏请。

一、梭磨、竹克基、党坝各土司、土舍，宜加衔奖励，以分杂谷之势。查各土司与杂谷本弟兄，受制杂谷，相随从征效力。今遽加以安抚司等职衔，则率先之杂谷既恩无可加，转将伊所辖地瓜分鼎立，相形轻重失宜。即虑部落过大，应俟一二年后熟筹请旨。

一、各部土司请加级以示鼓励。查各土司恭顺辛勤，业蒙恩旨赏赉，格外奖劝，事属可行，应请交部。

一、严汉奸出入番地之禁。查汉奸本应查防，但各土司钱谷文移须人代办，自行延请，则去留自由。而字识往来，无关轻重，若一切取结详报备案，地方官势难兼顾。其愿充者，必非安静守法之人，挟经官选择之势，更恐滋事。至定以年限给以职衔，求充者益多。与该土司稍有龃龉，赴内评告，不便据以为实，又不便不问。应遵前旨，渐次严密稽查，不必多为禁约，难于遵守。至番民贸易，原难禁绝，惟在员弁严察匪徒出入。

一、夷民典买汉地，应赎归以分疆域。查木坪、瓦寺两土司紧接内地，典买汉地甚多，管业已久，遽行追赎，转似夺伊恒产。应嗣后严禁内地民人，不得将田地私售番民，违者治罪。"

得旨："依议速行。"

（高宗朝卷三三六·页三六下～三九下）

○乾隆十四年（己巳）三月丙寅（1749.5.4）

谕："据川督策楞奏，三月初四日途次木耳站，闻日隆寨于初三日失火，延烧粮台，随驰至日隆驻扎，亲自勘办，委员盘粮，共延烧米四百六十余石；护道成都府知府李盛唐系特委出口总理粮务之大员，现驻日隆，目击该站烧粮狼藉，并不收拾弹压查察，屡次借病推诿，情尤可恶，请革职治罪等语。军旅国家重务，前因鹿迈祖贻误夫马，自请罢斥，以邀愚民称誉，经朕降旨革职治罪，俾办理军务之员知所警惕。今大兵虽已凯旋，而粮糈宜加保护。李盛唐奉委出口即托病不前，到台之后全不留心防范，以致军粮两次延烧，又不督率查察，惟思回省调理，以图卸责，宁弃官而有所不惜。该员经鹿迈祖革职治罪之后，仍敢漠视公事，罔知大义。此风一开，将地方政务举可任意怠玩，一离官守，便得优游事外，其居心实不可问，非重加严处，无以示惩。李盛唐著革职拿问，从重治罪。"

谕军机大臣等："据策楞等奏，自军营运回之锣锅、帐房等件，各省兵丁竟有带往使用，以致缺少。又，镕化之废铜，背数尚符，斤两亦觉缺少。夫役众多，难于究诘。现在逐一清查，凡有亏缺，请于臣二人暨原委总兵哈攀龙等名下分赔归款等语。此项锣锅、帐房及镕化废铜如系穷番窃取，犹可云人数众多难于查考，至绿旗兵丁则系国家豢养之人，其姓名既有册籍可稽，该管将弁何难逐队觉察。况此等兵丁用之攻碉杀贼则怯懦无能，用之转运军装则肆行偷窃，此风尤不可长。可传谕策楞等，令其实力清理。若系分派绿旗兵丁夹带回营之项，则伊等俱有管领将弁，但须逐一挨查，自必水落石出。如果无可究诘，即照策楞等所奏按数分赔。再，此等运回之锣锅、帐房均系动帑制造，今军务既竣，别无需用，将来收贮日久，转致朽坏，应及时变价归款。其作何办理之处，令策楞妥协筹办奏闻，一并传谕知之。"

寻奏："自金川用兵，动项制造锅、帐，其帐房按给官兵，例不缴回。惟上年应付京兵去来不过数月，未便援照不缴，当即查追确估，饬属分领立限承变归款。锣锅久用损坏，除遗失分赔外，若照废铜变卖可惜，应同军营销毁炮位发钱局存铸。"从之。

又谕曰："四川成都府知府李盛唐奉委出口总理粮运，逡巡观望，并不实心督察，以致军粮两次焚烧。该员目击烧粮狼藉，不行督率收拾，且托病请回成都调理，以图卸责，有心贻误，情殊可恶。已经降旨革职拿问，所有延烧军粮，现据该督奏请，著落该员赔补。可传谕策楞、张允随、图尔炳阿将李盛唐原籍任所家资，查明封固，以备赔补军粮之用。该督务须严密确查，不得稍有遗漏。如有隐匿寄顿情弊，惟该督、抚是问。"

（高宗朝卷三三七·页五上～八上）

○乾隆十四年（己巳）三月辛未（1749.5.9）

谕曰："四川总督策楞奏称，军前运到米石，除赏给各土司外，尚存一万六千余石。已照内地赈借兼施之例，令番民承领，准分限二年，易以青稞，运赴威茂营还仓等语。自金川纳款大兵凯旋以来，朕业经降旨，将从前出力之各该土司等屡加优赏，并据该督奏明各土司土目俱经分别赏给米三百石、五百石不等，其存留余米毋庸再为赏给。但念连年用兵，各该土司等恭顺效力，番民转饷从征，遭荒失业，情殊可悯。所有领借之余米一万六千余石，即赏给各该土司，听其自行收交，不必分限还仓，以广怀柔奖励之至意。"

谕军机大臣等："据策楞、岳钟琪奏称，沃日至天赦山以外共存米一万六千余石，随传谕小金川、沃日、杂谷各土司借给番民，分派二年，易以青稞，运赴威茂营还仓，以充兵饷等语。该督等自为节省起见，但办理尚欠周到。各土司等虽经该督于酌赏余米时分别赏赍，但前经降旨，令该督等查明实在出力最多之土司酌量给赏，该督等即应将所有存留余米作为遵旨加赏之项，今乃借给番民，令其分年交仓充饷。番民本非内地百姓可比，在内地百姓借给官米，尚屡至催征不前，何论番众，恐徒致有名无实。且示番众以琐细非体，有失柔远之道。已另颁谕旨，赏给该土司，不必令其分年交仓。著再行传谕该督知悉。至德尔格甫经出兵旋即回巢之处，或系前年初次调派，抑系上年何时续派，所奏亦未明悉。所称从容诫谕，亦令该督酌量办理。现在金川全局已定，不必因此再生枝节。其地方大小与何处土司接壤，有无关系之处，该督亦一并详悉具奏。"

寻奏："德尔格系明正司所属，原派出兵一千名协剿，屡檄不至。后经明正司差大头人往调，于前年七月方到。旋禀称马牛倒毙，土兵多病，不待号令，即于派守之处回巢。又经差官持谕另派精兵候调，竟未前来。断不可一例赏给，其应领坐饷，仍系扣明起止月日，折米一千二百石零。所奏从容诫谕，原欲乘便因事教诲，此时尚未办理，必不致再生枝节。再，其地东西与上瞻对纳夺、南北与昌都林葱各土司连界，向来安分，并无关系之处。"报闻。

又谕曰："策楞奏复奉到廷寄稽查汉奸之谕旨，折内称已于善后案内具奏等语。前据策楞等奏善后事宜折内称，严查汉奸出入，必须官为各土司延请代笔，并分别赏罚一条。经军机大臣等议以地方官所办公事甚多，安能为土司延请幕宾。即加结具详，亦不过增一具文套数。至定以年限，给以职衔，益恐挟制滋事。应令该督等仍遵前旨，实力奉行，渐次严密查察等语。议驳甚为允协，策楞等所请诚属无益，今伊等尚未接到议驳之稿，故为此奏。可再传谕伊等，令其遵照前奉谕旨并军机大臣所议，留心查办，务期妥协，俾众番相安可也。"

（高宗朝卷三三七·页一三下～一六下）

○乾隆十四年（己巳）三月丁丑（1749.5.15）

又谕（军机大臣等）曰："策楞所奏岳钟琪戎行老练，熟悉边情，且经亲历诸番部落，恳恩令其将生平所见所知编辑成书，以为边境指南一折。明系推让岳钟琪，以见和衷之意。川省边界蛮夷其风土情形、扼塞险要、剿抚机宜原自不一，官斯土者，无论大小文武员弁皆宜谙悉。今提督同城，彼此时相讲论，虚怀商榷，于策楞自属有益，即岳钟琪固系老成练达，而一人所见安能在在周遍。如马良柱辈久任蛮徼，亦宜咨访，以为集思广益之助。其麾下偏裨凡有熟习番境形势者，均应面加询问。且可因此观其人之实能留心与否，遇拔补时得以斟酌去取。况岳钟琪年已望七，即马良柱辈亦迥非少壮，将来储备边才，自宜预为培养，俾后进者讨论娴习，以供国家任使。但所奏编纂之事，务期有济实用，不可剿袭浮泛，徒托空言。至于策楞、岳钟琪二人皆受朕信用，深望其和衷共济，协力同心，事事只求实际，固不在区区笔墨文字之间。若有意欲为和衷，转觉形迹未能融化也。"

又谕曰："高越前因贻误夫马，革职永远枷号。经大学士公傅恒奏其到任甫及八日，情有可原，朕特加恩宽宥，复行录用。乃于查察张广泗、周岐家产资财两案又不实心办理。今据伊回奏情节，则署抚班第之参劾非尽出于无因。高越本应从重惩处，但现在查核川省军需，藩司尚有经手事件，且甫经免罪，旋复予谴，转于体统有碍，姑从宽薄罚示儆。著传谕该督策楞，于通省紧要城工内估计在一万两上下者，指派一处令高越出资修理，以赎前愆。并令该督留心试看，如果能洗涤向来狡诈积习，事事诚实，黾勉出力，尚可曲宥。若不知改悔，仍蹈前辙，即据实题参，加倍治罪。格外之恩非可侥幸屡邀也，并谕高越知之。"

是月，钦差户部尚书舒赫德等议复："四川布政使高越请动项发给重、叙等府、州买米运省。今已班师，军粮停运，碾办之米尚须及时平粜，若再采买，必致米贵。"

得旨："知道了。留有余于民间，于各省皆有益。至川省米贩湖广者，以军兴禁粜，今尚当禁乎？抑应令其流通乎？汝若已往滇省，将此旨寄策楞，令其酌量。若尚在蜀，汝等同酌议奏。"

四川总督策楞等奏："前督张广泗招募新兵给以守饷，原为善后驻防及内地城汛用。今已凯旋，各兵归营，城汛旧额仍足，毋庸添兵驻防，应裁汰以省钱粮。但有曾经出师者，且人数众多，裁之似有未便，应将四千名内再去羸弱，其精壮分发各标营，旧兵缺出以新兵补，新兵缺出毋庸召募，以符旧额。"

得旨："知道了。该部知道。"

又奏："瓦寺土司出入内地，向由汶川索桥，有县营稽查，甚为严密。

土司恶此迂途，于桃关外番、汉界河之间自建索桥，直走成都，计程两日，离县营甚远。村落寥寥，漫无防范，已传该土司面饬拆毁。又，瓦寺素产银矿，内地人民因桃关有桥可通，私往开挖，与土司均分，聚至三百余人。若概行查拿，并参处土司，不特人多不能尽罚，且军务甫竣，正安辑番境之时，不宜启其疑惧。亦严饬土司自行查拿炉头，枷示于番、汉交界处，俟一二年后再释。余人押逐回籍，以示惩儆。"

得旨："所办甚是。知道了。"

（高宗朝卷三三七·页二五下～三一上）

○乾隆十四年（己巳）四月甲申（1749.5.22）

大学士等奏请编辑平定金川方略，酌拟十有五条：

"一、请照平定朔漠方略例，编年按日，以次纂辑。

一、上谕应载其有重出与旁及他事，无关军务者，或应删节，应于进呈副本时声明，恭候钦定。

一、军前奏章及外来题奏本折、各部文案，凡涉机宜者均载。

一、臣等议复军机事件皆禀承圣训，应酌载。

一、征调兵马、拨运钱粮、派遣官将、整理器械及军前黜陟、赏恤诸事均载。

一、金川图可稽山川道里，应交养心殿仿绘载入。

一、凡事迹前后有发明处，谨加案语声叙。

一、纂修草本、底本，即令军机处司员承办。其进呈之副本、正本，请交部于考取誊录生监内拣选字画端楷者，酌取数名恭录。

一、此次军兴事宜悉由臣等承办。若另派员恐未能深悉，应即令军机行走官员分任提调、纂修等事，臣等总其大纲。每成一卷，先进副本，恭候钦定，再缮正本。告竣日，恭请御制序文冠首。

一、凡清文谕旨奏折俱译载。本处司员承办不敷，请另简优通之员奏派。

一、收管档案行文等事，拟用供事六名并纸匠二名、皂役四名。

一、开馆后一切档案须另贮备检。请敕内务府于附近军机处拨屋数间作为馆地。

一、需用箱柜桌机等物，酌向各该衙门支领。军机处官员无庸给桌饭银两。其加添翻译满员及眷录生监等，应照会典馆例支给。

一、平定朔漠方略内未经编辑艺文，今遵旨载臣工诗赋，拟另编卷次。御制告成太学碑文并御制诗冠首，大学士公傅恒及凯旋后臣工诗颂拟选载。

一、书成日请交武英殿刊刻。至总裁官，大学士公傅恒虽未便列名，而军务机宜皆所亲历，应令裁酌。"

得旨："依议。张廷玉、来保著充正总裁官，陈大受、舒赫德、汪由敦、纳延泰著充副总裁官。"

四川总督策楞、提督岳钟琪奏："前因军兴，奏准添募卡撒、党坝两营新兵四千名分拨各标营，现既凯旋，无庸驻防，自应裁汰。但此内有曾经出师者未便遽裁，应酌选壮丁，依原发各标营饬该将领遇旧兵缺出即补新兵。停其召募。"报闻，下部知之。

（高宗朝卷三三八·页一六上～一八上）

○乾隆十四年（己巳）四月丁酉（1749.6.4）

四川总督策楞等奏："巴底、巴旺土司纳旺请听自为僧。"下军机大臣议行。

又奏："传谕小金川土舍小朗素，据称情愿赴京，仍为喇嘛，现委员护送。"报闻。

（高宗朝卷三三九·页一三下～一四上）

○乾隆十四年（己巳）四月丁未（1749.6.14）

四川总督策楞、提督岳钟琪奏："查大朗素系有罪之人，非小朗素可比，现染疯疾，无庸另筹安插。当将伊并番徒安置于省城喇嘛寺内，给粮养赡，严行约束。再，前请于小金川要隘修补被毁碉房，并孙克宗、占固二处设兵驻守，今奉廷议停止，始觉前办似属偏于小金川，使莎罗奔生疑，随遵照调撤。又，梭磨、竹克基、党坝各土司、土舍，前请加衔奖励，止计及欲分杂谷之势，竟未虑轻重失宜，应遵照俟一二年后酌量筹办。又，嗣后内地民田，不得向番民私售，其从前业经售卖，不复追求。至番民交易，概难禁绝，惟有寄防范于调剂之内，寓稽查于镇静之中。"

得旨:"览奏俱悉。只可如此办理。"

（高宗朝卷三三九·页四七上～下）

○乾隆十四年（己巳）五月丙辰（1749.6.23）

谕:"前因川省军兴，一切供亿输挽有资民力，曾经降旨将该省乾隆十三年并本年分地丁钱粮概行缓征。复令该督策楞将办过夫米各州、县，于凯旋之日查明等次奏请，候朕加恩。今据策楞分别查奏，其列在一等之茂州等一十四州、县，地居冲要，差务殷繁，承办夫米最多，应加恩蠲免一年钱粮；列在二等之温江等四十三州、县、厅，办米出夫稍次，或有派往出口站夫，或当北路孔道，差务亦重，应酌免一年钱粮十分之七；列在三等、四等之州、县，或粮由舟运，人力稍省，或办夫而不办米，办米而不办夫，如乐山等二十二州、县，应酌免一年钱粮十分之五，隆昌等五十三州、县，酌免一年钱粮十分之三。至乾隆十三年，钱粮既经缓征，所有急公完纳之户，即照伊等完纳分数，仍准展限缓征，以示奖励。其本年缓征者，目今军务虽竣，仍令该督相其缓急，毋致催督扰民。如此，则全蜀办公出力之良民咸得仰邀恩泽，元气渐舒。该督等应督率所属妥协办理，并出示晓谕，俾闾阎均沾实惠，以副朕优恤劳民之至意。该部即遵谕速行。"

（高宗朝卷三四〇·页一九上～二〇上）

○乾隆十四年（己巳）五月壬申（1749.7.9）

谕军机大臣等:"据哈攀龙奏称，三月初九日，准督臣策楞谕知沃日至日隆等处米石，令沃日土女泽尔吉收贮，听候查办，瓦寺、热笼等处米石，令瓦寺土司桑朗容忠收贮，各具印结收执等语。先经该督等以军前运到米石除赏给外，尚存一万六千余石。请照内地借赈之例，令番民承领，分限二年，易以青稞还仓具奏。朕已降明旨，赏给各该土司，听其自行收交，不必分限还仓。今哈攀龙所奏沃日、瓦寺交存米石是否即系一万六千之项？该督等曾否遵旨晓谕该土司？可传谕策楞、岳钟琪遇便即行奏复。近日所办善后诸事，并粮务查办渐已就绪否？一并奏闻。"

寻奏:"查此项一万六千余石，业遵明旨赏给各该土司。臣等当经奏闻。至节次料理善后诸事，均经先后陈奏。余如给还从前攻克金川碉寨，并退出莎罗奔占踞各番地方俱已交割。内有大金川与革布什咱交界之正地累年争占起衅，现已差弁立界分剖，未据复到。土司纳旺亦经解省安置喇嘛寺内。再，查有里塘额外副土司缺原属流官，拟即以大金川首先投诚之汪尔结补放，饬司查议另奏。尚有番民交涉未结之件，并应行承袭各土司缺，亦未出结具题，现饬上紧查办。再，一应粮务从前并无一定章程，款项纷杂，兼之官商、民商、带运、包运、米价、脚费均须核办。至各州、县运粮民商不无拖欠，而民又有欠商者，凯旋后时值农忙，臣策楞当饬各属俟秋收后清理。仍责成各该道、府亲往，将一切商民欠项逐处清厘，总期事可速结。"

得旨："览奏俱悉。一切加意为之，固不可欲速，亦不可太迟矣。"

（高宗朝卷三四一·页一七上～一八下）

○乾隆十四年（己巳）六月辛丑（1749.8.7）

谕军机大臣等："据策楞等奏称，金川莎罗奔等遣头人请安，并请为大学士傅恒建祠塑像等语。本年四月初二日据策楞复奏称，敕谕莎罗奔并各土司谕旨于三月二十二日委员赍捧，并带领莎罗奔原进番童、番女前往。今该委员谅已回省，莎罗奔等及各土司奉到敕谕情形若何？何以日久未见奏到？著传旨询问之。"

寻奏："所颁各土司之谕旨，部落众多，必须广为宣布，是以该委员等回省稍迟。且此次敕谕系出特恩，应据情题谢，当即行司转详。臣一面具题，一面将各土司奉到敕谕恭顺情形奏明在案。"

得旨："览。"

四川总督策楞奏："查通省各标、镇、协、营额设马五千五百五十四匹，缘派调金川及台站应付，先后倒毙二千四百七匹，未便额缺久悬，而动项购补又恐糜费。请将本年按季应领报倒马价并庚午年马价项内预支银一万八千五十两零，派各营买补足额，统以二年为期，仍归入报倒额倒分季扣还。"

得旨："著照所请行。"

（高宗朝卷三四三·页一八下～二一上）

○乾隆十四年（己巳）六月丙午（1749.8.12）

陕甘总督尹继善奏报："小金川土舍小朗素行抵西安，于六月初一日染患痘症病故。"报闻。

四川总督策楞等奏："遵旨将金川案内出师带伤官兵分别造册报部。事关议恤，岂宜浮滥？臣等酌定等次，凡伤在头面、胸胁、肚腹有关致命之处，重者列为头等，轻者列为二等；手足带伤，重者列为二等，轻者列为三等，再轻者以次递减；其有两腿、两膀俱带重伤成残废者，亦列入头等。如系石伤，必皮破骨断有痕迹者，方准入册开造。再，远炮中伤，或向敌人放炮焚碉误伤者，照例另列等次，俱按名阅验，分别改正，并通饬各镇、协、营一体遵办，加结造送。再，本省外尚有陕、甘、云、贵各营官兵亦未便止据报册查造，已分咨各该省督臣仿照川省分别造册出结，移送臣等汇案报部。"下部知之。

（高宗朝卷三四三·页三〇下～三一下）

○乾隆十四年（己巳）七月丁未（1749.8.13）

谕军机大臣等："据尹继善奏称，金川土舍小朗素行至西安，因痘症身故，已令伊跟役喇嘛等于六月初五日携柩回川等语。小朗素在军前颇为出力，朕原欲格外加恩，以示奖励。嗣因该督等料不及此，实属失于检点。今已据尹继善料理回川，著传谕策楞等赏给银二百两，资其诵经修福。其所带跟役喇嘛人等，听其仍回番地，并宣谕各土目令知朕优恤远夷之意。至该土舍因入内地身死，番民无知或别有议论，抑或相安无言，该督、提留心访察，具折奏闻。"

寻奏："蒙赏银两，臣等传集该喇嘛跟役人等宣布仁恩，各番感激叩谢。现委千总照料送回，即将赏银面交小金川土司泽旺祗领。并饬该千总一路察访番众情形，俟回另奏。"报闻。

（高宗朝卷三四四·页一下～二上）

○乾隆十四年（己巳）七月癸亥（1749.8.29）

谕军机大臣等："前据尹继善奏报，金川土舍小朗素于西安患痘症身故。业经传谕策楞赏给银两，并令留心访察各该土目有无别生议论之处，具折奏闻。今又据策楞等奏称,大朗素自安置省城喇嘛寺,水土不服,患痢身死等语。大朗素赋性愚顽,虽非小朗素实心恭顺者可比,但伊自圈禁后,旋患疯症,已经宽释,断无复行致死之理。若大朗素必应诛殛,何难照良尔吉之例明正典刑,原因其尚可宽宥,是以暂行安置,其事甚明。惟是伊二人俱系小金川泽旺弟兄,一时相继物故,在泽旺愚鲁无能,自不至妄生疑惧。或恐小金川番众之中,向与伊二人勾结者,不知天朝宽释豢养之恩,转谓有意将二人瘐死内地,未免致滋议论,稍启事端。可传谕策楞等令其将如何明白晓谕之处,留心妥协办理,务俾番众释然无疑,共喻朝廷柔远之意,以崇国体。"

又谕曰:"策楞、岳钟琪所奏,金川案内带伤官兵分别等次,逐一按名阅验改正,除通饬各镇、协、营一体遵照,秉公查照,务期无滥无遗,并分咨陕甘、云贵各督臣,仿照川省等次,造册出结等语。金川此番用兵,川省绿旗士卒不但不能奋勇克敌,其退怯疲惫贻误之处,川兵实职其咎,即其临阵受伤,亦并非争先出力不避矢石之谓,本不应分等赏恤。且遗失锅帐、铜斤,肆行攘窃,虽尚有外省官兵,而川兵为数居多,其情尤为可恶。是则川兵应罚不应赏也。但金川向化,大军克奏肤功,川兵均在奏凯之列,一体录功正如雨露之施,莨稗嘉禾同时沾被。于事理方为完备,然该督等应寓教诫于赏恤之中,核其冒滥,严行甄别,而向来绿旗阘冗之习务宜力为整顿,嗣后应作何甄别训练,振作士习,严饬戒行之处。传谕该督、提等,令其实心妥办,以肃营伍。"

(高宗朝卷三四五·页三上~四下)

驻藏大臣及其他进藏官员的任免、奖惩

○ 乾隆十二年（丁卯）正月壬辰（1747.2.10）

赏办理夷使赴藏事务侍郎玉保路费银二千两。

（高宗朝卷二八二·页二上）

○ 乾隆十二年（丁卯）三月乙巳（1747.4.24）

谕："据副都统傅清奏称，郡王颇罗鼐病故。颇罗鼐任事以来，克尽忠诚，实心效力，今闻溘逝，深为轸悼！著加恩于彼处收贮钱粮内赏银一千两，料理丧事。例应遣大臣致祭，著派索拜前往祭奠。应行恤典，该部照例查奏。朕从前因念伊奋勉肫诚，降旨令颇罗鼐保奏一子承袭封爵。据颇罗鼐以次子珠尔默特那木扎勒堪以效力具奏，业加恩封为长子。今办理藏卫噶卜伦事务乏人，即将伊子珠尔默特那木扎勒袭封郡王。但年尚幼小，甫经袭爵办事，噶卜伦等务如颇罗鼐在时同心协力，黾勉办理。著傅清将此旨通行晓谕知之。"

又谕曰："古北口提督索拜现在差往西藏，致祭郡王颇罗鼐，著即速来京。其提督印务著正白旗副都统拉布敦前往署理。"

（高宗朝卷二八六·页二五上～二六上）

○ 乾隆十二年（丁卯）三月丙午（1747.4.25）

命古北口提督索拜驻藏，协同副都统傅清办事。

（高宗朝卷二八七·页二上）

○ 乾隆十二年（丁卯）四月壬戌（1747.5.11）

又谕（军机大臣等）："驻藏副都统傅清奏折内落字，经朕用朱笔添写。应奏事件，任意迟延。即如颇罗鼐故时，伊应将彼处情形早行奏闻，

至今未奏。可见凡事疏忽，毫不留心。试问伊在彼所为何事？著饬行。"

（高宗朝卷二八八·页四下）

○乾隆十三年（戊辰）三月癸卯（1748.4.16）

又谕（军机大臣等）："近日准噶尔熬茶之事将毕，傅清著驰驿来京。其藏内事务交与索拜办理。如索拜已经起程，傅清仍留藏办事，俟另派员更换。"

（高宗朝卷三一一·页七上～下）

○乾隆十三年（戊辰）四月庚申（1748.5.3）

谕曰："驻藏副都统傅清已降旨令其来京，其员缺，著副都统拉布敦前往更换。拉布敦即起程赴藏，不必带领换班官兵，俟下次所派换班大臣，再遵例带往。其古北口提督事务，著热河副都统满福兼署。"

（高宗朝卷三一二·页一〇下～一一上）

○乾隆十三年（戊辰）四月戊寅（1748.5.21）

以驻藏副都统傅清为直隶天津镇总兵。

（高宗朝卷三一三·页三二下）

朝贡与封赐

川滇土司、喇嘛

○乾隆十二年（丁卯）七月丁酉（1747.8.14）

以故四川打箭炉作苏策土百户江初扎什子侧旺、漳腊营中阿坝土千户墨丹住子曹旺蚌、打箭炉桑阿笼土百户沙家平侄沙家丹津袭职。

（高宗朝卷二九四·页一四下～一五上）

○乾隆十二年（丁卯）十一月己亥（1747.12.14）

户部议复："四川巡抚纪山疏称：明正司汪结补里塘宣抚司，应给养廉，但现在里塘土司改设一正二副，正土司安本既降为副，未便仍令支食正土司养廉，除副土司康郃江错仍食原给养廉银二百四十八两五钱外，其原给正土司养廉银二百九十四两五钱，与汪结支食，另请加增副土司养廉银二百四十八两五钱，给安本支食，即将该处及巴塘夷赋银内就便扣给等语。应如所请。"从之。

（高宗朝卷三〇二·页一六下～一七上）

○乾隆十三年（戊辰）五月壬辰（1748.6.4）

谕军机大臣等："大兵征剿金川，各土司尽心出力，丁壮事军旅，老弱转糇粮，共切同仇，始终不懈。沃日、明正两土司既殚竭勤劳，其余众土司亦多属恭顺，甚为可嘉！著传谕大学士公讷亲，令其将效力戎行、供应乌拉、挽运军粮之各土司，查明经由地方，功绩等次，先行传旨嘉奖，并向来输纳贡赋，或应免其税粮，或应优以赏赉，其如何加恩之处，逐一详议，即速奏闻。"

（高宗朝卷三一四·页二二上）

○乾隆十三年（戊辰）七月辛卯（1748.8.2）

又谕："闻云南所属维西地方东竹林寺喇嘛，向来额定衣单银及杂粮不敷食用。著加赏杂粮一百石，即于岁征维西额数内支给，俾各喇嘛食用有赖。"

（高宗朝卷三一八·页一七下）

西藏其他僧俗贵族

○乾隆十三年（戊辰）六月丙子（1748.7.18）

驻藏新授宁古塔将军索拜奏："郡王珠尔默特那木扎勒告称：'后藏之尚卓特巴济隆罗卜藏策旺，事奉班禅额尔德尼极为敬慎，祈赐名号。原任公那木扎勒塞卜腾之子巴勒桑策凌祈赏爵秩，以示优奖。'此皆伊父颇罗鼐心内未了之事，乞转奏施恩。"

得旨："尚卓特巴济隆罗卜藏策旺感激朕恩，凡事办理妥协，殊属可嘉。著加恩锡以达尔汗号，巴勒桑策凌亦著加恩封为头等台吉。嗣当益加奋勉，永受朕恩。"

（高宗朝卷三一七·页一六下～一七上）